NONGYE MAOYI BAIWEN

农业贸易百问

（第二辑）

农业农村部农业贸易促进中心　编著

中国农业出版社

北　京

主要编撰人员（按姓氏笔画排序）：

丁雪纯　马建蕾　马景源　王　丹　王占禄
王思凯　尤星宇　邓冠聪　田　甜　田江帅
史　越　四方旸　邢晓荣　吉　明　刘　兰
刘　岩　刘　柒　刘　博　刘文泽　刘芳菲
刘丽佳　刘武兵　刘淑慧　刘景淼　米　加
孙　玥　孙长光　李　珂　李　莹　李　婷
李　楠　李子晔　李希儒　李蔚青　杨　静
杨妙曦　杨海成　吴　薇　邹　慧　冷淦潇
张红玲　张明霞　张钟元　张胜利　张艳君
张菱健　张翼鹏　陈宁陆　陈屿廷　陈秋玲
武　建　林　爽　单伟杰　赵　贞　赵　政
赵　晖　赵可轩　赵军华　柳苏芸　侯　瑶
秦韶聪　徐亦琦　徐偲日　郭飞腾　郭浩成
黄　飞　黄昕炎　黄维华　龚　冰　符绍鹏
康骏璞　章　颖　董　程　蒋丹婧　韩　啸
韩振国　谢众民　靳亚辉　霍春悦

序

　　《农业贸易百问》是国内难得的一本从多元化视角看待农业贸易的科普书。时隔两年，农业农村部农业贸易促进中心（以下简称贸促中心）再次凝心聚力，推出了《农业贸易百问（第二辑）》。大著初成，贸促中心将书稿发予我，嘱我作序，我深感荣幸。

　　入世之初，很多人担心我国在农业方面作出的较高开放承诺，可能会使农业行业受到冲击，并给国内粮食安全带来较大压力。转眼二十多年过去了，我国农业作为总体上缺乏竞争优势的产业部门，经受住了对外开放带来的重大考验，农业发展取得了长足进步，国家粮食安全保障能力持续提高。根据《经济学人》发布的 2022 年全球粮食安全指数排名（Global Food Security Index，GFSI），中国以 74.2 的综合分数在全球 113 个国家和地区中排名第二十五位，并且在食物的总体供应（Availability）、可获性（Affordability）、质量和安全（Quality and Safety）三项分指标方面的得分也显著超过世界平均水平。过去的怀疑与担心在亮眼的成绩中逐渐转变为肯定与信心。

　　事实上，中国是典型的人多地少水缺国家，之所以能取得如此亮眼的成就，除了要归功于国内粮食综合生产能力不断提升外，更得益于全球领先的开放水平，国际粮食市场和海外农业资源已成为补充国内供应和产销缺口不可或缺的重要组成部分。二十多年来，中国农产品贸易规模呈现高速增长态势，贸易市场愈发多元，产品结构更加丰富。

　　从贸易规模来看，2022 年中国农产品贸易总额位居世界第二，占世界农产品贸易总额的 9.96%，进口额和出口额分别位居世界第二和第五。从贸易伙伴来看，2022 年中国已经与 218 个国家和地区建立了农产品贸易伙伴关系，其中进口伙伴 189 个、出口伙伴 212 个。从贸易结构来看，中国除了进口谷物、棉花、油料等传统农产品外，大量满足人民日益增长的美好生活需要的高端和新奇特农产品也漂洋过海，走上了消费者餐桌，在保持传统劳动密集型农产品出口优势外，速食产品、坚果类产品、调味料等新型特色优质农产品也已成为新的出口增长点，贸易结构正不断优化。今后，随着国内居民食物消费结构转型升级，口粮消费将逐渐减少并达到一个相对稳定的状态，肉蛋奶等非口粮食物消费将不断增长，充分利用境外农业资源不但能够满足国内多样化的消费需求，也是调整国内生产结构，提升国内有限水土资源配置效率的有效手段。

然而，需要看到的是，随着中国与国际市场关联度持续提高，外部贸易环境的不稳定和不安全因素将对我国长期粮食安全形成一定挑战。一是全球气候变化引发的极端天气导致全球农产品供应端的稳定性显著下降；二是地缘冲突以及政治与制度风险导致全球海上运输要道和关键节点发生中断的次数显著增加，全球农产品供应链和运输链的脆弱性凸显；三是诸如新冠疫情等突发事件极易诱发全球粮食市场供给不稳、供应不畅，进而引爆世界范围内的粮食供应短缺或粮食价格危机；四是全球正处于百年未有之大变局，贸易保护主义抬头、多边贸易和投资框架体系遭遇挑战等一系列非市场因素，可能会严重扰乱全球农产品市场和贸易秩序，进而加剧全球粮食市场波动性。这一系列挑战使得农产品贸易的发展越来越受到人们关注。

近两年，国内外农产品贸易形势又发生了诸多新变化。农业国际贸易高质量发展基地（简称国贸基地）建设正式启动，三批共认定337家国贸基地；中国正式提出申请加入《全面与进步跨太平洋伙伴关系协定》（CPTPP）；欧盟会议通过了《欧盟共同农业政策（2023—2027）》法案（简称新CAP）；《区域全面经济伙伴关系协定》（简称RCEP）正式生效……这些新变化将如何影响我们的日常生活？如国贸基地高质量发展，究竟"高"在哪里？CPTPP和RCEP正式生效实施又会给我国农业带来哪些新机遇与挑战，对人们日常食物消费又会有什么样的影响？新CAP法案为什么更加注重农业绿色发展，其对于我国农业"双碳"目标的实现有哪些可供借鉴之处？在全球面临新冠疫情、粮食危机、地区冲突等多重危机和挑战之际，世界贸易组织第12届部长级会议（MC12）取得了哪些成果，能否照亮世界贸易组织改革和多边贸易体制发展的道路？这一系列问题，都已成为社会各界关注的焦点。

因此，贸促中心推出的《农业贸易百问（第二辑）》可谓十分及时，也恰逢其时。在第一辑的基础上，第二辑主要聚焦于农业贸易多双边谈判、典型国家农业贸易政策调整、新形势下中国农产品贸易高质量发展、地方农产品贸易实践等相关问题，既体现了农业贸易领域的最新发展实践，也是对第一辑的有效补充和完善。

　　贸促中心担负着农业贸易谈判、农业贸易救济、农业贸易政策研究、贸易信息分析及贸易促进等行政支撑和公共服务职能，注重理论与实践相结合，对问题的思考既高屋建瓴、纵观全局，又下接地气、全面细致。贸促中心在农业贸易领域牵头和引领开展的大量前瞻性研究和取得的研究成果，对农业贸易政策制定起到了支撑作用。在此基础上编撰的《农业贸易百问（第二辑）》是农业贸易领域高质量书籍，希望其能够继续发挥传播知识与信息、交流思想与观点的作用，更希望相关行业的读者能从中获益，共同助力中国农产品贸易高质量发展。

朱　晶

南京农业大学钟山首席教授

国际食品与农业经济研究中心主任

2023 年夏于南京

前　言

　　为普及农业贸易常识，引导公众更加深入了解全球及中国农业贸易发展形势，农业农村部农业贸易促进中心于2019年创设了"农业贸易百问"专栏。专栏内容涵盖农业多双边谈判、贸易救济、外贸信息、产业发展及贸易促进等多领域工作动态和研究成果，并在学习强国学习平台、《农民日报》《中国贸易报》同步刊发，为农业贸易促进相关领域研究学者提供参考与借鉴，也逐步成为农业政策宣传的新窗口。2021年我们正式出版了第一本《农业贸易百问》，广获地方政府、高校、研究机构、行业商协会及行业媒体的认可和关注。

　　2022—2023年，为进一步提升学术价值和政策参考价值，我们对专栏进行了优化与调整，将文章内容逐步从常识性科普和现状梳理向分析研判和趋势展望转变，中国农村网、《世界农业》《中国外资》等更多媒体对专栏文章进行刊登，助力"农业贸易百问"扩大社会影响力。今年正逢农业贸易促进中心成立20周年、中国贸促会农业行业分会成立35周年，我们再次精选100余篇专栏文章汇编成册，并以《农业贸易百问（第二辑）》形式出版，以飨读者。

　　本书得以出版，要衷心感谢农业农村部马有祥副部长的关心和国际合作司的支持，感谢朱晶等专家学者的宝贵意见，感谢媒体朋友们的大力宣传，感谢地方农业农村部门的积极参与！我们将继续努力，持续打造更高质量的"农业贸易百问"专栏，推动农业贸易更高质量发展，为全面推进乡村振兴、加快建设农业强国作出更大贡献！

《农业贸易百问》编委会

2023年10月

目 录

中国农产品贸易 ·· 130

WTO农业谈判

部长级会议在 WTO 地位如何？^①

陈宁陆

世界贸易组织（WTO）是唯一一个处理成员间贸易规则的全球性国际组织，在制定和规范国际贸易规则中发挥重要作用。WTO 部长级会议（简称部长会）是 WTO 的最高权力机构，部长会上达成的成果具有最高法律效力。MC12 于 2022 年 6 月 12—17 日在瑞士日内瓦成功举行。那么部长会在 WTO 是什么地位？历届部长会都达成了哪些农业成果？MC12 会期的一波三折又是怎么回事？以及最近的 MC12 又达成了什么成果呢？让我们通过本文一探究竟。

◆ 具有最高决策权的"部长会"在 WTO 到底是什么地位？

WTO 于 1995 年 1 月 1 日成立，其前身是关税及贸易总协定（GATT）。由于 GATT 时期没有一个固定的高级别会议机制，所以在政治领导方面往往缺乏连续性。因此，在 WTO 成立时，文件中就规定要设立部长级会议机制，全权"履行 WTO 职能，并为此采取必要行动（carry out the functions of the WTO and take actions necessary to this effect）"，并"有权对多边贸易协定下的所有事项作出决定（have the authority to take decisions on all matters under any of the Multilateral Trade Agreements）"。

在 WTO 日常运行中，尽管有部长会、总理事会、理事会和委员会 4 个级别的权力机构，但由于成员间立场不同、分歧较大，加之其议事规则是"近乎苛刻"的"协商一致原则"，164 个成员很难在日常谈判中达成一致意见，往往把希望寄托在部长会上。因此，历届部长会都会成为"万众瞩目"的焦点。

---

① 如无特殊说明，本文数据均来自 WTO。

通常情况下，部长会由全体成员的贸易部长和其他高级别官员率团出席，原则上每两年召开一次，各方可充分讨论和决定涉及多边贸易协定下的所有事项。WTO成立至今已召开了12届部长会，具体情况见表1。

表1 历届部长会召开时间及地点

会议	时间	地点
MC1	1996 年	新加坡
MC2	1998 年	日内瓦
MC3	1999 年	西雅图
MC4	2001 年	多哈
MC5	2003 年	坎昆
MC6	2005 年	中国香港
MC7	2009 年	日内瓦
MC8	2011 年	日内瓦
MC9	2013 年	巴厘岛
MC10	2015 年	内罗毕
MC11	2017 年	布宜诺斯艾利斯
MC12	2022 年	日内瓦

◆ **历届部长会上有什么农业成果？**

由于农业问题的特殊性、复杂性和敏感性，农业贸易曾经长期游离于国际贸易协定之外，乌拉圭回合首次将农业贸易纳入多边贸易规则的约束和管理。2001年，发达成员过渡期结束后召开的第四届多哈农业部长会上发布了《多哈部长宣言》，开启了新一轮的农业谈判进程。多哈回合20多年来，除2004年7月达成的《框架协议》是通过总理事会收获外，几乎所有成果都是在部长会上达成的。

一是2005年MC6上通过的《香港部长宣言》，要求发达成员在今后实质性削减扭曲贸易的国内支持，明确了发展中成员可以拥有具有更大灵活性的特殊产品。

二是2013年的MC9上就多哈回合谈判早期收获达成了"巴厘一揽子协议"，在农业方面主要涉及关税配额管理、粮食安全公共储备和贸易便利化等。在关税配额上，明确成员对配额申领和配额期限等相关信息具有公布和通报义务，对关税配额完成率低于65％的成员采取一定措施以提高完成率。在粮食安全上，达成了粮食安全公共储备临时解决方案，并承诺在MC11前达成永久解决方案。根据临时方案，如果发展中成员因粮食安全储备补贴超出 WTO "黄箱"政策承诺上限时，各成员应克制通过 WTO 争端解决机制起诉，为发展中成员争取了更大的国内支持空间，有助于发展中成员维护粮食安全和生计安全。

三是 2015 年的 MC10 上通过了《内罗毕部长宣言》，就非洲等发展中成员最为关切的农业出口竞争达成共识，首次承诺全面取消农产品出口补贴，有助于消除市场扭曲，营造公平竞争环境，改善发展中成员和最不发达成员民生。

值得一提的是，部长会上通过的决定也有可能因为种种原因而无法按时完成。以粮食安全公共储备为例，按照部长会的决定应该在 MC11（2017 年）前达成永久解决方案。但是由于部分发达成员和出口成员的阻挠，粮食安全永久解决方案至今仍未达成。

◆ 一波三折的 MC12 终于开完了！

MC12 是历届部长会中最为曲折的，已延期 3 次。MC12 最先定于 2020 年 6 月在哈萨克斯坦首都努尔苏丹召开。新冠疫情暴发后，会议延期至 2021 年 6 月，会址不变。鉴于疫情发展态势不乐观，MC12 再次延期至 2021 年底，并且考虑到努尔苏丹气候条件问题，会址改为日内瓦。

在 2021 年 11 月 26 日会议召开前夕，由于变种新冠病毒"奥密克戎"（Omicron）导致瑞士实施临时旅行限制，WTO 决定无限期推迟原计划于 11 月 30 日开始的 MC12。2022 年 2 月 23 日，在 WTO 总理事会上，成员同意将会议推迟至 2022 年 6 月。2022 年 4 月 25 日，最终确定于 2022 年 6 月 12 日在日内瓦 WTO 总部举行。此次会议历时 6 天，于 2022 年 6 月 17 日顺利闭幕。

◆ MC12 农业成果到底有哪些？

在 MC12 上，就 WTO 改革、疫情应对、粮食安全、渔业补贴、电子商务等议题达成一揽子协议，成果丰硕。这是 WTO 成员自 2015 年 MC10 后，时隔 7 年再次达成协商一致的成果文件，这重振了各方对多边贸易体制的信心，有助于共同应对全球挑战、推动世界经济复苏。MC12 农业成果主要涉及粮食安全和渔业补贴。

粮食安全方面，MC12 通过了《关于紧急应对粮食安全问题的部长宣言》。该《宣言》强调贸易同国内生产一样，在改善全球粮食安全方面发挥着重要作用；充足的粮食储备有助于成员实现国内粮食安全目标，要帮助最不发达国家和粮食净进口发展中国家提高农业生产能力等。

渔业补贴方面，MC12 最终达成《渔业补贴协定》（简称《协定》），这是第一份主要旨在实现环境可持续发展目标的 WTO 协定。这份《协定》主要包含两大核心纪律：一是禁止向非法、未报告和无管制（IUU）捕捞提供补贴，二是禁止对已过度捕捞鱼类种群捕捞提供补贴。此外，该《协定》还设定了其他纪律，包括为发展中成员提供特殊与差别待遇、成立旨在向发展中成员提供技术援助和能力建设支持的渔业基金等。

农产品贸易争端案件情况怎样？

王占禄

"农业贸易百问"专栏的开篇文章介绍了"国家间如何打'经济官司'"，2019 年又曾刊文介绍了巴西和美国的棉花补贴贸易争端案例，由此也引出一个问题：农产品贸易经常发生贸易争端吗？答案是肯定的，WTO 成员为了维护自身农产品贸易利益而状告其他成员，由此农产品贸易争端案件频繁发生。从 1995 年 WTO 成立起至 2020 年底，WTO 争端解决机构共收到 600 例贸易争端案件，其中农产品贸易争端超过 120 例。农产品贸易约占世界货物贸易总额的 10%，规模远小于制造业产品和能源产品等贸易，但贸易争端占比却超过 20%，显然农产品贸易争端频发。

◆ 引起农产品贸易争端的缘由是什么？

要回答这个问题，首先需要了解贸易争端是怎么产生的。通俗地讲，如果 WTO 成员甲认为成员乙违背了 WTO 成员承诺履行的义务，或者采取了违反 WTO 规则的某种措施，从而对农产品贸易造成影响，并因此对成员甲的直接利益或间接利益造成损害，成员甲就可以提出申诉，WTO 争端解决机构将按照规定的程序审理裁定甲乙孰是孰非，这样就形成了甲乙之间的贸易争端。起诉的成员甲就是原告，应诉的成员乙就是被告。

这 120 余例农产品贸易争端案件究其起因，可概括为四大类：一是关税措施类，包括进出口关税和配额等；二是以技术壁垒为主的非关税贸易措施类，包括转基因产品技术标准、病虫害防疫规定、产品分类标准、原产地证明要求、商标与地理标志要求等；三是贸易救济措施类，包括反补贴、反倾销、保障措施和农产品贸易特有的特殊保障措施等；四是应诉成员内部的农业产业政策类，包括农业国内支持政策和农产品价格支持政策等。

从迄今为止的农产品贸易争端案件看，上述四类案件中：关税措施类的贸易争端敏感度最高，相应的贸易争端案件数量最多，约占农产品贸易争端案件的四成；贸易救济措施类和非关税贸易措施类引起的争端案件数量各占三成左右，前者略多；农业产业政策类相关的案件最少，但影响不小。例如巴西与美国棉花补贴贸易争端，就是巴西认为美国的棉花补贴政策措施损害了巴西棉花产业，从而向 WTO 提起申诉。

◆ 都是哪些 WTO 成员在打农产品贸易争端官司？

总体上看，WTO 中发达成员是贸易争端的告状大户，在一共 600 例贸易争端中，美国、欧盟（EU）和加拿大分别起诉了 132 例、104 例和 40 例，累计超过案件总量的 45%。农产品贸易争端的情况也类似，120 余例农产品贸易争端是由 28 个成员发起，其中又以美国告状次数最多，高达 35 次，随后是加拿大 13 次、欧盟 12 次，这 3 个成员发起了几乎半数的农产品贸易争端。其他成员中起诉案件较多的是阿根廷和巴西，分别为 10 例和 9 例。欧美等发达成员也是多起争端的被告，欧盟是 34 个案件的被起诉对象，美国被起诉 19 次。发展中成员中应诉次数较多的是智利和秘鲁，分别是 8 次和 7 次。

◆ 如何看待农产品贸易争端？

国际贸易往来过程中难免会出现贸易摩擦，WTO 争端解决机构通过审理裁决成员之间的贸易争端，维护了多边贸易规则的严肃性和国际贸易秩序的稳定性，在促进世界贸易发展方面发挥了难以替代的作用。借助 WTO 争端解决机制处理与其他成员的分歧与矛盾，是所有 WTO 成员享有的权利：一方面在农产品贸易利益受到损害时应主动申诉，充分利用多边规则伸张和维护农业产业利益；另一方面要依规应诉，维护应有的权利。中国是多边贸易规则的坚定支持者，也是 WTO 争端解决机制的积极参与者，在农业领域曾成功起诉欧盟禽肉关税配额管理措施和美国反倾销措施等，积极维护了国内农业产业的合法权益。

中国"入世"都经历了啥？

谢众民

2021年是我国加入WTO 20周年。20年来，我国全面履行"入世"承诺，积极践行自由贸易理念，以开放的姿态欢迎更多高品质国际商品和服务进入中国市场，已发展成为全球第二大经济体、第一大货物贸易国和第一大外资吸收国。与此同时，中国加入WTO也极大地推进了世界经济发展。过去20年，中国对世界经济增长的平均贡献率接近30％，特别是2020年全球受新冠疫情冲击，中国是主要经济体中唯一实现经济正增长的国家，成为拉动世界经济复苏的重要引擎。正如WTO前副总干事易小准所言，"加入WTO的20年里，中国既是多边贸易体制最大的受益方，也是多边贸易体制最大的贡献者。"

加入WTO是我国改革开放和社会主义现代化建设的历史必然，也是进一步推进全方位、多层次、宽领域对外开放的重要契机，更是我国对外开放和世界经济全球化进程中具有里程碑意义的重要事件。那么，我国加入WTO的过程中都经历了哪些事？

◆ 什么是"复关"？

WTO的前身是GATT。GATT是一个政府间缔结的有关关税和贸易规则的多边协定，它的宗旨是通过实质性削减关税和其他贸易壁垒，消除国际贸易中的歧视待遇，促进国际贸易自由化。GATT于1947年10月30日在日内瓦签署，并于1948年1月1日开始实施，但由于美国没有批准《国际贸易组织宪章》，使得GATT"临时适用"了近50年。1995年，WTO正式取代临时适用的GATT，成为一个永久性的正式的国际贸易组织，协调的范围从货物贸易扩展到服务贸易以及与贸易有关的知识产权等领域。

我国是GATT创始缔约国之一。1949年10月1日中华人民共和国成立后，撤退到中国台湾的国民党政府担心中国共产党领导的新中国从GATT中受益，于1950年宣布退出GATT。但事实上从1949年10月1日起，国民党政府已无权代表中国，其退出行为是非法的、无效的。于是在几十年后，出现了所谓的"复关"问题。

1978年改革开放以后，随着我国对外经济贸易活动日益增多，外经贸工作在国民经济中的作用不断增强，迫切需要一个稳定的外部环境，我国政府也开始重视GATT的重要作用。同时，国内经济体制改革也不断向市场化发展，使我国初步具备了加入多边贸易体制的条件。1983 年 1 月，国务院作出决定，申请恢复我国 GATT 缔约国地位。经过一段时间的准备，我国于 1986 年 7 月 10 日正式提出"复关"申请。

◆ 中国的"复关"和"入世"谈判都经历了哪些历程？

中国的"复关"和"入世"谈判大致可以划分为两个阶段。

第一阶段是从 1987 年 10 月 22 日 GATT 中国工作组第一次会议在日内瓦举行，确定工作日程，到 1992 年 10 月。这个阶段主要是审查我国对外贸易制度，由缔约方判断我国的对外贸易制度是否符合 GATT 的基本要求。

第二阶段是从 1992 年 10 月到 2001 年 9 月，是谈判实质阶段。具体谈判分为两部分，一部分是双边谈判，另一部分是多边谈判，两者同时交叉进行。中国与 WTO 成员之间进行的市场准入谈判属于双边谈判，重点解决市场准入问题，涉及关税逐步降低、进口限制逐步取消、服务贸易逐步开放等内容。多边谈判，即中国议定书和工作组报告书的谈判和起草过程，重点解决遵守 WTO 规则、中国在 WTO 中的权利和义务问题。

2001 年 11 月 10 日，在卡塔尔首都多哈举行的 WTO 第四届部长级会议，通过了《关于中国加入世界贸易组织的决定》。同年 12 月 11 日，我国正式加入 WTO，成为 WTO 的第 143 个成员，标志着我国对外开放进入了一个新的阶段。

◆ 中国"入世"时在农业领域都有哪些承诺？

农业是我国"入世"谈判中的重点、难点和焦点，既是谈判中讨价还价最厉害、最艰难的产业之一，也是最后一刻达成协议的两个产业之一。在 37 个提出要求与我国进行"入世"谈判的成员中，大多数是农业竞争力较强的农产品出口成员，包括美国、欧盟、澳大利亚和加拿大等，它们一直盯着我国潜在的国内需求市场，试图通过"入世"谈判来敲开我国的市场大门。

我国农业"入世"不仅历程十分艰辛，还作出了广泛而重大的承诺：对农产品补贴实行严格的上限约束；取消一切形式的农产品出口补贴；对于大宗农产品的进口，改变原有的绝对配额管理为关税配额管理；逐步放开农业服务市场；对进口农产品关税实行上限约束，平均关税水平由"入世"前的 21.3%降至 2005 年的 15.3%。2020 年，我国进口农产品的平均关税为 13.8%，仅为世界平均水平的 1/4，成为全球最开放的农产品市场之一。

WTO 改革该何去何从？

陈宁陆

WTO 成立以来在推动贸易增长、解决贸易争端、促进经济发展上发挥了不可替代的作用，但现在正面临着严峻挑战。WTO 的权威性不断下降，单边主义、保护主义蔓延，贸易谈判和争端解决功能受挫，各成员纷纷转向双边和诸边贸易协定谈判，多边谈判有被边缘化的风险。在此情形下，无论是 WTO 自身还是全球主要经济体，对深化 WTO 改革的必要性及紧迫性都已达成深刻共识。那么目前为止有哪些成员参与了 WTO 改革？改革中各方都在关注什么？中国在农业领域的关注又是什么？让我们通过以下问题一探究竟。

◆ 哪些成员提交了 WTO 改革方案？

对当前 WTO 面临的生存危机，各成员纷纷提出改革方案，试图重新恢复WTO 的活力。2017 年美国提出改革的理念，欧盟、加拿大、日本、中国先后发声，非洲集团、印度等发展中成员随后也频频表态。无论是发达成员还是发展中成员都积极参与 WTO 改革，纷纷提出 WTO 改革的建议方案（表 1）。

表 1　WTO 改革主要事件

成员	时间	事件
美国	2017 年 07 月	在 WTO 总理事会上提出要改革 WTO
美国	2019 年 03 月	在贸易政策议程报告中阐述对 WTO 改革的主张
欧盟	2018 年 09 月	发布《WTO 现代化：欧盟未来方案》
加拿大	2018 年 09 月	向 WTO 提交《WTO 改革的工作文件》
中国	2018 年 11 月	发布《中国关于 WTO 改革的立场文件》，提出改革的三个基本原则和五点主张
中国	2019 年 05 月	向 WTO 提交《中国关于 WTO 改革的建议文件》，提出总体立场
美国、欧盟和日本	2018 年 11 月	联合向 WTO 提交改革方案
中国和欧盟	2018 年 12 月	联合向 WTO 提交关于 WTO 改革提案
非洲集团和印度	2019 年 07 月	向 WTO 提交《通过包容性方式加强 WTO 透明度与通报》
印度、古巴等 11 个成员	2019 年 07 月	向 WTO 提交《加强 WTO 以促进发展与包容》

◆ WTO 改革中各方关注集中在哪些方面？

目前，中国、美国、欧盟、加拿大和印度等成员已就 WTO 改革问题进行表态并提出了改革方案。各方主要焦点和关注点集中在上诉机构、特殊与差别待遇以及加强通报与透明度义务等问题上。

（一）上诉机构

上诉机构的存亡危机由来已久，也是当前 WTO 改革中最迫切需要解决的问题。2016 年，美国开始利用 WTO 成员协商一致原则阻挠上诉机构大法官遴选，法官人数"只减不增"。2020 年 11 月，随着仅剩的中国籍法官赵宏届满离任，上诉机构全面"真空"。由于上诉机构每个案件至少需要 3 名法官审理，实际上自 2019 年 12 月开始上诉机构就正式停摆，这也成为多边贸易体制面临危机的突出标志。

面对美国制造的上诉机构僵局，中国、欧盟、加拿大和印度等成员在 WTO 改革方案中纷纷表示要挽救上诉机构，要求尽快启动上诉机构法官的遴选程序，推动上诉机构正常运行。遗憾的是，美国对此并未作出积极回应。值得一提的是，在推动解决上诉机构危机基本无望的情况下，各方也开始着手实施替代性方案。2020 年 4 月，中国、欧盟和其他 17 个 WTO 成员宣布共同建立多方临时上诉仲裁安排，以维护 WTO 争端解决机制的运转。

（二）特殊与差别待遇

特殊与差别待遇是 WTO 改革中争议较多的议题。根据 WTO 对发展中成员的定义，各成员可通过"自我认定"的方式确定其发展中成员地位。美国认为这种认定方式并不合理，是导致 WTO 停滞不前的重要原因。美国在其 WTO 改革文件中表示，某些成员通过"自我认定"的方式保持其发展中成员地位以享受特殊与差别待遇，但实际上并非真正的发展中成员；还主张经济合作与发展组织（OECD）成员和申请加入 OECD 成员、二十国集团（G20）成员、被世界银行定为"高收入"的成员、占世界贸易份额 0.5% 或以上的成员均不能在 WTO 中被认定为发展中成员。欧盟和日本也呼吁在 WTO 中拥有发展中成员地位的"发达成员"应承担与自身经济发展水平相匹配的责任。欧盟还主张让部分发展中成员"毕业"，主动退出享受特殊与差别待遇。

许多发展中成员对此表达了不同的立场。中国、印度和非洲集团等发展中成员认为，发展中成员"自我认定"具有历史合法性，目前发达成员和发展中成员之间仍存在巨大鸿沟，在 WTO 改革中要力保发展中成员的正当合法权益，以纠正 WTO 规则中的"发展赤字"。

（三）加强通报与透明度义务

在 WTO 规则体系内，通过履行通报与透明度义务，提升政策的可预见性，对实现自由贸易和公平竞争等 WTO 原则具有重要意义。通报的不及时性将派生出一定的扭曲效应，这将大大影响公平贸易。但由于种种原因，当前通报规则的实际执行情况并不尽如人意。美国、欧盟、日本等主要发达成员大力推动的"加强通报与透明度义务"成为 WTO 改革的重要议题之一。

中国也把履行该议题作为 WTO 改革的行动领域之一，但同时强调要尊重最不发达成员的具体困难。非洲集团、古巴和印度等发展中成员则强调，比加强通报与透明度义务更重要的是 WTO 的运作必须透明与包容。

◆ 中国在 WTO 改革的农业领域关注什么？

中国的农业是生计型农业，承担着粮食安全和生计安全的重要责任，一直以来都受到党中央和国务院的高度重视。因此，中国的 WTO 改革方案重点关注了 WTO 农业谈判中的规则不公平问题，主要主张取消部分成员，特别是发达成员拥有的"综合支持量"（AMS）特权。AMS 允许发达成员向特定农产品提供大规模补贴，补贴比例远高于 WTO 成员普遍拥有的微量允许，对农业生产和农产品贸易造成严重扭曲。因此，中国在《中国关于 WTO 改革的建议文件》中提出，应逐步削减并最终取消 AMS，并达成关于粮食安全公共储备的永久解决方案，以纠正 WTO 农业领域存在的规则不公平问题，为发展中成员创造公平的市场环境，增强其保障粮食安全和生计安全的能力，使其从多边贸易体制中获益更多。

WTO 框架下进口关税都有哪些计税形式？

李希儒

"入世"后，我国农产品进口关税从"入世"前的 21.3％下降到 2020 年的 13.8％，我国成为世界上农产品贸易自由化程度较高的国家之一。进口关税是边境调控的重要手段，也常是国际贸易谈判的核心议题之一。它是指商品进入一国或一单独关税区关境时，由该国海关或该单独关税区海关根据其法律规定，对商品进口商所征的税收。征收进口关税会增加进口商品的成本，提高其市场价格，从而影响进口数量。在实践中，不但进口关税税率变动会对贸易行为产生直接影响，而且不同的计税形式也会产生迥然不同的政策效果。那么，WTO 框架下通行的计税形式都有哪些？

◆ 基本形式——从价税与从量税

价格与重量是量化商品的基础，由此产生了两种最基本的计税方式：从价税与从量税。前者以商品价格作为计征标准，后者则以进口商品的重量、数量、长度、容量和面积等计量单位为计征标准。

从价税是以商品的完税价格作为计征标准，完税价格乘以从价税率即可得出该商品的关税税额。从价税额同商品质量和价格挂钩，对同税目不同品质的商品征收不同的从价税。从价税率以百分数表示，便于国家间进行比较。但其缺点是用作关税计征依据的商品完税价格有时难以掌握，征税手续较从量税更为复杂；若商品价格下降或其他国家通过降价进行倾销时，从价税的保护力度会明显下降。从世界范围看，从价税广泛应用于各种产品。我国在"入世"时，对所有产品的约束税率均为从价税。

从量税是以商品的计量单位作为计征标准，计量单位乘以每单位应纳税金额即可得出该商品的关税税额。由于从量税额不随商品品质和价格的变动而变动，所以在征税时也无须审定商品的品质和价格。其优势在于与价格脱钩，在商品价格下降时单位商品的征税额不变，关税保护力度大；但其缺点是在商品价格上涨时税收相对减少，保护作用不足。为了强化对农业的保护，美国、欧盟对谷物等多种农产品使用从量税；我国农业开放程度较高，目前仅对冻整鸡、冻鸡块、冻鸡杂碎等实行从量税，从量税税率是严格依照我国"入世"承诺的从价税税率转换而来的。

◆ 升级形式——复合税与选择税

将从量税和从价税进行混合，就产生了复合税与选择税。这两者结合了从量税与从价税的优点，可以较好地发挥关税的保护作用。

复合税是在征税时同时使用从量和从价两种计税形式，以两种税额之和作为该种商品的关税税额。复合税又可分为两种情况：一种是先征从量税再征从价税，另一种是先征从价税再征从量税。例如，日本对关税配额外黄油采用先征从价税后征从量税的复合税。目前我国对农产品没有采用复合税。

选择税是指对某种商品同时规定了从量税和从价税两种计税形式，征税时由海关选择其中一种。若要保护本国产业，则选择税额较高的计税形式，即在国际市场价格上涨时使用从价税、在国际市场价格下跌时使用从量税。若为了鼓励某种商品进口，则选择税额较低的计税形式。如挪威对多种农产品、泰国对小麦粉等产品征收选择税。我国在"入世"承诺范围内，对部分农产品征收选择税，如 2021 年对天然胶乳的最惠国暂定税率为 10％或 900 元/吨，两者从低征税。

◆ 变异形式——滑准税

不论是从量税、从价税或是混合税，其能实现的政策目标不外乎两种：或提高税率限制进口从而保护国内相关产业，或降低税率扩大进口以保障国内供应。在实践中，为兼顾保护国内相关产业和保障国内供应，一种特殊的计税形式——滑准税诞生了。

滑准税是指关税的税率随着进口货物价格的变动而反方向变动的一种税率形式，即价格越高，税率越低。采用滑准税的目的在于，不论进口价格高低，该种进口商品的税后价格尽可能在一个预定的价格标准附近波动，以稳定进口商品国内市场价格。我国目前对关税配额外进口一定数量的棉花实行滑准税，在稳定国内棉花价格、保障棉农利益的同时，较好地解决了国内棉花供应不足问题。

32国的普惠制待遇取消会对我国农产品
出口产生多大影响？

谢众民

海关总署2021年第84号公告显示，自2021年12月1日起，对输往欧盟成员、英国、加拿大、土耳其、乌克兰和列支敦士登等已不再给予中国普惠制关税优惠待遇国家的货物，海关不再签发普惠制原产地证书。该公告发布后，可谓是一石激起千层浪，部分自媒体将其定义为"变天"的历史性事件，更有甚者将此解读为"贸易战"的最新交火点。到底什么是普惠制？我国受到过哪些国家给予的普惠制待遇？普惠制待遇的取消会对我国农产品出口产生多大影响？

◆ 什么是普惠制？

普惠制全称是普遍优惠制度（Generalized System of Preferences，GSP），是指发达国家给予发展中国家和地区制成品和半制成品普遍的、非歧视的、非互惠的一种关税优惠制度。其目的是扩大发展中国家和地区对发达国家的出口，促进发展中国家和地区工业化进程，加速发展中国家和地区的经济增长。根据该制度，受惠国在向给惠国出口某些产品时，需缴纳的进口关税比最惠国税率更低。

然而，给惠国在给予优惠的同时，对自身也设置了保护措施，常见的一项就是"毕业机制"，即当受惠国的某类产品被给惠国认定为具有竞争力且占据其市场一定份额时，受惠国的这类产品就会被给惠国"毕业"，不再拥有普惠制待遇。此外，根据世界银行标准，对于不再属于低收入或中等偏低收入的经济体，发达国家可以取消给予其普惠制待遇（俗称"国家毕业"）。

我们经常听说的最惠国待遇（MFN）和普惠制主要有三点不同：一是最惠国待遇是国际经济贸易关系中常用的一项制度，是国与国之间贸易条约和协定的法律待遇条款，而普惠制只是发达国家给予发展中国家和地区的一种普遍的、非歧视的、非互惠的关税制度；二是普惠制是发达国家单向给予发展中国家或地区的关税优惠，既然是单方给予，就可以单方取消，而最惠国待遇则是互相给予优惠，单方面取消即可能违反公约；三是普惠制主要涉及给惠国和受惠国相互间的进出口贸易，而最惠国待遇涉及缔约国双方在通商、航海、关税、公民法律地位等多个方面相互给予的优惠、特权或豁免待遇，相较于普惠制来说，最惠国待遇范围更加广泛。

◆ 我国受到过哪些国家给予的普惠制待遇？

我国作为全球最大的发展中国家之一，理应享受普惠制待遇。1978 年，经我国政府主动争取，新西兰、澳大利亚率先给予我国普惠制待遇。随后，挪威、瑞士、加拿大、芬兰、瑞典、日本等国也先后在 1981 年前给予我国普惠制待遇。

共有 40 个国家给予过我国普惠制待遇，具体包括欧盟 27 国、英国、欧亚经济联盟 3 国（俄罗斯、白俄罗斯、哈萨克斯坦）、土耳其、乌克兰、加拿大、瑞士、列支敦士登、日本、挪威、新西兰和澳大利亚。美国从未给予我国普惠制待遇。

随着我国经济的快速发展和人民生活水平的不断提高，世界银行根据最新标准已将我国归入"中等偏上收入经济体"，因此多个国家在近几年陆续宣布取消给予我国普惠制待遇。目前仍然保留给予我国普惠制待遇的国家仅剩挪威、新西兰和澳大利亚 3 国（表 1）。

表 1　我国受到过的普惠制待遇情况

给予我国普惠制待遇的国家和地区	对我国的普惠制待遇是否已取消	取消时间	备注
乌克兰	是	2012 年	
加拿大	是	2014 年 7 月 1 日	
瑞士、列支敦士登	是	2014 年 7 月 1 日	两者为关税同盟
欧盟 27 国、英国、土耳其	是	2015 年 1 月 1 日	英国当时仍为欧盟成员，土耳其为欧盟的关税同盟国
日本	是	2019 年 4 月 1 日	
俄罗斯、白俄罗斯、哈萨克斯坦	是	2021 年 10 月 12 日	三者均为欧亚经济联盟成员国
澳大利亚	否		
新西兰	否		
挪威	否		

◆ 32 国的普惠制待遇取消会对我国农产品出口产生多大影响？

此次公告所涉及的 32 个国家中，欧盟 27 国、英国（当时还是欧盟成员）、土耳其自 2015 年 1 月 1 日开始就已经不再给予我国普惠制待遇，加拿大与列支敦士登从 2014 年 7 月 1 日开始不再给予我国普惠制待遇，乌克兰更是从 2012 年开始就不再给予我国普惠制待遇。可见，32 个国家早在几年前就已经取消了对我国的普惠制待遇，要说对我国农产品出口的冲击，照理来说也应该是几年前的事了。对外经济贸易大学崔凡教授指出，此次海关不再签发普惠制原产地证书，属于海关部门的一个"技术性处理"。

事实上，由于"毕业机制"的存在，各国对我国农产品的普惠制待遇早已在不断压缩。以欧盟为例，进入 21 世纪以来，欧盟就曾多次通过"毕业机制"缩小我国受惠农产品范围。例如，从 2004 年 5 月开始取消对我国乳、蛋制品和天然蜂蜜等农产品的关税优惠，从 2014 年 1 月开始取消对我国咖啡、马黛茶及调味香料等农产品给予的普惠制待遇，从 2015 年 1 月开始不再给予我国普惠制待遇。虽然普惠制待遇的取消会对我国部分农产品出口欧盟产生一定的负面影响，但我国对欧盟的农产品出口总体依然保持稳健增长。海关的数据显示，从欧盟不再给予我国普惠制待遇的 2015 年开始，到英国脱欧的 2020 年之前，我国对欧盟的农产品出口基本保持增长态势，并于 2019 年到达历史顶峰的 94 亿美元，比 2014 年增长了 10.5%。

实际上，得益于我国与越来越多的经济体签署自贸协定，农产品出口企业完全可以根据自身情况选择最有利的关税安排。目前，我国已经和东南亚国家联盟（简称东盟）、智利、瑞士、韩国、新西兰等 26 个国家和地区签署了 19 个自贸协定，企业可以申领相应的自贸协定原产地证书来适用协定税率。此外，RCEP 已于 2022 年 1 月 1 日生效，企业可以申领 RCEP 项下原产地证书，享受相应的协定税率。

WTO 渔业补贴谈判谈什么？[①]

陈宁陆　柳苏芸

在多边贸易体制面临严峻挑战的困难时刻，落幕的 MC12 经过各方多轮密集磋商，取得丰硕成果。其中《渔业补贴协定》作为 WTO 2013 年以来达成的首份多边协定，引起各方广泛关注。为什么要进行渔业补贴谈判？渔业补贴谈判到底在谈什么？主要矛盾点有哪些？MC12 上达成的渔业成果又包含什么？让我们一探究竟。

◆ 为什么要进行渔业补贴谈判？

由于海洋渔业资源具有公共性，各国竞争性捕捞分散全球，伴随扩张市场需求和政府政策引导，导致海洋捕捞业不断上演"公地悲剧"。可持续鱼群占比已从 20 世纪 70 年代的 90％下降到 65.8％，接近 59.6％的生态临界值。渔业补贴使用不当会刺激捕捞行为，加剧全球海洋渔业资源恶化。WTO 报告指出：由于全球每年存在 140 亿～540 亿美元的渔业补贴，导致许多捕鱼船队出海时间更长更久，对依赖渔业捕捞国家和地区的粮食安全和生计安全造成威胁。因此，各成员寄希望于通过谈判制定补贴规则，实现海洋渔业资源可持续发展，渔业补贴谈判也由此诞生。

◆ WTO 渔业补贴谈判到底在谈什么？

渔业补贴谈判始于 2001 年多哈部长会，是多哈回合规则谈判（rules negotiations）的一部分，迄今已历经 22 年。渔业补贴谈判大致分为 5 个时间节点。

一是 2001 年。WTO 多哈部长会上通过的《多哈部长宣言》要求"澄清和改进"（clarify and improve）WTO 现有渔业补贴纪律。

二是 2005 年。MC6 上通过的《香港部长宣言》呼吁，禁止导致产能过剩（overcapacity）或过度捕捞（overfishing）的渔业补贴，且对发展中成员和最不发达成员适当且有效的特殊与差别待遇应成为渔业补贴谈判的组成部分。

三是 2015 年。联合国发布的 2030 年可持续发展目标 14.6 中进一步细化渔业补贴谈判授权，主要包括：禁止导致产能过剩和过度捕捞的补贴

---

① 如无特殊说明，本文数据均来自 WTO。

（OCOF）；取消非法、未报告和无管制捕捞的补贴，即 IUU 纪律；对发展中成员和最不发达成员适当且有效的特殊与差别待遇应是谈判组成部分。

四是 2017 年。MC11 上决定在 MC12 上通过渔业补贴协议，以实现联合国可持续发展目标 14.6。

五是 2022 年。2022 年 6 月 12—17 日，MC12 在瑞士日内瓦成功举行，各成员达成了《渔业补贴协定》，这是 MC12 的重要成果之一。

◆ WTO 渔业补贴谈判主要焦点在哪？

由于多哈回合谈判进程缓慢，再加上各成员发展阶段差异较大、利益错综复杂，导致各方立场分歧巨大。主要矛盾焦点有以下三方面。

一是 IUU 纪律。在 IUU 认定主体、认定程序、触发机制等方面存在较大分歧。

二是特殊与差别待遇。发展中成员是否能享受特殊与差别待遇，以及享受什么样的特殊与差别待遇是矛盾焦点。

三是非专向性燃油补贴。发达成员认为燃油税减免、退还等适用于所有行业的补贴不具有专项性，不应受到约束；发展中成员则认为燃油补贴应纳入纪律约束范围。

◆ MC12 上达成了什么渔业成果？

《渔业补贴协定》是在 MC12 上达成的最新渔业成果，主要包含两大核心纪律：禁止向非法、未报告和无管制捕捞提供补贴，禁止对已过度捕捞鱼类种群捕捞提供补贴。此外，《渔业补贴协定》还设定了禁止对无管辖的公海领域捕捞活动提供补贴、允许提供救灾补贴等其他纪律。值得一提的是，《渔业补贴协定》给予发展中成员和最不发达成员一定特殊与差别待遇，包括在《渔业补贴协定》生效后两年内，发展中成员提供的相关补贴不适用 WTO 争端解决程序；并成立旨在向发展中成员提供技术援助和能力建设支持的渔业基金。

历时 21 年达成的《渔业补贴协定》具有重要历史意义。这是 WTO 自 2013 年以后达成的首个多边协定，也是第一份以环境可持续发展为核心的 WTO 协定。WTO 总干事恩戈齐·奥孔乔-伊韦阿拉（Ngozi Okonjo - Iweala）表示，《渔业补贴协定》在遏制产能过剩和过度捕捞补贴上迈出了第一步，这一步意义非凡。这将对全球以海洋渔业为生的 2.6 亿人口产生积极影响，也将为实现联合国 2030 年可持续发展目标作出重要贡献。

农产品保障措施知多少？[①]

刘丽佳

在促进农产品贸易自由化的同时，各国也需要保障农业产业安全和粮食安全，针对进口激增等特殊情况采取的保障措施便应运而生。农产品保障措施包括一般保障措施（SG）、农产品特殊保障措施（SSG）、农产品特殊保障机制（SSM）和区域自由贸易协定（FTA）中的特殊保障措施4种。

◆ 一般保障措施

WTO《保障协定》规定，如果某个成员因某种产品进口激增对其产业造成损害或损害威胁，可以实施一般保障措施，限制该产品进口。SG适用于包括农产品在内的所有产品，其补救措施可以是数量限制（如数量配额），也可以是征收附加关税。在SG情况下，出口方通常既不存在倾销，也不存在补贴，是在公平贸易的环境下发生的，也就是说出口方不存在过错，因此进口方在启动SG时，需要对出口方进行赔偿，具体如何赔偿需要通过谈判解决。由于赔偿谈判耗时耗力，各方难以达成一致，所以各成员在启动SG时非常谨慎，这也是多年来WTO成员很少启动SG的原因。"入世"以来，我国对农产品仅启动一起SG，即2016年对食糖发起的SG。

◆ 农产品特殊保障措施

农产品特殊保障措施是在某种农产品进口激增或价格突降（满足其中一种情形即可）情况下，进口方为维护其产业安全而采取的进口限制措施，通常是增加关税，程序是以书面形式通知WTO农业委员会，且允许成员间就实施条件磋商。

SSG与SG具有相似性，两者之间也存在联系，即在使用SSG时可以补充适用SG。但两者也存在很大不同。

一是适用范围不同。SG适用于所有WTO成员的所有产品，SSG只适用于33个WTO成员"关税化"（将非关税措施转化为关税，如将数量限制转化为等值的关税）的农产品（表1）。我国在"入世"过程中未能享受到SSG权利，因此无权使用SSG。

---

① 如无特殊说明，本文数据均来自WTO。

二是是否赔偿不同。SG 需要赔偿，SSG 则无须赔偿。

表 1　拥有 SSG 的成员及 SSG 涵盖的农产品税目占比

成员	税目占比（%）	成员	税目占比（%）	成员	税目占比（%）
澳大利亚	1.3	巴巴多斯	18.2	博茨瓦纳	39.5
加拿大	13.0	哥伦比亚	27.2	哥斯达黎加	11.5
厄瓜多尔	1.1	萨尔瓦多	11.4	欧盟	31.1
危地马拉	14.3	冰岛	36.7	印度尼西亚	0.9
以色列	4.5	日本	10.4	韩国	7.8
马来西亚	4.2	墨西哥	31.7	摩洛哥	23.0
纳米比亚	39.4	新西兰	0.4	尼加拉瓜	6.4
挪威	48.7	巴拿马	0.6	菲律宾	15.9
南非	39.4	斯威士兰	39.4	瑞士	53.0
中国台北	7.5	泰国	6.9	突尼斯	6.4
美国	10.3	乌拉圭	0.1	委内瑞拉	31.5

◆ 仍在谈判中的农产品特殊保障机制

在多哈回合谈判中，WTO 农业谈判三十三方协调组（G33，为发展中成员联盟，中国是成员之一）成员提出了农产品特殊保障机制，但 WTO 成员对此存在分歧。SSM 的核心是允许发展中成员在进口激增或价格下降的情况下暂时提高农产品关税，以保障国内产业安全和粮食安全。SSM 的实质与 SSG 一样，只是适用的成员范围是所有发展中成员，而且适用于所有农产品。2015 年 MC10 通过决定，SSM 成为农业特会的讨论议题，且由总理事会定期审查进展。从目前谈判进展看，各方对 SSM 分歧依然较大。由于我国无权使用 SSG，所以 SSM 对维护我国粮食安全意义重大。

◆ 区域自由贸易协定中的特殊保障措施

为了促进自由贸易，同时给国内产业必要缓冲，一些国家在自由贸易协定中借鉴 WTO 的做法，设定了特殊保障措施，其适用产品、触发机制、具体措施和适用期限等通过谈判确定。触发机制包括数量触发和价格触发两种。触发后都是征收附加关税，一般按最惠国税率与实施税率差额的一定比例征收且当年有效。自由贸易协定中的特殊保障措施的适用税率一般不高于适用产品的最惠国税率。如美国-澳大利亚自由贸易协定中，美国对洋葱、大蒜、番茄酱等部分园艺产品实行价格触发的特殊保障措施，对牛肉实行数量触发（协定生效第 9 年～第 18 年）和价格触发（协定生效第 19 年起）的特殊保障措施。中国所签署的 19 个自由贸易协定中，仅对新西兰乳品和澳大利亚乳品及牛肉设立了数量触发的特殊保障措施。其中：对新西兰鲜奶、奶粉、黄油和奶酪四类乳品的特殊保障措施实施期最长为 15 年；对澳大利亚牛肉和全脂奶粉的特殊保障措施每 6 年进行一次审议，如果双方认为对中国相关产业没有损害则终止，如果确定产生了损害则 6 年后再次进行审议。

何为 WTO《渔业补贴协定》的"补"与"禁"？[①]

陈宁陆

2022 年 6 月 17 日，在 MC12 上通过了渔业补贴谈判 21 年来最重大成果——《渔业补贴协定》（简称《协定》）。《协定》是第一份旨在实现环境可持续发展目标的 WTO 协定，《协定》的达成为实现联合国 2030 年可持续发展议程奠定了坚实基础。《协定》中的渔业补贴到底指什么？《协定》对哪些渔业补贴实施禁止？《协定》与实现联合国 2030 年可持续发展议程有何关系？

◆ 关于"补"：《协定》适用于专向性的、与海洋捕捞活动相关的补贴

《协定》中的渔业补贴必须同时满足以下两个条件：一是符合《补贴与反补贴措施协定》（简称《SCM 协定》）所定义的专向性（Specificity）补贴，二是该补贴涉及海洋捕捞和海上与捕捞有关活动。值得一提的是，《协定》下的渔业补贴范围并不包括水产养殖和内陆捕捞（表 1）。

表 1　《SCM 协定》中的补贴与专向性

项目	内　容
补贴	由成员政府或者其任何公共机构提供，并为接受者带来利益的财政资助、任何形式的收入和价格支持。在《SCM 协定》中，补贴分为三类：禁止性补贴、可诉性补贴和不可诉补贴
专向性	专向性补贴指针对特定企业、产业或地区的补贴。中国《反补贴条例》规定，符合下列情形之一的补贴则被认为具有专向性： ①由出口国（地区）政府明确确定的某些企业、产业获得的补贴 ②由出口国（地区）法律、法规明确规定的某些企业、产业获得的补贴 ③指定特定区域内的企业、产业获得的补贴 ④以出口实绩为条件获得的补贴，包括本条例所附出口补贴清单列举的各项补贴 ⑤以使用本国（地区）产品替代进口产品为条件获得的补贴

---

① 如无特殊说明，本文数据均来自 WTO。

◆ 关于"禁":《协定》的核心纪律是禁止两类有害渔业补贴

联合国粮食及农业组织（FAO）《世界渔业与水产养殖状况》报告指出，海洋渔业资源继续减少。2019 年，处于生物可持续水平范围内的渔业种群比例从 1974 年的 90％下降到 64.6％，比 2017 年下降 1.2％。

有害渔业补贴是世界渔业资源枯竭的一个关键因素。《协定》明确禁止有害渔业补贴，这对维护海洋可持续发展具有重要意义。

在《协定》中，主要禁止以下两类补贴。一是禁止向非法、未报告和无管制捕捞提供补贴。IUU 捕捞是海洋生态系统最大的威胁之一，《协定》禁止成员给予或维持 IUU 捕捞相关补贴，并要求成员通报为此采取的立法和执法措施。沿岸成员、船旗国成员和区域渔业管理组织可作出 IUU 捕捞认定。二是禁止对已过度捕捞鱼类种群捕捞提供补贴。主要内容包括禁止成员给予或维持与已过度捕捞鱼类种群相关的捕捞补贴，相关沿岸成员和区域渔业管理组织可以认定哪类鱼类种群属于过度捕捞。

针对上述两类禁止性补贴，《协定》为发展中成员提供了特殊与差别待遇，包括在《协定》生效后两年内，发展中成员提供的相关补贴不适用 WTO 争端解决程序；并成立旨在向发展中成员提供技术援助和能力建设支持的渔业基金。

◆《协定》落实了可持续发展目标 14

在 2015 年 9 月举行的联合国可持续发展峰会上，通过了 2030 年可持续发展议程。17 个可持续发展目标是 2030 年可持续发展议程的组成部分，呼吁全世界共同采取行动，消除贫困、保护地球、改善所有人的生活和未来。

2030 年可持续发展目标 14 是"保护和可持续利用海洋和海洋资源以促进可持续发展"，而其中的具体目标 14.6 进一步细化了渔业补贴谈判授权。目标 14.6 的具体内容是：禁止助长产能过剩和过度捕捞的补贴，取消助长 IUU 捕捞的补贴，发展中成员和最不发达成员合理、有效的特殊与差别待遇是 WTO 渔业补贴谈判不可或缺的组成部分。

《协定》落实了 2030 年可持续发展目标 14.6 和 MC11 任务，对改善渔业可持续性和推动可持续蓝色经济发展至关重要。

如何理解 WTO 规则中的"安全例外"条款?[①]

刘柒

近年来，WTO 成员援引"安全例外"条款引发的争端显著增加。对此 WTO 争端解决机构给出了哪些法律解释？对维护多边贸易秩序、保障我国粮食安全有何影响？

◆"安全例外"条款是怎样规定的？

《1994 年关税与贸易总协定》第 21 条、《服务贸易总协定》（GATS）第 14 条之二等条款均以"安全例外"为题规定了相同或近似内容。此外，《技术性贸易壁垒协定》（TBT 协定）等协定中的部分条款也提及国家安全。这些条款中以《1994 年关税与贸易总协定》第 21 条历史较早、在争端中被援引得最多，其规定如下。

本协定的任何规定不得解释为：

（1）要求任何缔约方提供其认为如披露则会违背其基本安全利益的任何信息。

（2）阻止任何缔约方采取其认为对保护其基本安全利益所必需的任何行动：①与裂变和聚变物质或衍生这些物质的物质有关的行动；②与武器、弹药和作战物资的贸易有关的行动，以及与此类贸易所运输的直接或间接供应军事机关的其他货物或物资有关的行动；③在战时或国际关系中的其他紧急情况下采取的行动。

（3）阻止任何缔约方为履行其在《联合国宪章》项下的维护国际和平与安全的义务而采取的任何行动。

◆ 争端解决机构是否有管辖权？

关于"安全例外"条款的案例最早可以追溯到 GATT 时期，部分成员依据国家安全的特殊性和条款中的具体措辞，认为"安全例外"条款是"自主裁判"（self‐judging）条款，争端解决机构无管辖权。此前，争端解决机构一直未能就此问题作出澄清。2019 年，乌克兰诉俄罗斯过境运输措施案（DS512）专家组首次肯定其对"安全例外"案件具有管辖权，后续案件专家组也延续此结论（表 1）。

---

① 如无特殊说明，本文数据均来自 WTO。

表 1　近年专家组审理的典型案件

案件	专家组结论
乌克兰诉俄罗斯过境运输措施案（DS512）	专家组首次正面回应"安全例外"条款，认定其对"安全例外"案件有管辖权，裁定俄罗斯援引"安全例外"符合 WTO 规则
卡塔尔诉沙特阿拉伯知识产权保护措施案（DS567）	援引国首次败诉，专家组裁定沙特的部分措施不具有"必要性"
中国诉美国钢铝 232 关税措施世贸争端案（DS544）	专家组驳回美国抗辩，裁定美国的措施不是在战时或国际关系中的其他紧急情况下采取的，目前案件尚在上诉期

◆ 审查标准是什么？

近年案件主要涉及"基本安全利益""贸易限制措施的必要性""战时或国际关系中的其他紧急情况"等要件的审查。少数国家主张相关标准均应完全由 WTO 成员自主判断，部分国家主张应由专家组根据客观标准裁定。

一是关于基本安全利益。DS512 专家组认为，一般应由各成员自主定义其内容，但不能不受限制地将所有担忧提升为基本安全利益，其自由裁量权受到善意解释和适用相关条款义务的限制。同时援引国需承担一定举证责任，离典型的武装冲突或国内法律失序的情况越远，其举证责任越重。

二是关于贸易限制措施的必要性。DS512 及 DS567 专家组认为，援引国同样应遵守善意原则，贸易限制措施与保护基本安全利益应具有最低限度的合理关联。

三是关于国际关系中的其他紧急情况。DS512 专家组认为，国际关系紧急情况以及措施是否属于"在紧急情况期间采取"，可由专家组根据实际情况进行客观判断。DS544 专家组认为，国际关系紧急情况应是某种严峻的形势，其对国际关系的影响程度应与战争有可比性。

◆ 对中国有何启示？

尽管 WTO 争端解决机构认为成员在判断基本安全利益等方面有一定自由裁量权，但同时限制了"安全例外"条款的适用范围，将某些经济和产业方面的考虑排除。相关限制有助于中国通过争端解决机制应对滥用"安全例外"条款的行为，维护多边贸易秩序及中国正当贸易利益。但根据专家组解释，当前形势下利用"安全例外"条款保障中国粮食安全的操作空间不大，需综合运用国内支持政策、"两反一保"、卫生与植物卫生措施（SPS 措施）、技术性贸易壁垒措施（TBT 措施）等手段，多措并举夯实中国粮食安全根基、保障农业产业安全。

新任和历任的 WTO 总干事都有谁？

谢众民

2021 年 3 月 1 日，恩戈齐·奥孔乔-伊韦阿拉正式就任 WTO 总干事，任期至 2025 年 8 月 31 日。她是 WTO 成立以来的首位女性总干事，也是首位来自非洲的总干事。作为 WTO 体系中最重要的职位之一，总干事在 WTO 的日常性工作中发挥着极其重要的作用。

◆ WTO 总干事的职责都有什么？

WTO 的最高决策权力机构是部长会，它由所有成员主管外经贸的部长、副部长级官员或其全权代表组成，至少每两年召开一次会议，拥有广泛的权力，包括立法权和准司法权等。部长会下设总理事会和秘书处，负责 WTO 的日常会议和工作。总理事会设货物贸易、服务贸易、知识产权 3 个理事会，以及贸易与发展、国际收支、行政预算 3 个委员会，秘书处设总干事 1 人。

根据 WTO 章程第 6 条规定，WTO 总干事由部长会选定，其权力、职责、任职条件和期限均由部长会通过的规章来确定。总干事的主要职责和职权包括：任命秘书处职员，确定职员任职条件和职责，并领导其工作；负责向 WTO 预算、财务与行政管理委员会提交 WTO 的年度预算和财务报告等。

◆ WTO 历任总干事都有哪些人？

在 WTO 的前身 GATT 八轮谈判期间，总干事作为谈判的协调者，为谈判的顺利进行发挥了积极作用。GATT 历任总干事分别由怀特（国籍英国，任职时间为 1948—1968 年）、朗（国籍瑞士，任职时间为 1968—1980 年）、邓克尔（国籍瑞士，任职时间为 1980—1993 年）和萨瑟兰（国籍爱尔兰，任职时间为 1993—1995 年）担任。

在 GATT 时期，总干事在贸易谈判中主要发挥协调作用，推进关税逐步降低。到了 WTO 时期，总干事负责的工作更多，要顾及贸易谈判、争端解决和贸易政策审议等诸多领域。WTO 历任总干事的国籍、任职时间及主要工作如表 1 所示。

表 1 历任 WTO 总干事的国籍、任职时间及主要工作

总干事	国籍	期限	任职时间	主要工作
萨瑟兰	爱尔兰	4个月	1995年1月1日—1995年4月30日	乌拉圭谈判以及 WTO 的建立
鲁杰罗	意大利	4年	1995年5月1日—1999年8月31日	推进多边贸易体制，关注贸易与环境、贸易与社会标准、投资与竞争政策等新议题
麦克·穆尔	新西兰	3年	1999年9月1日—2002年8月31日	发起新一轮多边谈判（多哈回合），吸纳新成员加入 WTO
素帕猜	泰国	3年	2002年9月1日—2005年8月31日	推进多哈进程，关注发展中国家的经济发展和推进联合国千年发展目标
拉米	法国	4年	2005年9月1日—2009年8月31日	推进多哈谈判，主张推进经贸交流，发达国家应消除贸易壁垒、兼顾各方利益
拉米	法国	4年	2009年9月1日—2013年8月31日	推进多哈谈判，酝酿 WTO 相关体制的改革
罗伯托·阿泽维多	巴西	4年	2013年9月1日—2017年8月31日	推动达成"巴厘一揽子协定"和《内罗毕部长宣言》，推动第一个多边贸易协定《贸易便利化协定》
罗伯托·阿泽维多	巴西	3年	2017年9月1日—2020年8月31日	发布《电子商务联合声明》，推进 WTO 改革

◆ 新任 WTO 总干事恩戈齐·奥孔乔-伊韦阿拉的介绍

恩戈齐·奥孔乔-伊韦阿拉是尼日利亚籍国际金融专家、经济学家和国际发展事务专家。她于 1981 年获得美国麻省理工学院区域经济学与发展博士学位，2003 年回到尼日利亚先后担任该国的财政部部长与外交部部长。此外，她曾在世界银行工作超过 25 年，曾担任世界银行常务副行长一职。

WTO 于 2021 年 2 月 15 日正式任命恩戈齐·奥孔乔-伊韦阿拉为新任总干事。在获得 WTO 任命后，她表示，一个团结合作的 WTO 对于全球经济的恢复至关重要，其上任后的首要任务就是与各成员一道携手合作，共同应对新冠疫情给全球经济和卫生带来的冲击和挑战。

发达国家农业服务贸易你了解多少?

郭浩成　刘　博

农业服务贸易是向国（境）外提供或购买农业相关服务的贸易形式，即农业服务业的进出口。从提供方式看，在GATS界定的跨境交付、境外消费、商业存在和自然人流动4种方式中都存在农业服务贸易；从产业链看，研发、生产、加工、包装、储运、营销和消费等环节均可产生农业服务贸易。美国、日本、欧盟等发达经济体农业服务贸易均处于世界领先水平，不同国家各具形态，各有特色。那么，发达国家在发展农业服务贸易过程中有哪些好的做法值得借鉴呢?

◆ 美国农业服务贸易大而全，依托大企业"走出去"

美国服务贸易规模全球第一，其农业服务业也处于领先地位。美国拥有众多体量庞大、技术领先的跨国公司，且在海外设有大量分支机构，深度参与他国农业市场。跨国公司是美国开展农业服务贸易的主体，覆盖农业产运销全流程。生产环节主要提供数字农业解决方案和售后服务。如科迪华（Corteva）等通过农业大数据分析及卫星监测，在选种播种、肥料和土壤管理、生产预警和成本控制等方面为用户提供实时监控和指导；约翰迪尔（John Deere）通过遍布全球的经销商网络，为当地用户提供农机维修服务，并利用美国《千禧年数字版权法》限制第三方维修，保障自身利益。流通环节主要为物流服务。如嘉吉（Cargill）远洋运输发达，其船队拥有600多艘船只，每年可运输2亿吨以上大宗商品。销售环节主要为贸易咨询、信息和金融服务。如嘉吉通过在新加坡等地设立咨询公司，为客户提供农产品、食品（简称农食产品）及其供应链等信息咨询和数据分析预测服务。此外，大型跨国公司还基于其业务从事相关农业金融服务，在全球范围内开展融资租赁和农业投资等业务。

◆ 日本农业服务贸易小而精，科技要素含量高

日本是服务贸易强国，服务出口排全球第十位，出口的服务具有明显高科技特征，知识产权和技术相关服务占出口总额的近一半。农业服务贸易方面，与尖端技术相结合的智慧农业是日本政府主推的方向。2020年，日本农林水产省出台"智慧农业推广综合配套方案"，提出在海外发展智慧农业技术和食品基础设施技术的政策设想和有关支持举措。一是支持智慧农业技术出口。在

输出农机农资、食品加工和检测、品质管理等产品和技术的基础上，强化大数据收集和信息利用，提高伙伴国农业从业者的生产效率，增强其抵抗市场风险的能力。二是建立产学研一体化技术平台。根据海外需求进行农业技术研发，如利用信息和通信技术实现近海水产养殖自动化等，并通过派遣专家参加国际研讨会等形式，推进平台研究成果在海外市场利用。三是政府推动形成合力，有效促进出口。在政府层面深化双边合作、创造有利外部环境，在民间推动企业以东盟国家等为主要目标市场，促进农业技术输出。此外，推动在非洲发展平台型服务企业，为构筑食品产业价值链提供支持。

◆ 新西兰农业服务贸易专而优，重视细分领域，深挖技术潜力

新西兰农业服务贸易专注于细分领域，以本土优势产业为着力点，借助高度专业化的农业技术解决方案，通过垄断性跨国企业输出优势品牌价值。以新西兰猕猴桃产业为例，佳沛（Zespri）是全球猕猴桃市场的领导品牌，约占全球份额的30％，中国是其最大消费市场。一是建立系统。建立了全球供需标准统一的"佳沛系统"，该系统涵盖田间地头的生产管理、质量检测、标准化分包、储藏运输等环节，并通过收取佣金，授权海外种植户品牌和"佳沛系统"使用权。二是授权生产。在意大利、希腊、法国、韩国和日本等海外地区授权基地进行生产，为海外种植户提供栽培技术、施肥方法、病虫害防治等全套生产解决方案。海外种植成为佳沛重要生产来源，2020年度和2021年度海外猕猴桃产量合计占佳沛集团猕猴桃供应总量的13％，销售额为3.2亿美元。三是收取佣金。海外授权基地所产猕猴桃只能由佳沛集团销售，海外种植户需向佳沛缴纳佣金，该佣金比率大幅高于新西兰本土种植户缴纳的专利费比率。

中国是全球第二大服务贸易国，仅次于美国，2021年服务贸易总额5.3万亿元。此外，中国也是全球第二大农产品贸易国，这为农业服务贸易奠定了坚实基础。中国农业服务贸易发展仍处于起步阶段，国内农业生产性服务业发展迅速，正朝着不同类型优势互补、不同模式相互衔接的新型农业社会化服务体系的方向发展。整体看，农业生产性服务业延伸到境外的较少，农业服务贸易发展有很大提升空间。

我国农业贸易服务未来有哪些新路径?

赵 贞

"十三五"期间,我国农业对外开放不断扩大,促进了农业贸易快速发展,为促进农产品产销对接、助力完成脱贫攻坚任务、加快对外贸易优化升级、推进建设贸易强国发挥了积极作用。同时,现代农业的发展、贸易理念的变革和新业态新模式的兴起,也为农产品贸易创新发展提供了强大动力。在推广服务手段上,跨境电商高质量发展,出口贸易流程有效精简,农产品出口新局面有效开拓;线上培训、线上会议、线上招商、线上参展等服务手段渐成常态,"农业云贸促"格局基本形成;"国际茶日"等国家级农业贸促活动带动县域产业经济和区域品牌发展,推广方式不断创新;一流涉农国际展会健康发展,农业贸促平台作用得到切实发挥。在服务保障措施上,全国多省持续开展农业产业损害监测预警,有力维护国家农业产业安全;河南等省加大对农产品出口企业的融资支持,帮助农产品出口龙头企业实现"走出去"发展;浙江、陕西等省积极推动境外农业园区建设,多渠道加强农业对外合作;江西等省设立海外农业联盟工作平台,建立农业对外投资信息采集预警制度,提高企业风险抵御能力。

《中共中央关于制定国民经济和社会发展第十四个五年规划和二〇三五年远景目标的建议》提出,要提高农业质量效益和竞争力,实行高水平对外开放,开拓合作共赢新局面。农业贸促要立足新发展阶段,深刻认识面临的新机遇新挑战,不断创新服务手段,拓展服务领域,推动新时代农业贸易高质量发展。农业贸易服务未来将面临三方面趋势。

◆ 一是标准化应用为农产品贸易提供更大发展助力

标准化是国际贸易的重要推动器,实现商品和服务贸易标准化是促进消费的重要方式,也是减少贸易摩擦和贸易壁垒的重要手段。现阶段我国农业服务贸易领域仍存在"标准缺失"及"制用分离"等问题,还需强化构建农业贸易服务标准化体系,推动服务贸易健康发展。通过参与国际标准研制,填补相关领域标准的空白,推进相关团体标准、国家标准成果运用,不断增强农业领域相关标准的制发国际话语权,为产业营造规范的市场环境,创造良好的外部空间。

◆ 二是数字化转型将促进农产品贸易转型升级

　　随着城乡互联网基础设施建设的加速推进，大数据、人工智能、区块链等信息技术在农业领域得到应用与发展，为农业数字化转型提供创新活力和发展势能。新冠疫情期间国内电商和跨境电商等互联网平台的兴起，开拓了农产品流通新渠道，优化了农业服务贸易结构，为农产品贸易数字化转型带来新机遇。在此背景下，农产品精深加工产业链、拉式供应链等新业态的深入发展，数字农业、循环农业、智慧农业等新模式的广泛应用，将为提升我国农产品质量和走绿色发展道路起到促进作用，为我国农产品贸易转型升级打下更为坚实的基础。

◆ 三是品牌化建设将进一步提升农产品出口竞争力

　　农业品牌化建设是提高农业质量效益和提升国际竞争力的重要路径。"十四五"开启了全面建设社会主义现代化国家新征程，为农业品牌建设带来新机遇。地方管理部门、行业协会、科研院所或高校，可共同发力、统筹资源，结合地域文化特色和产品特征助推区域性农业品牌建设，借助农产品营销促销国际平台组织供需有效对接，实施精准营销服务，充分展示国家、地区品牌影响力。相关部门可进一步开展"中国出口农产品品牌"和"中国出口企业品牌"认证研究，助力优质农产品开拓国际市场。

"入世"以来我国开展了哪些
农业贸易救济实践?

田　甜

加入 WTO 20 余年来，我国农业参与国际竞争的程度不断加深，农产品贸易规模不断扩大，已成为第一大农产品进口国和第五大农产品出口国。与此同时，进口对相关产业的冲击日益明显。由于我国农产品平均关税只有 15.1%，不足世界平均水平的 1/4，对保护国内相关农业产业而言，关税防火墙功能逐步弱化。农业贸易救济作为一种有效的贸易政策工具，可以防止 WTO 成员间因不公平竞争、转嫁危机或过度进口而对成员内部经济造成冲击，成为各国防范农业贸易风险、保护和提升竞争力以及维护核心利益而设置的"安全阀"和"防洪堤"。"入世"后，我国在贸易救济法律法规完善、农业产业损害监测预警机制建设、农产品贸易救济立案和出口应诉能力提升等方面取得了长足进步，在对美贸易摩擦、供给侧结构性改革、促进农产品贸易高质量发展等重点工作中发挥了重要作用。

◆ 贸易救济法律法规不断健全

"入世"后，我国国内农业贸易救济法律法规不断健全。2001 年 11 月，"两反一保"条例（《反倾销条例》《反补贴条例》《保障措施条例》）颁布，规定凡涉及农产品的反倾销、反补贴、保障措施案件的国内产业损害调查"由商务部会同农业部进行"。《对外贸易法》中贸易救济相关规定也进行了修订，新增第七章"对外贸易调查"和第八章"对外贸易救济"。涉及贸易救济相关规章和操作细则 20 多个，涉及立案、抽样调查、问卷调查、听证会、实地核查、产品范围调整、信息查阅和披露、价格承诺、期中复审、产业损害调查、执行 WTO 贸易救济争端裁决等多个方面。

◆ 农业产业损害监测预警体系不断完善

为有力维护国家农业产业利益，切实履行职责，农业部于 2007 年建立农业产业损害监测预警体系，在部、省（自治区、直辖市）和县（区、旗）3 个层面开展监测预警工作。体系涵盖 23 个省（自治区、直辖市）的 27 个省级部门、5 个农业行业协会和 1 家科研院所，设立了 108 个监测点，监测品种包括粮、棉、油、糖、肉、水产品、乳品、水果和咖啡 9 大类 21 种重要农产品。

自体系建立以来，监测预警分析报告为多起涉农产品贸易救济案件起到了强有力的支撑作用，顺利推动相关案件立案调查和裁决工作。2021年，农业农村部成立农业贸易预警救济专家委员会，监测预警体系建设更趋完善。

◆ 贸易救济措施使用更加灵活多样

截至2021年，我国共发起了17起涉农贸易救济调查案件，包括马铃薯淀粉、白羽肉鸡、干玉米酒糟、葡萄酒、食糖、高粱和大麦7类农产品，其中12起最终裁定采取贸易救济措施，涉案金额近百亿美元。2016年发起了第一起保障措施——食糖保障措施。食糖产业作为扶贫产业，是23个国家脱贫攻坚重点县、19个省级脱贫攻坚县和6个边境县的支柱产业，涉及糖农4000多万人，相关产业工人10多万人。该措施的最终实施对实现2020年贫困人口全部脱贫具有重大意义。

◆ 出口应诉能力不断加强

我国遭遇其他国家或地区发起的农业贸易救济案件也在不断增多，由"入世"前的16起增至"入世"后的61起，涉案品种主要为水果、蔬菜、水产品等优势特色农产品，大蒜、蘑菇、冷冻暖水虾等产品被多国反复调查且长期采取措施。在对外应诉过程中的磋商能力也在不断增强，61起案件中有23起最终无措施结案。在执行措施的案件中，在相关部门的指导和帮助下，一些优秀企业积极抗辩，获得了较为有利的裁决结果，争取到了相对较低的实施税率。

新冠疫情后全球农产品技术性贸易措施发展如何？

邓冠聪　韩振国

新冠疫情暴发后，WTO 成员采取相关卫生措施使全球商品和服务贸易受到较明显影响，而农产品因其特殊生物性特征，在技术性贸易措施领域受影响尤为突出。疫情暴发以来，全球 SPS 措施和涉农 TBT 措施发展有何特点呢？

◆ 疫情后农产品技术性贸易措施数量如何变化？

SPS 措施 2020 年增长较多，涉农 TBT 措施 2021 年增长更明显。2019 年，WTO 收到成员提交的 SPS 和 TBT 通报数量（通报数量统计口径为 initiated，即启动措施，下同）分别为 1 225 项和 2 074 项，其中涉农产品 TBT 通报数量为 907 项（SPS 措施大多涉及农产品和食品，因此不再单独划分）。新冠疫情暴发后，2020 年 WTO 收到成员提交的 SPS 和 TBT 通报数量分别为 1 515 项和 2 043 项，其中涉农产品 TBT 通报数量为 1 023 项。SPS 措施数量明显增加，增幅为 24%，涉农 TBT 措施数量增长相对缓慢。2021 年 WTO 收到成员提交的 SPS 和 TBT 通报数量分别为 1 265 项和 2 584 项，其中涉农产品 TBT 通报数量为 1 453 项。SPS 措施数量有所回落，涉农 TBT 措施数量增加迅猛，增幅达 42%。总体看，WTO 成员为保障自身农食品供给安全，在技术性贸易措施领域相对活跃。

◆ 疫情后哪类农产品受技术性贸易措施影响最大？

动物及产品受技术性贸易措施影响最大，疫情后通报数量持续增加。WTO 技术性贸易措施通报中将农产品分为四大类：一是动物及产品，二是植物产品，三是动植物油脂及蜡，四是食品和饮料等。2019 年 WTO 收到成员提交通报措施中，涉及动物及产品的 SPS 和 TBT 通报数量有 591 项。新冠疫情暴发后，2020 年有 687 项，2021 年有 785 项。疫情发生后年均增长近百项。而涉及植物产品、动植物油脂及蜡的通报数量疫情发生后增速放缓，涉及食品和饮料等的通报数量疫情发生后有所回落。

◆ 疫情后哪些 WTO 成员通报措施数量最多？

发展中成员提交通报数量占比更高，发起通报数量最多的前三名为巴西、坦桑尼亚和泰国。疫情发生后的 2020—2021 年，提交涉农产品通报数量超过

100 项的成员共有 8 个，依次为巴西 312 项、坦桑尼亚 267 项、泰国 177 项、日本 176 项、乌干达 152 项、欧盟 127 项、加拿大 113 项、肯尼亚 109 项。其中，发展中成员占比超过六成，分列第一、二、三、五、八位，是发起技术性贸易措施通报的主要力量。

◆ 疫情后涉及我国的技术性贸易措施通报有何特点？

疫情发生后，泰国提交的针对我国农产品的通报最多，多涉及动物及产品，内容主要为动物疫病相关措施。2020—2021 年，WTO 成员提交仅针对我国农产品的通报有 35 项，都为 SPS。

从通报成员看，近两年针对我国农产品提交的技术性贸易措施通报数量最多的成员为泰国（14 项），其余成员依次为俄罗斯、欧盟、巴西、秘鲁、哈萨克斯坦、毛里求斯、新西兰、英国、美国、智利，发展中成员通报占比超六成。

从通报产品看，近两年针对我国农产品的技术性贸易措施通报中：涉及最多的是动物及产品，占比超五成；植物产品位列其次，占比达三成；食品和饮料等的占比不足一成，动植物油脂及蜡仅有 1 项。

从通报内容看，近两年针对我国农产品的技术性贸易措施通报中有过半通报涉及内容为动物疫病，如禽流感、非洲猪瘟，泰国对我国通报措施主要为这一类。有 1/5 左右和新冠疫情相关，如哈萨克斯坦、毛里求斯、俄罗斯都曾在疫情之初发布对我国实施进口限制措施。另外，约有 1/4 的通报涉及植物病虫害，秘鲁、美国、新西兰、智利、英国对我国的通报主要在该领域。特别值得注意的是，针对我国产品农兽药残留方面的通报较少，只有欧盟进行过通报。

农业国内支持力度知多少?[①]

刘　柒

　　尽管《1994 年关税与贸易总协定》和《补贴与反补贴措施协定》就各成员补贴纪律进行了约束，但 WTO《农业协定》第 6 条、第 7 条以及附件 2 等条文对农业国内支持作出了特别规定，成员可以根据 WTO《农业协定》中的有关条款和各自的减让承诺实施相关的国内支持措施，包括"绿箱"政策、"黄箱"政策和"蓝箱"政策等。此前，我们介绍了"绿箱"政策、"黄箱"政策以及"蓝箱"政策，那么现在我们就根据各成员在 WTO 的最新通报，看看 WTO 主要成员对农业的补贴力度和强度如何。

◆ 总量视角

　　支持总量为各成员"黄箱"政策、"绿箱"政策、"蓝箱"政策与"发展箱"政策的支持总和。从总量来看，美国、中国、欧盟、印度、日本对农业的支持水平较高（表 1）。

表 1　WTO 部分成员农业国内支持情况

单位：百万美元

成员方	统计年份	支持总量	"黄箱"政策	"绿箱"政策	"蓝箱"政策	"发展箱"政策
澳大利亚	2018 年	1 774.98	264.5	1 510.5	0.0	0.0
巴西	2019 年	2 545.26	1 374.5	1 085.8	0.0	85.0
加拿大	2018 年	3 813.19	2 107.9	1 705.3	0.0	0.0
中国	2020 年	204 139.62	9 093.05	182 029.90	13 016.7	0.0
欧盟	2019 年	90 662.88	8 488.4	76 701.4	5 473.1	0.0
印度	2022 年	87 725.90	14 883.3	40 763.1	0.0	32 079.5
印度尼西亚	2021 年	6 824.95	425.5	3 662.9	0.0	2 736.5
日本	2019 年	22 833.75	4 643.6	18 190.1	0.0	0.0
韩国	2018 年	8 230.06	1 268.7	6 961.3	0.0	0.0
马来西亚	2015 年	310.97	0.0	191.9	0.0	119.1

---

　　① 如无特殊说明，本文数据均来自 WTO、世界银行、FAO。

（续）

成员方	统计年份	支持总量	"黄箱"政策	"绿箱"政策	"蓝箱"政策	"发展箱"政策
墨西哥	2020 年	231.87	63.4	132.4	0.0	36.1
挪威	2021 年	3 046.71	1 262.6	1 055.0	729.2	0.0
俄罗斯	2020 年	5 398.90	3 391.7	2 007.2	0.0	0.0
瑞士	2021 年	4 598.16	1 597.4	3 000.7	0.0	0.0
泰国	2016 年	4 389.30	130.3	2 425.6	0.0	1 833.4
乌克兰	2012 年	2 780.28	2 123.2	657.1	0.0	0.0
美国	2021 年	225 489.58	36 753.6	188 736.0	0.0	0.0
越南	2019 年	4 117.42	713.2	2 886.5	0.0	517.8
阿根廷	2018 年	23.08	3.3	19.8	0.0	0.0
哥伦比亚	2020 年	791.18	8.1	215.8	0.0	567.4
哥斯达黎加	2021 年	131.02	0.0	131.0	0.0	0.0
新西兰	2021 年	372.43	0.0	372.4	0.0	0.0
乌拉圭	2016 年	97.40	51.9	45.2	0.0	0.2

说明：国内支持数据来自 WTO 成员通报，并根据世界银行公布的对应年份平均汇率换算。

◆ 均量视角

从人均支持水平上看，发展中成员与发达成员的差距仍然明显。美国、挪威、瑞士、加拿大、日本、欧盟是人均支持水平最高的成员，美国人均支持量超过 8 万美元，挪威和瑞士人均支持量超过 4 万美元，欧盟、加拿大和日本都超过 1 万美元。而中国、印度、巴西、墨西哥等发展中成员的人均支持水平仅为几百至上千美元，差异较为悬殊（表 2）。

表 2　WTO 主要成员农业国内人均支持水平对比

成员方	统计年份	支持总量（百万美元）	农业就业人口（千人）	人均支持量（美元/人）
澳大利亚	2018 年	1 774.98	330	5 384.28
巴西	2019 年	2 545.26	8 373	303.98
加拿大	2018 年	3 813.19	277	13 746.67
中国	2020 年	204 139.62	177 698	1 148.80
欧盟	2019 年	90 662.88	8994	10 080.80
印度	2022 年	87 725.90	179 985	487.41
印度尼西亚	2021 年	6 824.95	37 834	180.39
日本	2019 年	22 833.75	2 180	10 472.04

（续）

成员方	统计年份	支持总量（百万美元）	农业就业人口（千人）	人均支持量（美元/人）
韩国	2018 年	8 230.06	1 340	6 141.05
马来西亚	2015 年	310.97	1 754	177.30
墨西哥	2020 年	231.87	6 309	36.75
挪威	2021 年	3 046.71	65	46 657.18
俄罗斯	2020 年	5 398.90	4 237	1 274.33
瑞士	2021 年	4 598.16	91	50 808.41
泰国	2016 年	4 389.30	11 747	373.67
乌克兰	2012 年	2 780.28	4 023	691.13
美国	2021 年	225 489.58	2 537	88 897.57
越南	2019 年	4 117.42	14 862	277.04
阿根廷	2018 年	23.08	133	173.503
哥伦比亚	2020 年	791.18	3 277	241.46
哥斯达黎加	2021 年	131.02	361	362.73
新西兰	2021 年	372.43	169	2 199.82
乌拉圭	2016 年	97.40	135	719.91

说明：农业就业人口数据来自 FAO，阿根廷近年数据存疑使用 2010 年数据，印度无对应 2021 年数据，选取 2020 年数据。

从单位耕地面积来看，瑞士、日本、韩国的单位耕地面积支持水平最高，瑞士为每公顷耕地近 1.15 万美元，日本、韩国、挪威也达到数千美元（表 3）。

表 3　WTO 主要成员农业国内单位耕地面积支持量对比

成员方	支持总量（百万美元）	耕地面积（百万公顷）	单位耕地面积支持量（美元/公顷）
澳大利亚	1 774.98	31.0	57.31
巴西	2 545.26	55.8	45.64
加拿大	3 813.19	38.7	98.56
中国	204 139.62	119.5	1 708.67
欧盟	90 662.88	105.5	859.32
印度	87 725.90	155.4	564.63
印度尼西亚	6 824.95	26.3	259.50
日本	22 833.75	4.1	5 536.80
韩国	8 230.06	1.4	5 989.85

（续）

成员方	支持总量（百万美元）	耕地面积（百万公顷）	单位耕地面积支持量（美元/公顷）
马来西亚	310.97	0.8	376.79
墨西哥	231.87	20.1	11.55
挪威	3 046.71	0.8	3 787.10
俄罗斯	5 398.90	121.6	44.38
瑞士	4 598.16	0.4	11 499.96
泰国	4 389.30	16.8	261.11
乌克兰	2 780.28	32.5	85.50
美国	225 489.58	157.7	1 429.53
越南	4 117.42	6.8	606.93
阿根廷	23.08	32.6	0.71
哥伦比亚	791.18	4.9	162.20
哥斯达黎加	131.02	0.2	535.86
新西兰	372.43	0.5	706.70
乌拉圭	97.40	2.1	47.47

说明：耕地面积数据来自 FAO。其中印度、印度尼西亚、挪威、瑞士、美国、哥斯达黎加、新西兰 7 个成员方没有与通报对应年份数据，以 2020 年数据代替。

从与农业产值的关系来看，挪威、美国、瑞士、日本、欧盟的农业产值支持率均超过了 20%，其中美国和挪威的农业产值支持率超过了 60%，而澳大利亚、巴西、马来西亚等成员农业产值支持率较低（表 4）。

表 4　WTO 主要成员农业产值支持率对比

成员方	支持总量（百万美元）	农业产值（亿美元）	农业产值支持率（%）
澳大利亚	1 774.98	455.7	3.9
巴西	2 545.26	1 453.1	1.8
加拿大	3 813.19	486.5	7.8
中国	204 139.62	17 767.5	11.9
欧盟	90 662.88	4 280.7	21.2
印度	87 725.90	4 482.1	19.6
印度尼西亚	6 824.95	1 034.3	6.6
日本	22 833.75	835.8	27.3
韩国	8 230.06	477.4	17.2
马来西亚	310.97	201.3	1.5

（续）

成员方	支持总量（百万美元）	农业产值（亿美元）	农业产值支持率（%）
墨西哥	231.87	30.0	7.7
挪威	3 046.71	48.8	62.4
俄罗斯	5 398.90	899.2	6.0
瑞士	4 598.16	122.2	37.6
泰国	4 389.30	385.4	11.4
乌克兰	2 780.28	327.7	8.5
美国	225 489.58	3 735.4	60.4
越南	4 117.42	296.0	13.9
阿根廷	23.08	16.8	1.4
哥伦比亚	791.18	507.8	1.6
哥斯达黎加	131.02	39.0	3.4
新西兰	372.43	123.6	3.0
乌拉圭	97.40	56.3	1.7

说明：农业产值数据取自 WTO 最新公布的成员方国内支持通报，按世界银行提供的各年平均汇率折算为亿美元，其中印度、印度尼西亚、马来西亚、泰国、哥伦比亚、哥斯达黎加、新西兰未通报农业产值，采用 FAO 提供的农业产值数据代替。马来西亚、泰国、哥伦比亚、印度尼西亚、哥斯达黎加、新西兰为通报对应年份的产值，印度没有对应年份农业产值，采用 FAO 最新的 2021 年产值数据。

我国在国内支持总量上虽已名列前茅，但从许多均量指标来看，我国同发达成员甚至是部分发展中成员仍存在较大差距。

近年，部分 WTO 成员要求以总量为基础按比例削减国内支持空间，以减少对生产和贸易的扭曲，但这种主张忽视了诸多均量指标，而均量指标所代表的支持强度才是衡量真正扭曲程度的关键因素。在看待国内支持时，应更加全面地考虑各国人口规模、农业资源禀赋、补贴性质等因素。

FTA农业谈判

"入世"以来我国自贸区建设中农业部门发挥了什么作用？

徐偲日

多边贸易体制和区域贸易安排是推动经济全球化发展的两个"轮子"。加入 WTO 后，为顺应世界区域经济一体化的新形势，中国正式开启了自由贸易区（简称自贸区）建设进程。2002 年 11 月，中国与东盟正式签署《中国-东盟全面经济合作框架协议》，拉开了中国区域经济合作发展序幕。截至 2022 年底，中国已签署自贸协定 19 个，涉及 26 个国家和地区。农业是自贸区建设的重要组成部分，也是特殊的组成部分。农业关系国家粮食安全和农民生计，从全球范围看，农业在自贸区建设中是世界各国高度关注的领域。如果在农业问题上达不成一致，谈判就很难顺利推进，农业通常被称为自贸区谈判的"门槛议题"。在我国实施自贸区战略过程中，农业部门发挥了重要作用。根据自贸伙伴的特点，农业发挥的作用总体可归为以下几类。

◆ 先行先试，为扩大合作提供示范

中国-东盟自贸区是我国对外商谈的第一个自贸区，也是东盟作为整体对外商谈的第一个自贸区。2002 年《中国-东盟全面经济合作框架协议》签署时，为增强人们对自贸区建设的信心，双方制订了"早期收获计划"，对一些共同感兴趣、互补性强的产品，用较快的速度和较大的幅度提前进行降税，先行开放市场。双方纳入"早期收获计划"的几乎全部为农产品。对此类产品实行降税后，我国与东盟国家之间的贸易显著增长，其中增长较快的主要是蔬菜、水果、水产品等纳入"早期收获计划"的产品。该计划的成功为此后中国-东盟自贸区各项协议的谈判和实施奠定了良好的基础。农业在其中承担了"快速轨道"和"试验田"的角色，为中国-东盟自贸区建设提供了宝贵经验。

◆ 有保有放，维护农业核心利益

对于澳大利亚等农业强国，我国庞大的农产品市场是其志在必得的目标。农业谈判一直是中澳自贸区整体谈判的难点和焦点。在谈判中，我国始终强调互利共赢目标，坚持时间服从质量的根本原则，最终历经 10 年 20 多轮谈判和几十次技术磋商协议才谈成。从谈判结果看，我国最终争取到了对粮棉油糖等大宗农产品的例外处理，不纳入降税范围，羊毛、牛羊肉和乳制品等重要畜产品争取到了尽可能长的降税过渡期和有效的保护措施。对于水产品、水果等我国敏感性不强的产品，我国充分照顾澳大利亚关切，在短期内快速取消关税。总体看，农业谈判促进了中澳两国经济优势互补和互利双赢。

◆ 策应工业，助力整体利益平衡

韩国是我国重要农产品出口市场。中韩自贸区谈判中，韩国在汽车、石化、电子及钢铁等工业领域有较强竞争力。从自贸区整体经济利益平衡角度来看，农业几乎是韩国在自贸区市场开放中唯一可以做出实质性贡献的领域。我国始终从实现谈判整体利益和农业根本利益的大局出发，坚持整体利益平衡原则，最终既为我国扩大农产品对韩出口争取了较好的条件和环境，也使韩国降低了对我国工业品全面要价，较好策应了我国工业防守利益。

"实施自由贸易区提升战略，构建面向全球的高标准自由贸易区网络"已写入国家"十四五"规划纲要。在未来的自贸区建设中，我们要进一步深刻理解和全面贯彻"创新、协调、绿色、开放、共享"的新发展理念，围绕"保供固安全、振兴畅循环"的"三农"工作定位，在确保农业核心利益得以保护前提下，与拟建立自贸区的贸易伙伴寻求利益契合点和合作公约数，促进自贸区建设的高质量发展。

中新自贸协定"升级版"叠加 RCEP 生效背景下，农业领域有哪些新的内容？

蒋丹婧

中国与新西兰建交于 1972 年。在与西方发达国家关系中，新西兰第一个与中国结束"入世"双边谈判，第一个承认中国完全市场经济地位，第一个与中国启动双边自贸区谈判并签署自贸协定。2022 年是中新建交 50 周年，50 年来中新双边经贸合作不断深化拓展，农产品贸易是其中重要内容。中新自贸协定"升级版"叠加 RCEP 生效背景下，农业领域有哪些新的内容？我国农产品贸易发展又将面临哪些新的机遇？

◆ 中新自贸关系经历了怎样的发展历程？

《中国-新西兰自由贸易协定》于 2008 年 10 月 1 日正式生效，大幅降低了双边贸易和投资往来的门槛，有效拉动中新农产品贸易快速增长。截至目前，协定降税安排均已完成过渡期并全面实施，中国连续多年成为新西兰第一大农产品贸易伙伴和第一大出口市场（详见《农业贸易百问｜ 进口新西兰农产品，自贸协定"拉力"有多大？》）。2020 年 11 月，由中国、新西兰等 15 个国家参与的 RCEP 正式签署，并于 2022 年 1 月 1 日起生效实施。RCEP 生效时间尚短，且相较于中新双边农产品关税减让并无更大优势，但其整合了中国与新西兰、澳大利亚、韩国和东盟等之间双边自贸协定的原产地规则，更加便于企业掌握和利用。2022 年 4 月 7 日，《中新自贸协定升级议定书》正式生效，为进一步深化两国贸易投资往来和实现互惠互利提供有力支撑，也标志着双边经贸关系正式迈入"RCEP＋"时代。

◆ "升级版"是在 RCEP 基础上的提质增效

中新自贸协定"升级版"在农产品货物贸易开放上并无突破，但在投资和服务贸易、原产地规则、电子商务等领域不断升级，进一步推动了双边关系的制度性开放。

（一）货物贸易方面，农产品无新增减让安排

中新自贸协定项下，中国和新西兰货物贸易已实现高水平自由化，分别达到 97.2％和 100％的零关税水平。因此，"升级版"项下双方均无农产品新增减让。此外，中国将新增对自新西兰进口的 12 个税目木材和纸制品在 10 年内

逐步取消关税，相关降税承诺完全执行到位后，新西兰对中国出口的99％的木材和纸制品（约20亿美元）将享受零关税待遇。

（二）投资方面，新西兰大幅放宽审查门槛

目前，中国是新西兰第二大投资国。"升级版"项下，新西兰给予中国投资者与CPTPP成员同等的审查门槛待遇，对2亿新元（约1.2亿美元）以下的中国非政府投资免于审查。中国在新西兰进行农业投资将更加自由便利。

（三）贸易便利化方面，条款更加利于边境后规则合作

关于原产地规则，"升级版"进一步完善了直接运输条款，引入经核准出口商原产地自主声明制度，增加了原产地证书补发、免于提交原产地文件、联网核查系统等条款。关于海关程序，要求对易腐货物尽可能6小时内放行。关于电子商务，将纳入电子认证和数字证书、网络消费者保护、网络数据保护、无纸化贸易等内容。

（四）服务贸易方面，双方市场将进一步开放

中国新增22个服务领域的市场准入，进一步开放航空、建筑、海运、金融等服务领域。新西兰提高法律服务、工程服务等领域开放水平，新增对管理咨询及与其相关的所有服务全部开放的承诺。

◆ 中新农产品贸易发展面临的新机遇

中新自贸协定签署以来，双边农产品贸易快速增长。中国已连续10年稳居新西兰第一大农产品贸易伙伴，新西兰也跃居中国第六大农产品贸易伙伴。"升级版"叠加RCEP生效实施，将大幅提升双边贸易投资自由化与便利化水平，为农产品贸易发展创造新的机遇。"升级版"纳入的电子商务领域高水平规则，将促进两国企业共同开拓跨境电商市场、发展双边数字贸易。另外，新西兰农业服务贸易以本土优势产业为着力点，致力于形成高度专业化的农业技术解决方案，"升级版"服务贸易领域的进一步开放将推动中国国内农业服务贸易形式不断创新、内涵不断丰富，开辟双边经贸合作新空间。

RCEP 中的贸易救济条款该如何发挥作用？

刘淑慧

2020 年 11 月 15 日，中国与东盟 10 国、日本、韩国、澳大利亚和新西兰正式签署了 RCEP，这是目前涉及全球人口最多、经济规模最大、最具发展潜力的自贸协定，是全面、现代、高质量、互惠的自贸协定。目前各成员正依照各自适用法律程序进行核准、接受或批准，积极推动协定生效。RCEP 生效后我国将与多数 RCEP 成员实现 90％以上农产品零关税（日本、韩国、缅甸、老挝为 60％左右），区域市场开放必将给各成员经贸发展带来新机遇，国内涉农企业可充分利用关税优惠获得出口利益。同时，RCEP 还涵盖了产业和企业如何减少市场开放可能带来的冲击、维护自身利益的贸易救济条款，这也是需要重点关注的问题。

◆ 贸易救济条款的必要性

根据协定中的关税承诺表，我国对 RCEP 成员农产品自由化水平普遍在 92％左右。其中，对东盟农产品进口零关税比重为 92.8％、对澳大利亚为 91.5％、对新西兰为 92％、对韩国为 88.2％、对日本为 86.6％。对成员取消或削减关税将不可避免地促进农产品进口增加。若因进口激增对生产同类产品或直接竞争产品的国内产业造成严重损害或严重损害威胁，则需要采取必要的保障措施来维护国内农业产业安全；若发现成员存在倾销或补贴行为，则需要通过征收反倾销反补贴税来维护我国涉农企业利益。与多边框架下贸易协定中相同，区域性自贸协定中的贸易救济条款仍然是维护农业产业安全和涉农企业利益必不可少的措施。

◆ RCEP 中的贸易救济

贸易救济相关内容出现在 RCEP 文本中第七章，共包含两节十六条以及第七章附件内容，具体介绍了 RCEP 中反倾销反补贴税和过渡性保障措施（"两反一保"）有关内容。

（一）RCEP 中的"两反"——反倾销反补贴税

RCEP 反倾销反补贴税内容与 WTO 多边框架下贸易救济措施相关内容一致，具体内容如下。

1. 前提条件：成员以低于正常价值的价格将其商品销售至我国，或对其出口商提供财政资助、价格支持等，对我国国内产业造成实质性损害，且损害与倾销、补贴之间存在因果关系。

2. 具体执行：应符合《1994年关税与贸易总协定》《反倾销协定》《补贴与反补贴措施协定》项下的权利义务要求，同时对书面信息、磋商机会、裁定公告和说明等实践做法进行了规范。

（二）RCEP中的"一保"——过渡性保障措施

RCEP保障措施最主要的特点是设立了过渡性保障措施制度，即成员只能在协定生效之日起至关税承诺表中取消或削减关税完成后8年过渡期内实施保障措施，过渡期结束后将不能使用。具体内容如下。

1. 前提条件：因RCEP削减或取消关税，导致自成员原产货物进口激增，对生产同类产品或直接竞争产品的国内产业造成严重损害或严重损害威胁。

2. 保障手段：只能通过关税税率方式，例如中止进一步削减关税税率，或提高关税税率但不超过最惠国关税水平，而关税配额或数量限制等方式均不被允许。

3. 保障期限：一般不超过3年，如程序认定必要，可再延长不超过1年，总实施期不得超过4年。如若过渡性保障期期满，不得再实施过渡性保障措施。

4. 特殊规定：各成员不得对缅甸、老挝等最不发达成员实施过渡性保障措施。

值得一提的是，RCEP"两反一保"条款适用于所有成员，我国有出口优势的农产品同样可能在与RCEP成员贸易交往中遭遇"两反一保"诉讼，届时国内产业代表也需进行应诉。因此，各涉农企业在推动农产品出口中应遵守协定规则和相关规定，避免因其他成员发起诉讼而使企业利益受损。

◆ 涉农企业该如何运用贸易救济条款？

若成员违反"两反一保"协定要求，我国涉农企业该如何运用RCEP中的贸易救济条款来防范和化解风险？

（一）找证据

1. 反倾销反补贴税需收集以下证据：一是申请调查进口产品存在倾销或补贴，二是对申请人所代表的国内产业造成了实质性损害，三是倾销、补贴与损害之间存在因果关系。

2. 保障措施需收集以下证据：一是因协定削减或取消关税导致进口数量增加，二是对申请人所代表的国内产业造成了实质性损害，三是进口增加与损害之间存在因果关系。

（二）找支持

发起申请必须得到国内产业同业者的支持，且所有支持者产量需占支持者和反对者总产量一半以上，只有这样才可认定申请是由国内产业或代表国内产业提出的。

(三) 找对门

根据我国法律和相关条例，对损害的调查和确定由商务部负责，具体部门为商务部贸易救济调查局，涉及农产品的国内产业损害调查由商务部会同农业农村部进行。其中，农业农村部贸促中心可提供专业的农业产业损害监测预警分析和农业贸易救济相关咨询服务。2021 年贸促中心针对 RCEP 涉农内容组织系列系统性培训，广大农业从业者和企业积极参与。

RCEP 实施中商协会如何发挥作用？

刘武兵

全球经济规模最大、涉及人口最多、成员结构最多元的自贸协定 RCEP 从 2012 年开始谈判，已于 2022 年 1 月 1 日生效。这当真是"十年磨一剑"，在经济全球化遭遇逆流背景下更显得来之不易。面对 RCEP 的大蛋糕，商协会如何发挥自身作用，助力 RCEP 实施？

◆ 积极发挥"三类人"作用

RCEP 为企业利用两个市场、两种资源"搭好了台"，商协会则要组织企业"唱好戏"。商协会在 RCEP 实施中可以发挥好"三类人"的作用。一是当好指路人。RCEP 内容丰富、议题广泛、条文晦涩，通俗地说就是一般人不愿看，也看不懂。商协会可以自己先搞明白，将有利于本行业的条款解读清楚，为企业指一条明路。二是当好守路人。RCEP 为企业开拓新市场创造了优惠条件，商协会要引导企业避免恶性竞争，发挥好行业自律的守路人作用，带好节奏。三是当好修路人。部分 RCEP 成员为规避自贸协定的市场开放承诺，会使小招、阴招、损招，堵住贸易通道。商协会要凝聚行业力量，争取政府支持，强化与国外商协会的谈判磋商，重修贸易通道。

◆ 农业分会围绕"三类人"都干了啥？

作为商协会的一员，中国贸促会农业行业分会（简称农业分会）积极发挥"三类人"的作用。2021 年围绕 RCEP "播下一粒种，开通一辆车，编写 3 个文，培训 3 万人，创建一批基地"。一是启动了"RCEP 等自贸协定涉农优惠政策种子培训师"计划，在 19 个省份培养了种子培训师，让星星之火燎原；二是基于微信工作群开通"RCEP 涉农优惠政策在线咨询直通车"，7×24 小时答疑解惑；三是编印《中国贸促会农业行业分会关于做好 RCEP 等自贸协定实施工作要点》《RCEP 涉农优惠政策 100 问》等 3 个文件，提供政策指导；四是开展了一系列专题培训，受训人数超过 3 万人；五是召开了"RCEP 与农业贸易高质量发展"研讨会，与广东省农业农村厅共同启动 RCEP 农业自由贸易基地创建，在广东省 2 个市 4 个县创建了一批 RCEP 农业自由贸易基地。

◆ 农业分会还积极发挥另外"两类人"作用

依据自身特殊职能定位，农业分会除了发挥上述"三类人"作用外，还坚持发挥好另外"两类人"作用。一是"开路人"。农业分会代表农业农村部参与包含 RCEP 在内的所有自由贸易协定谈判，为企业更加优惠地进入海外市场开辟一条通路。在 RCEP 谈判中，根据辽宁鹿茸企业对出口韩国的关注，成功打开韩国鹿茸市场；根据山东农产品企业对多种农产品出口日本的关注，成功打开日本市场。二是"管路人"。农业分会不只是谈，还要管，也就是监督。积极参与自贸区联委会，审议自贸伙伴履约状况，监督他们如实履行开放承诺。

随着我国已申请加入 CPTPP，"十四五"时期将加快实施自贸区战略和构建双循环新格局，商协会在这一进程中将面临前所未有的机遇，这也需要商协会更好谋划自身工作，更好发挥自身作用。

RCEP 将给农业贸易企业带来哪些实惠？[①]

刘芳菲

2020 年 11 月 15 日，由东盟 10 国、中国、日本、韩国、澳大利亚和新西兰 15 个国家参与的 RCEP 正式签署，标志着当前世界规模最大、人口数量最多、发展潜力最大的自贸区建设成功启动。

◆ 历时 8 年，终于签署

RCEP 缘起于 2011 年东盟的倡议，旨在推动东亚区域经济一体化，在东盟 10 国与中国、日本、韩国、澳大利亚、新西兰和印度六方原分别签有的双边自贸协定（"10＋1"）基础上，构建一个覆盖 16 国的全面、高质量、互惠的区域自贸协定。2012 年 11 月，在柬埔寨金边举行的东亚领导人系列会议期间，16 国领导人共同发布《启动 RCEP 谈判的联合声明》，正式启动这一大型自贸区建设进程。

RCEP 原计划在 2015 年结束谈判，但由于各成员经济发展水平、开放能力和利益诉求显著不同，达成一致的困难较大，进展速度不及预期。经过反复磋商，成员间相互妥协，不断相向而行，最终达成一致，RCEP 在历经 8 年共31 轮正式谈判后在 2020 年正式签署。初始成员印度在谈判的最后阶段决定暂不加入，因而签署协定的是印度之外的其余 15 个成员。

◆ 全面开放，货真价实

RCEP 区域内人口、经济体量和贸易规模十分可观，均接近全球总量的30％，其成员多是发展中国家和新兴经济体，多个成员还是全球主要的农产品生产国、贸易国、消费国，区域当前消费需求及未来增长潜力巨大。RCEP 在贸易投资自由化和便利化方面取得了高水平成果，对于企业开展农业贸易投资合作具有重要意义。

在货物贸易方面，15 个成员总体将在 20 年内逐步实现 90％以上的商品进口零关税，其中大多数商品将在 RCEP 生效当年及随后的 10 年内逐步取消进口关税。农产品关税削减是多数成员的敏感领域，也取得了一定突破。总的来看，除了日本、韩国和个别最不发达国家外，大多数成员达到 90％以上农产

---

① 如无特殊说明，本文数据均来自全球贸易观察。

品零关税的高水平。我国和日本之间首次达成农产品关税减让安排，日本六成以上、我国八成以上的农产品将互相取消关税，我国的罗非鱼、虾蟹、马铃薯、番茄、柑橘、西瓜、干姜等优势农产品和日本的清酒、加工食品等高端特色农产品都有望以零关税进入对方消费市场。在贸易便利化方面，引入了更加高效透明的规则，如要求易腐货物力争6小时通关，这将提高生鲜农产品跨境流通效率。在原产地规则上，实行区域累积的原产地规则，允许商品原产地价值成分在区域内进行累积，达到协定规定的区域价值成分标准即可享受优惠待遇。RCEP成员众多，参与区域累积更容易达到标准，相比原"10＋1"协定的享惠门槛显著降低，有利于各方充分发挥比较优势，开展区域产业链合作。在投资领域，采用负面清单"非禁即入"的开放方式，各成员对外商投资的市场准入度、政策透明度显著提升，我国农业企业赴东盟等地区开展农业投资的外部环境进一步改善。

◆ 自贸扩容，企业享惠

RCEP成员大多是我国企业开展经贸活动的重要市场。2019年，我国与RCEP其他成员的总贸易额超过1.4万亿美元，占我国对外贸易总额的31.2%。就农产品贸易来看，与RCEP其他成员的贸易额达到792.5亿美元，占我国农产品贸易总额的34.4%。其中，东盟是我国最大农产品出口市场和第二大进口来源地，日本、韩国是我国重要的农产品出口市场，澳大利亚、新西兰是我国农产品主要进口来源。RCEP的签署使我国自贸"朋友圈"显著扩容，我国与现有自贸伙伴贸易覆盖率将由目前的27%提升至35%，其中农产品贸易的自贸伙伴贸易覆盖率将从39%提升至44%，农产品出口的自贸伙伴贸易覆盖率将增长更多，从48%跃升至61%。

RCEP实施后，广大农业贸易企业将从中享受诸多实惠：进口关税的削减，将为以进口原材料国内加工为模式的企业降低成本、增强盈利；原产成分累积规则，更便于企业在域内进行采购；进一步降低的投资门槛和更加透明的投资环境，有利于企业在区域内优化产业链布局，提升参与国际农业合作和竞争新优势。

2022 年前三季度我国与 RCEP 其他成员农产品贸易有何表现？[①]

侯 瑶

RCEP 于 2022 年 1 月 1 日生效实施，标志着当前世界上经贸规模最大、涉及人口最多、成员结构最多元的自由贸易区正式启航。那么 2022 年前三季度我国与 RCEP 其他成员农产品贸易表现如何呢？

◆ 我国与 RCEP 其他成员总体农产品贸易高速增长

2022 年前三季度，我国与 RCEP 其他成员总体农产品贸易额达 792.8 亿美元，创历史同期新高，同比增长 15.6%，高于同期我国与全球农产品贸易额增速 5.3 个百分点。其中：出口额 314.2 亿美元，增长 15%，增速比 2021 年同期提高 6.7 个百分点；进口额 478.6 亿美元，增长 16.1%，增速比 2021 年同期下降 9.4 个百分点；贸易逆差 164.4 亿美元，扩大 18.1%，增速比 2021 年同期下降 63.7 个百分点。虽然我国与 RCEP 其他成员农产品贸易逆差扩大，但增速大幅放缓，贸易平衡状况趋势向好。

◆ RCEP 其他成员在我国农产品贸易中的地位提高

2022 年前三季度，我国与 RCEP 其他成员农产品贸易总额占我国与全球农产品贸易总额的 31.9%（图 1），比 2021 年提高 1.5 个百分点，扭转了自 2019 年以来占比持续下降的趋势。我国前十大农产品贸易伙伴中，RCEP 成员由 2021 年的 6 个增至 7 个，分别是泰国、澳大利亚、新西兰、日本、印度尼西亚、越南和马来西亚。其中马来西亚时隔 7 年再次跻身我国前十大农产品贸易伙伴行列。

◆ 我国与 RCEP 其他所有成员农产品贸易均增长

2022 年前三季度，我国与 RCEP 其他所有成员农产品贸易额均增长，增幅较大的有缅甸、老挝、新加坡、马来西亚、越南和澳大利亚，分别为 93.4%、67.2%、29.0%、27.6%、27.4% 和 27.1%（表 1）。其中：对新西兰、澳大利亚、马来西亚、新加坡农产品出口增长较快，增幅分别为 51.7%、

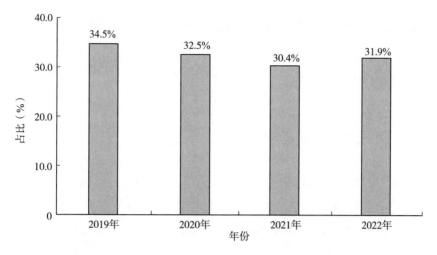

图 1 前三季度我国与 RCEP 其他成员农产品贸易总额在我国与
全球农产品贸易总额中的占比情况

41.5％、32.9％和31.8％；对缅甸、老挝、越南、澳大利亚农产品进口增长
较快，增幅分别为180.0％、93.2％、54.1％和25.4％。

表1　2022 年前三季度我国与 RCEP 其他成员农产品贸易情况

国家	贸易总额（亿美元）	同比增长（％）
泰　国	138.0	6.5
澳大利亚	96.0	27.1
新西兰	96.0	6.0
日　本	93.4	6.7
印度尼西亚	90.9	10.3
越　南	86.8	27.4
马来西亚	67.3	27.6
韩　国	55.5	19.9
菲律宾	29.5	10.5
缅　甸	16.7	93.4
新加坡	13.6	29.0
柬埔寨	5.9	20.6
老　挝	2.9	67.2
文　莱	0.2	25.4
总　计	792.8	15.6

◆ 我国与 RCEP 其他成员主要品类农产品贸易增长

2022 年前三季度，我国对 RCEP 其他成员主要农产品出口品类是水产品、蔬菜、水果、畜产品和饮品，出口额分别为 87.6 亿美元、66.0 亿美元、27.4 亿美元、17.3 亿美元和 10.7 亿美元。除水果出口额下降 19.3% 以外，水产品、蔬菜、畜产品和饮品出口额分别增长 18.1%、15.4%、18.9% 和 7.1%。我国自 RCEP 其他成员主要农产品进口品类是畜产品、水果、植物油、水产品和谷物，进口额分别为 132.1 亿美元、85.3 亿美元、46.2 亿美元、45.8 亿美元和 30.7 亿美元。除植物油进口额下降 7.4% 以外，畜产品、水果、水产品和谷物进口额分别增长 6.8%、0.3%、38.1% 和 68.0%（表 2）。

表 2　2022 年前三季度我国与 RCEP 其他成员主要农产品贸易品类

主要出口品类			主要进口品类		
产　品	出口额 （亿美元）	同比增长 （%）	产　品	进口额 （亿美元）	同比增长 （%）
水产品	87.6	18.1	畜产品	132.1	6.8
蔬　菜	66.0	15.4	水　果	85.3	0.3
水　果	27.4	−19.3	植物油	46.2	−7.4
畜产品	17.3	18.9	水产品	45.8	38.1
饮　品	10.7	7.1	谷　物	30.7	68.0

走进 RCEP 成员：中日农产品贸易前景如何？[①]

蒋丹婧

RCEP 于 2020 年 11 月 15 日正式签署。RCEP 区域总人口、经济体量、贸易总额均占全球总量约 30%，是当前全球最大的自由贸易区。目前，该协定已全面生效实施。中国和日本（简称中日）均为 RCEP 成员，且互为重要农产品贸易伙伴，RCEP 将对中日农产品贸易产生何种影响？RCEP 达成后中日农产品贸易前景如何？

◆ 中日农产品贸易总体情况

日本人口众多，经济发达。由于耕地等农业资源紧缺且农业劳动力价格较高，日本农业总体缺乏比较优势，是全球重要的农产品进口市场。近年来日本农产品进口额保持在 700 亿美元以上，是全球前五大农产品进口国之一。日本主要进口农产品为鱼类、生猪产品、牛产品、禽产品、玉米产品等。日本在农产品加工品及和牛等高端特色农产品上具有一定优势，这些产品有少量出口。

中日地理位置相邻，饮食习惯相似，中国农产品出口日本具有得天独厚的条件。中国"入世"后，中日农产品贸易曾快速增长，但随着日本与泰国、越南等东盟国家的自贸协定对我国造成贸易转移，加之日本实施 TBT 措施等其他因素影响，我国对日本农产品出口徘徊不前。根据中国海关数据，中国对日本农产品出口额从 2001 年的 57.4 亿美元增至 2012 年的 120.2 亿美元，随后出现下降，2019 年降至 103.8 亿美元，2020 年进一步下滑至 96.4 亿美元。自日本农产品进口额基数较小但增长迅速，2001 年尚不足 3 亿美元，2020 年已达 12.8 亿美元。中国对日本出口的主要是蔬菜、禽产品、鱼类、贝类及软体动物等，自日本进口的主要是水产品、酒、膨化食品等。日本为中国最大农产品出口国，中国则是日本第二大农产品进口来源国，中日农产品贸易对双方均具重要意义。

---

① 如无特殊说明，本文数据均来自全球贸易观察。

◆ RCEP 项下中日农产品市场开放情况

RCEP 达成前，东盟、新西兰、澳大利亚、韩国均已与我国签有双边自贸协定，成员中未与我国签署自贸协定的只有日本。RCEP 的签署使得中日之间首次达成了双边关税减让安排。

日本一贯对农业实行高保护政策，其签署的自贸协定项下农业开放水平普遍较低。在 RCEP 项下，日本承诺对中国 1 400 多个农产品税目最终取消关税，约占我国农产品税目总数的 60%。其中：立即降零税目数 717 个，占农产品税目总数的 29.3%，主要是未焙炒的咖啡、茶、玉米、食用高粱、大豆、甘蔗蜜糖、口香糖等；经过 11 年降零税目数 318 个，占农产品税目总数的 13%，主要是鲜冷冻鱼、冷冻甜玉米、干蘑菇、梨、桃、谷物粗粉团粒、鱼子酱、豌豆罐头等；经过 16 年降零税目数 373 个，占农产品税目总数的 15.3%，主要是西红柿、花椰菜、牛蒡、橘子、樱桃、人参、鲍鱼罐头、海参罐头、饼干、大蒜粉等；经过 21 年降零税目数 5 个，占农产品税目总数的 0.2%，主要是发酵饮料、酒精饮料、动物生皮等。此外，日本对其 1 032 个敏感农产品税目采取例外处理，不降关税，约占农产品税目总数的 40%，主要是谷物、植物油、奶制品、牛肉、猪肉等。

同时，中国承诺对日本 1 273 个农产品税目逐步取消关税，约占日本农产品税目总数的 86.6%。日本的水产品、加工食品、特色酒类等将享受零关税待遇。

◆ 借力 RCEP 深化中日农业贸易合作的主要方向

RCEP 项下的关税减免待遇有助于抵消其他自贸协定对我国农产品输入日本的负面影响。除了关税减让，RCEP 在原产地规则、贸易便利化、服务投资、非关税壁垒等方面均有高水平承诺，为拓展和深化中日农业贸易合作创造了条件。农业贸易企业可结合自身情况和 RCEP 相关规则进行综合分析和发展战略设计，以充分利用优惠政策。

一是积极扩大对日本农产品出口。关税减免政策对贸易企业而言是"立竿见影"的"红利"。农产品贸易企业可深入了解 RCEP 项下日本农产品降税情况、原产地规则等内容，相应调整出口日本产品结构，开展面向日本市场的营销促销，以最大限度地利用日本对我国农产品关税优惠，扩大对日本农产品出口。

二是适当扩大日本高端农产品进口。随着居民收入水平的持续提高以及消费结构升级，我国对高端、特色农产品的需求将扩大。企业可借 RCEP 的东风，加强同日本供应商的沟通对接，将日本优质农产品"引进来"，增加国内消费者选择，满足人们日益增长的美好生活需要。

三是与日本开展跨国农业产业链合作。日本农产品加工业较为发达，产品精深加工程度高，种类繁多，包装设计精美时尚。我国可借助 RCEP 签署契机，扩大引入日本农产品加工、检测、包装、设计等领域的优秀企业和技术，助力我国农业实现高质高效，并利用协定宽松的原产地规则开发 RCEP 区域大市场。

走进 RCEP 成员：中泰农产品贸易前景如何？[①]

徐偲旵

RCEP 于 2020 年 11 月 15 日正式签署，2022 年 1 月 1 日生效实施。中国和泰国（简称中泰）均为 RCEP 成员，两国积极推动协定成功签署，并率先完成国内批准程序。两国地理位置相邻，农业资源互补，互为重要农业贸易伙伴，RCEP 会给中泰农产品贸易带来怎样的影响？我国农业企业会面临哪些机遇？

◆ 中泰农产品贸易概况

泰国属于热带季风气候，雨热同期，耕地资源丰富，农业劳动力充沛，是传统农业大国，被誉为"东南亚粮仓"。泰国是亚洲乃至全球主要的大米、天然橡胶出口国，在咖啡豆、蔬菜、热带水果、罐装水产品等农产品出口上也占据重要地位。中泰两国农业互补性强，泰国在农业资源和劳动力方面占优势，中国具有技术、管理和资金优势，合作潜力较大。

随着中国-东盟自贸区的建成，泰国对我国 87.0%、我国对泰国 94.5% 的农产品已取消关税，为深化两国农业合作提供了市场动力和制度保障。2012—2022 年，中泰两国农产品贸易额从 59.4 亿美元增至 174.9 亿美元，增加了 1.9 倍，年均增长 11.4%。其中：中国对泰国出口额从 20.4 亿美元增至 48.9 亿美元，增加了 1.4 倍；自泰国进口额从 38.9 亿美元增至 125.9 亿美元，增加了 2.2 倍。中国居逆差地位，且逆差呈扩大态势。目前，中国已是泰国最大的农产品出口市场，第二大进口来源地；泰国是中国第三大农产品进口来源国，第七大农产品出口国。在贸易结构上，中泰农产品贸易以水果蔬菜和粮食类为主，近年来水产品和畜产品贸易也迅速升温。

◆ RCEP 下中泰农产品领域开放情况

农产品市场准入领域，中泰总体维持了中国-东盟自贸区项下的开放水平，另对少量产品扩大了开放程度。RCEP 原产地规则实行"区域累积"，允许 15 个成员方的价值成分计入区域价值，在其区域价值成分标准与中国-东盟自贸

---

① 如无特殊说明，本文数据均来自全球贸易观察。

协定大体相同情况下，由于 RCEP 成员更多、更易达标，其享惠门槛进一步降低，所以 RCEP 项下的关税减让仍有重要意义。

总体看，泰国承诺对中国 895 个税目下的农产品维持零关税或立即降零，占农产品总体的 53.4%，主要品类有畜产品、番茄、莴苣、葡萄、苹果等；经 10 年、15 年或 20 年降零的农产品共 461 个类目，占 27.5%，主要是鱼类、水果、坚果、植物油、蜂蜜、酒类等；此外，泰国对其 87 个较为敏感的农产品采用部分降税或维持基准税率，占 5.1%，主要是部分特殊税目下的牛、羊、马及其食用杂碎等。相对应的，中国对泰国 960 个类目下的农产品维持零关税或立即降零，占全部农产品的 65.3%，主要是水产品、热带水果等；经 10 年、15 年或 20 年降零的农产品有 404 项，占全部类目的 27.5%，主要是畜产品、水果蔬菜等；部分降税及例外产品只有 106 项，占 7.2%，主要是粮食、食糖、棉花类产品。

在投资方面，泰国政府在 RCEP 项下对此前严格限制外国人进入的种稻、果园、旱地种植、畜牧业等领域扩大了开放，这为我国企业赴泰投资提供了机遇。此外，RCEP 生效后，中泰等成员将对快运货物、易腐货物等力争 6 小时通关，这有利于促进农产品跨境物流和电商发展，推动生鲜农产品的快速通关和贸易增长。

◆ 借力 RCEP 深化中泰农业合作的主要方向

RCEP 为中泰农业合作提质升级提供了新机遇。农业企业可密切关注 RCEP 生效进展，积极筹划，争取充分挖掘 RCEP 红利。

一是进一步繁荣双边农产品贸易。泰国的热带水果、健康类产品以及我国的鱼类和坚果等都在对方市场享誉盛名，可利用 RCEP 项下的减免关税待遇和便利通关条件扩大双边贸易。二是积极发展对泰国农业投资合作。借助协定宽松的原产地规则和泰国提高农业投资准入的机遇，扩大对泰国农业及农产品加工业投资，优化资源配置，开展农业产业链合作。三是促进农产品跨境电商发展。RCEP 为农产品跨境电商发展营造了良好环境，中泰农产品跨境电商有广阔发展空间。相关企业可加大对泰国跨境电商布局和海外仓建设。

走进 RCEP 成员：中越农产品贸易
前景如何？[①]

徐偲曰

RCEP 已于 2022 年 1 月 1 日正式生效。中国和越南（简称中越）均为 RCEP 成员，且互为重要农产品贸易伙伴，RCEP 项下中越农产品市场将会如何开放？随着 RCEP 的生效实施，中国与越南农产品贸易和投资前景如何？如何深化中越农业合作？

◆ 中越农产品贸易概况

农业是越南国民经济的支柱产业，2020 年农业增加值占越南国内生产总值（GDP）的 15% 左右。主要的粮食作物是稻米、玉米、马铃薯、木薯等，经济作物有咖啡、橡胶、腰果、茶叶等。中越两国山水相连，在农业资源、市场和技术等方面具有较强互补性。随着双方农产品竞争力的提升、中国-东盟自贸区的建成以及"一带一路"倡议的推进，近年来双边农产品贸易快速增长。2012—2022 年，中越农产品贸易额从 41.3 亿美元增至 116.7 亿美元，增加了 1.8 倍；中国从越南的农产品进口额由 21.9 亿美元增至 60.7 亿美元，对越南的农产品出口额从 19.4 亿美元增至 56.0 亿美元。目前，中国已成为越南农产品第一大出口国和第七大进口国，双边农产品贸易额占越南农产品贸易总额的比例从 2011 年的 9.9% 提升至 2021 年的 13.3%。

◆ RCEP 项下中越农产品市场开放情况

RCEP 签署前，中越两国已在中国-东盟自贸区框架下相互开放农产品市场，中国对越南 93% 的农产品、越南对中国 91.7% 的农产品取消了关税。在 RCEP 项下，双方总体维持了中国-东盟自贸区项下的开放水平，另对少量农产品扩大开放。随着 RCEP 的生效实施，开展中越农产品贸易的企业可以在中国-东盟自贸区和 RCEP 项下的优惠关税之间进行选择，只要满足某一自贸区的原产地规则即可相应适用其优惠关税。鉴于 RCEP 原产地规则较为宽松，允许 15 个成员方的价值成分进行累积，在其区域价值成分标准与中国-东盟自贸区等同情况下，由于 RCEP 成员更多、更易达标，其享惠门槛大幅降低，

---

① 如无特殊说明，本文数据均来自全球贸易观察。

所以 RCEP 项下的关税减让仍有积极意义。

RCEP 项下，越南承诺对中国 91.3％的农产品最终取消关税，其中：对 840 个税目的农产品维持零关税或在协定生效时立即降税到零，占全部农产品的 50.1％，主要是鲜冷鱼、带壳禽蛋、天然蜂蜜等；692 个税目经 10～20 年关税降零，占全部农产品的 41.2％，主要包括乳及奶油、马铃薯、咖啡、坚果、菠萝等；143 个税目实行部分降税、例外处理和维持关税配额管理，占全部农产品的 8.4％，主要包括红茶、咖啡、稻谷、食糖、烟草等。与之相对应，中国承诺对越南 92.6％的农产品最终实行零关税，其中：对 960 个税目的农产品维持零关税或立即降零，占全部农产品的 65.3％，主要包括鱼类、水果及坚果、饮料、调味品、糕饼点心等；对 404 个税目经 10～20 年降零，占全部农产品的 27.4％，主要包括杏仁、精油、茶、果汁等；出于粮食安全、农民生计等方面考虑，对 106 个税目实行例外处理或部分降税，占全部农产品的 7.3％，主要包括小麦、玉米、大米、食糖、棕榈油等。

越南对服务贸易开放采用正面清单方式进行，开放水平高于其在中国-东盟自贸区项下的承诺，并将在协定生效起 6 年内转为负面清单。例如，越南在中国-东盟自贸区项下没有开放食品行业的包装服务，在 RCEP 里允许合资企业在工业园区内（经济开发区）进行这项服务，条件是合资企业中外资比例不超过 49％。对于投资领域采用负面清单方式承诺，"非禁即入"，并大幅压缩涉农投资领域的限制措施。如 RCEP 项下越南取消了对外资从事水产品加工、植物油加工和乳品加工需使用本国原材料的限制，对种植业、畜牧业及餐饮供应等领域扩大开放。此外，协定在通关便利化、电子商务等现代化议题方面也作出了高水平承诺，如协定要求对快运货物、易腐货物等力争 6 小时通关等，这将进一步优化中越农业贸易投资环境。

◆ 借力 RCEP 深化中越农业合作的主要方向

RCEP 项下中越农产品领域的关税减免、更宽松的原产地规则和高水平的贸易便利化安排，有利于中越双方在区域内灵活配置资源、开展产业链合作。可紧抓 RCEP 生效实施契机，拓展和深化中越农业合作。一是推动双边农产品贸易高质量发展。通过举办农业贸易企业对接会、在越南建设农产品展示中心和海外仓、鼓励企业开展农产品国际商标注册等多种途径，积极促进自主品牌出口，提升出口附加值。二是发展对越南农业服务贸易。借助越南服务贸易在 RCEP 项下扩大开放的机遇，推动农机农技服务"走出去"。三是加大对越南农业投资，提升跨境农业产业链供应链。充分利用我国农产品加工技术优势和越南劳动力成本优势，与越南开展农业产业链合作，打造安全稳定、协同高效、互利共赢的区域农业产业链。

走进 RCEP 成员：中国-老挝农产品贸易前景如何？[①]

蒋丹婧

RCEP 已全面生效实施。中国与老挝（简称中老）山水相连、往来密切，双方均致力于推动 RCEP 签署并率先完成国内批准程序。近年来，中老经贸合作快速发展，农业是其中重要内容。RCEP 生效与中老铁路通车双重机遇下，中老双边农产品贸易前景如何？我国农业企业又将面临哪些机遇？

◆ 中老农产品贸易概况

老挝是东盟成员中唯一的内陆国，经济发展水平较低。农业是其国民经济重要部门，农业 GDP 约占 GDP 的 16%。农产品贸易规模较小，2020 年贸易额为 24.2 亿美元，主要出口活牛、饮料、木薯、咖啡、香蕉、大米、食糖等，主要进口饮料、精制动物饲料、精制糖等。

2010 年中国-东盟自贸区正式建成后，中国和老挝的农产品贸易快速发展。2010—2021 年，中老农产品贸易额从 4 522.9 万美元增至 2.5 亿美元，增加 4.6 倍。其中，中国自老挝进口额从 3 025.6 万美元增至 2 亿美元，对老挝出口额从 1 497.3 万美元增至 5 254.6 万美元。目前，中国已成为老挝第三大农产品贸易伙伴，仅次于泰国和越南。中国自老挝进口的农产品主要有甘蔗、香蕉、木薯淀粉、大米、玉米等，2021 年甘蔗、香蕉进口额分别占中国自老挝农产品进口总额的 35% 和 20%。中国出口老挝的农产品种类则较为分散，以蘑菇、烟草及烟草制品、大蒜、饮料等为主。

◆ RCEP 项下中老农产品市场开放情况

老挝是东盟最不发达国家之一，经济发展和开放水平与其他东盟成员有较大差距。RCEP 其他成员方给予老挝一定照顾，允许其市场准入采取相对低水平的开放，多数产品采用 13 年以上的较长过渡期，以便其国内逐步适应贸易自由化。

货物贸易方面，老挝对所有 RCEP 成员采用统一的降税方式，其农产品自由化水平为 61.3%。其中：对 1 675 个农产品税目中的 164 个税目在协定生效时立即降税到零，占农产品税目总数的 9.8%，主要包括种用山羊、种用小

---

① 如无特殊说明，本文数据均来自全球贸易观察。

麦、未梳羊毛等；863 个农产品税目经 13～20 年关税降为零，占比 51.5％，主要包括乳酱、蘑菇菌丝、淀粉、绵羊、鳟鱼、马、驴、骡、牛等；648 个农产品税目例外处理，占比 38.7％，主要包括家禽、鲜冷牛肉、鲈鱼、洋葱等。中国在 RCEP 中对东盟仍然保持了双边自贸协定项下的较高市场开放度，农产品自由化水平为 92.8％，此外对东盟新开放了未磨胡椒、椰子汁等个别产品。中国对老挝的降税方式与其他东盟成员保持一致，对 960 个税目的农产品维持零关税或立即降零，占农产品税目总数的 65.3％，主要包括鱼类、水果及坚果、饮料、调味品、糕饼点心等；对 404 个税目经 10～20 年降零，占比 27.4％，主要包括杏仁、精油、茶、果汁等；出于粮食安全、农民生计等考虑，对 106 个税目实行例外处理或部分降税，主要包括香蕉、木薯淀粉、咖啡、茶叶等，占比 7.3％。

服务贸易方面，老挝对服务开放采取正面清单方式作出承诺，包括：开放对外商租赁土地，租赁期最长不超过 75 年；开放船舶打捞和脱浅服务等。投资方面，老挝与其他成员一样采取负面清单方式，除了危险化学品、货币发行、木材制造、纺织业、瓷器、珠宝等行业外，未列入负面清单的行业均对外商投资开放。

◆ 借力 RCEP 深化中老农业合作的主要方向

2021 年 12 月 3 日中老铁路全线建成通车，叠加 RCEP 项下农产品关税减免、更宽松的原产地规则和高水平的贸易便利化安排，将更好实现区域设施联通和贸易畅通，为中老农业合作创造新机遇。中国目前是老挝农业投资第一大来源地，未来可从三方面深化中老农业合作：一是推动中老铁路沿线农业产业和乡村发展。借助中老铁路打通中国与中南半岛内陆农产品物流新通道，推动老挝境内沿线区域的农产品生产、加工、仓储、物流、服务等产业发展，并对泰国、越南等湄公河国家涉农产业形成辐射效应。二是了解相关规则，扩大双边贸易规模。充分利用 RCEP 项下优惠措施，适当扩大老挝及过境优质农产品输入我国，满足我国国内市场需求；通过我国对老挝肥料出口等渠道，发展对老挝农业服务贸易。三是加大对老挝农业投资，发展加工贸易。重点关注粮食、天然橡胶、肉牛、水果等产业，利用老挝劳动力成本优势开展农业产业园区建设，推进农产品精深加工和品牌建设。

走进 RCEP 成员：中国-印度尼西亚
农产品贸易前景如何？[①]

侯 瑶 杨 静

2023 年 1 月 2 日，RCEP 对印度尼西亚正式生效。中国与印度尼西亚两国之间的联系源远流长，双方同为农业大国，农产品贸易互补性强。近年来，两国关系蓬勃发展，农产品贸易在两国经贸合作中的重要性日益凸显。随着 RCEP 的生效实施，两国农产品市场将会如何开放？双方农产品贸易和投资前景如何？如何深化中国与印度尼西亚农业合作？

◆ 中国-印度尼西亚农产品生产及贸易概况

（一）印度尼西亚自然资源丰富，农业综合生产能力较强

印度尼西亚主要农产品包括棕榈油、大米、玉米、甘蔗、椰子和木薯等，出口产品有棕榈油、天然橡胶、水产品和咖啡等。其中，棕榈油出口量占世界的一半以上，天然橡胶出口量占世界的 1/5 以上。

（二）近年来中国与印度尼西亚双边农产品贸易快速发展

2013—2022 年，中国与印度尼西亚双边农产品贸易额由 51.8 亿美元增至 132.1 亿美元，年均增长 11%。其中：中国对印度尼西亚农产品出口额由 17.3 亿美元增至 28.4 亿美元，年均增长 5.6%；自印度尼西亚农产品进口额由 34.4 亿美元增至 103.7 亿美元，年均增长 13%。中国自 2019 年起成为印度尼西亚第一大农产品贸易伙伴。

（三）双边贸易农产品主要集中在食用油、水产品、蔬菜、畜产品和水果等

中国对印度尼西亚主要出口大蒜、苹果、烟草、梨和冻鲭鱼等，中国自印度尼西亚主要进口棕榈油、起酥油、燕窝、墨鱼、鱿鱼和藻类等。印度尼西亚是中国棕榈油第一大进口来源国，在中国进口份额中约占比 70%。

◆ RCEP 项下中国-印度尼西亚农业领域开放情况

（一）印度尼西亚对中国农产品市场开放情况

RCEP 项下印度尼西亚对中国农产品自由化水平为 93.2%。在中国-东盟自贸协定基础上，部分农产品关税税率进一步降低，新开放了虾酱、玉米和部

分烟草等。根据协定承诺，印度尼西亚将对中国 1 700 多个农产品税目维持零关税、立即降为零或逐步降为零。其中：协定生效后维持零关税或立即降为零的税目数为 1 245 个，占农产品税目总数的 71%，主要是鲜冷冻鱼、活猪、冷冻畜禽肉、桃和小麦等；协定生效后 10 年、15 年、20 年逐步降为零税目数共388 个，占全部农产品税目的 22.2%，主要是虾酱、菠萝、甜玉米、土豆、金枪鱼、烟草、生姜和动物肝脏等。此外，印度尼西亚对其 56 个敏感农产品税目采取例外处理（不参与任何降税），主要包括玉米和酒类等。

（二）中国对印度尼西亚农产品市场开放情况

RCEP 项下中国对印度尼西亚农产品自由化水平为 92.8%。中国新开放了未磨胡椒、椰子汁等在中国—东盟自贸协定中未给予优惠的产品。中国承诺对包括印度尼西亚在内的东盟国家 1 400 多个农产品税目维持零关税、立即降为零或逐步降为零。其中：维持零关税或立即降为零的农产品税目数为 960个，占农产品税目总数的 65.3%，如马铃薯、甜玉米、鳗鱼、苹果、洋葱和豌豆等；协定生效后 10 年、15 年、20 年逐步降为零税目数为 404 个，占农产品税目总数的 27.5%，主要有未加工的乳酪、菠萝、羊毛脂和无花果等；对106 个产品采取部分降税和例外处理，其中包括人造黄油、食糖和咖啡等。

（三）服务贸易和投资开放情况

中国和印度尼西亚两国服务贸易和投资开放程度均高于原有中国-东盟自贸协定。服务贸易方面，印度尼西亚采用负面清单方式，即"非禁即入"；中国采用正面清单方式作出承诺，并将于协定生效后 6 年内转为负面清单。印度尼西亚进一步开放了与农林牧渔业相关的服务业，仅在园艺、禽类养殖等领域有所保留。投资方面，RCEP 各成员均采用负面清单方式，东盟国家普遍大幅压缩了涉农投资的限制措施，印度尼西亚将椰子肉加工、腌鱼熏鱼等水产品加工从禁止外商进入清单上移除，改为允许外商合资。

◆ 借力 RCEP 深化中国-印度尼西亚农业合作的主要方向

中国和印度尼西亚同为重要新兴经济体和农业大国，深化两国农业合作具有重要意义。RCEP 的生效实施有助于破解双边经贸合作瓶颈，进一步巩固深化拓展新的农业合作空间。一是围绕重点领域加强境外农业经贸合作园区共建。RCEP 提升了投资政策的透明度，且印度尼西亚在 RCEP 项下大幅开放投资领域，这为中国企业参与印度尼西亚市场创造了更多机会，企业可围绕油棕等重点产品开展种植开发、精深加工、收购包装、仓储物流等全产业链园区建设，实现从原材料供给到销售贸易的纵向一体化经营。二是以绿色、优质、高效农业技术为依托，推动双边农业服务贸易发展。中国与印度尼西亚在杂交水稻等领域的技术合作由来已久。中国企业可借力 RCEP 项下服务贸易开放条件和完备的技术示范项目，输出农机农资、食品加工检测、品质管理等产品和技术，推动农业服务贸易发展。三是探索数字农业合作，开辟两国农业合作新空间。印度尼西亚高度重视数字经济发展，已出台"2021—2024年数字印度尼西亚路线图"。中国可充分利用 RCEP 项下电子商务等开放规则，在农产品加工、农场管理、精准农业、智慧农业、农产品电子商务等方面与印度尼西亚加强合作。

国外农业研究

世界粮食危机动因为何？[①]

单伟杰　柳苏芸

新冠疫情暴发以来，世界粮食市场价格飙升，个别品种价格从 2020 年 5 月到 2022 年 5 月的涨幅超过 70％。如此大幅的国际粮价波动不仅导致一些国家社会严重动荡，也引发各方面对当前和今后世界粮食危机的广泛关注。据 FAO 统计，2015 年以来全球粮食产量持续稳定在 28 亿吨以上且呈上涨势头，并未出现大的减产危机。在粮食供需基本平衡的前提下，为何近两年全球仍面临严峻的粮食危机问题？

◆ 从供给侧看，粮食生产地区间不均衡叠加粮食供应链不畅，推动粮价高企

（一）新冠疫情限制了粮食流通和贸易，供求失衡推高粮价

新冠疫情在全球蔓延后，为保证本国粮食安全，多个国家对粮食采取出口限制性措施甚至颁布出口禁令，引发全球恐慌，国际粮价快速上涨。局部性、暂时性供应短缺叠加粮食价格飙升引发食品通胀，导致粮食可获性进一步下降，特别是粮食净进口经济困难国家的粮食安全受到严重威胁。

（二）地区冲突成为全球粮价飙涨的主要驱动因素

2022 年 5 月，FAO 出版的《粮食危机报告》中指出，尽管粮食危机受到多种综合因素的影响，但地区冲突是主要驱动因素。以俄罗斯和乌克兰（简称俄乌）为例，2021 年俄罗斯和乌克兰在全球小麦（33％）、大麦（27％）、玉米（17％）、葵花籽（24％）和葵花籽油（73％）出口中都占有重要份额，此外俄罗斯还是世界上最大的氮肥出口国、第二大钾肥出口国和第三大磷肥出口

[①]　如无特殊说明，本文数据均来自 FAO、OECD 官网。

国，但冲突使得两国严格限制粮食和化肥出口，导致国际粮食和农业生产资料短缺，进一步加剧了粮食危机风险。

（三）近年的极端天气影响了农业生产

高温干旱、降雨不足、自然灾害等极端事件对美洲、非洲以及欧亚大陆的粮食安全影响颇深。2022年英国的《Nature》杂志称，近年来，拉尼娜现象带来的干旱和高温席卷美国、加拿大和俄罗斯等主要粮食生产国和出口国。拉尼娜现象的长期化正在动摇全球粮食市场，加剧粮食价格上涨预期。

因此，地方冲突加剧、新冠疫情影响和严重极端天气等因素综合作用，国际粮食供应链愈发脆弱，全球大部分发展中国家面临粮食供给危机，这种恐慌情绪加剧了进口国的粮食抢购，大幅推高了国际粮价。此外，疫情以来多国采取宽松的货币政策，导致物价和通胀居高不下、国际游资无处安放，对全球粮价有长期支撑作用。特别是美国联邦储备系统（简称美联储），疫情以来已增发2万亿美元货币，近期又通过了一项5 000亿美元的经济刺激计划，尽管2022年3月美联储进入加息周期，但量化宽松的货币政策对粮价支撑作用不减。综上，粮食供求系统以外的外源性短期突变因素才是粮价飙升的罪魁祸首。

◆ 从需求侧看，粮食的非食用消费和食物浪费在持续推高全球粮食实际需求，引发供求失衡和价格上涨

（一）粮食的非食用消费需求巨大

近年来，随着消费结构调整和粮食能源化发展，全球粮食非食用消费量逐渐增加。一是饲用需求。玉米饲料消费占总消费量60%以上，小麦占20%，随着全球膳食消费结构升级，越来越多作物和其他农产品被用作饲料。二是工业需求。据OECD统计，2020年全球有1.7亿吨玉米用来生产生物质燃料，其中仅美国就占76.4%，消耗量超过1.3亿吨；此外，全球还有812.6万吨小麦用来生产生物乙醇。据测算，仅用于生产生物质燃料的粮食就能满足最不发达国家5年的口粮。新冠疫情暴发后，在全球粮价飙升、部分发展中国家出现粮食危机时，发达国家生物质燃料产量有增无减。此外，粮食非食用需求的扩大和能源化发展还为农产品贴上了"金融属性"的标签，加剧了价格波动。

（二）粮食损失和浪费加重粮食危机水平

据联合国《2021年食物浪费指数报告》估计，2019年全球食物损失和浪费约9.3亿吨，其中约有14%的粮食在收获后、零售前损耗，17%的粮食在零售商、餐馆和家庭消费中被浪费。以美国为例，食物浪费占食物供应的30%～40%。据估计，每年损失和浪费的粮食可以养活约12.6亿人。

◆ 发展中国家如何有效应对粮食危机?

历史经验表明,吃饭问题是个大问题。对人口众多的发展中大国和粮食短缺国家来说,粮食安全影响社会经济的多个方面,单纯依靠市场难以有效实现供求平衡。面对不确定性冲击的挑战,政府在提高粮食生产能力的同时,还要具备调控能力。如有针对性地实行粮食公共储备能够有效缓解外部冲击,稳定供给,平抑粮价,保障本国粮食安全。俄乌冲突以来,个别国家以全球粮食危机为借口,攻击发展中国家粮食安全公共储备制度,这无论从逻辑上还是从实际情况来看都是错误的。粮食公共储备不是诱发世界粮食危机的动因,而是解决发展中国家粮食安全问题的有效机制。

按照国际经验,一个国家的粮食储备量占年度总消费量比例不低于18%才可以保障基本粮食安全、有效化解危机,对于部分具有庞大人口数量的发展中大国,这一数字甚至要提高到30%。作为应对粮食危机的有效措施,WTO应该鼓励各国建立合理有效的粮食安全公共储备机制,以保障国内粮食供给,确保在突发外在冲击时有能力保障粮食安全,避免全球性粮食危机不断上演。

FAO：建设一个没有饥饿的世界

张红玲

FAO 于 1945 年 10 月 16 日成立，是联合国系统内的一个专门机构，总部设在意大利罗马。FAO 的愿景和基本宗旨是"建设一个没有饥饿、没有营养不良的世界，粮食和农业以经济、社会和环境可持续的方式促进提高所有人，特别是最贫困人口的生活水平"。那么，FAO 如何才能实现这一愿景？它的主要职能是什么？它有什么样的治理机构和组织结构？中国与 FAO 合作的重点领域有哪些呢？本文将对这些问题进行介绍。

◆ 主要职能

FAO 是政府间国际组织，现拥有 194 个成员、1 个成员组织（欧盟）和 2 个准成员。中国是 FAO 的创始成员之一。

FAO 的主要职能包括：收集并传播知识，宣传与交流信息；向成员提供农业政策支持和咨询服务，推动和支持开展全球各层面的政策对话；向成员提供技术援助和支持等；为各成员提供一个会议场所，推动支持各成员制定实施规范性和标准性文书。

2021 年 6 月，FAO 第 42 届大会批准通过了《2022—2031 年战略框架》，提出了"着力推动转型，建设更高效、更包容、更有韧性且更可持续的农业粮食体系，实现更好生产、更好营养、更好环境和更好生活，不让任何人掉队"的新战略目标。

◆ 治理机构

FAO 的治理机构包括大会、区域大会、理事会，以及计划委员会、财政委员会、章程及法律事务委员会、商品问题委员会、渔业委员会、林业委员会、农业委员会和世界粮食安全委员会等技术委员会。各成员政府通过参与治理机构会议行使其权力。

大会是成员行使决策权的最高权力机构，一般每两年召开一届大会，FAO 所有成员都有权参加。对某些重要事项，如接纳新成员、批准工作计划和预算、选举 FAO 总干事、理事会独立主席等，大会实行"一国一票"的投票制。FAO 现任中国籍总干事屈冬玉由 2019 年 6 月召开的第 41 届大会选举产生。区域大会是 FAO 在区域内的最高论坛，每两年一届。FAO 现设非洲、亚洲及太平洋、欧洲、拉丁美洲及加勒比，以及近东共 5 个区域大会。

理事会由 49 个成员组成，是大会的执行机构，负责执行大会的相关决议或者在大会休会期间代行大会的部分职权。大会选举理事会独立主席和成员，对计划和预算活动进行监督。理事会下设计划委员会、财政委员会、章程和法律事务委员会，协助理事会履行相关职责，这些委员会的工作向理事会报告。FAO 还设有渔业委员会、商品问题委员会、林业委员会和农业委员会等专业技术委员会以及世界粮食安全委员会，这些委员会的财政和计划向理事会报告。中国自 1973 年正式恢复与 FAO 的合作以来，一直担任理事会成员。

◆ 组织结构

秘书处是 FAO 治理机构的执行机构，负责执行大会和理事会有关决议，处理日常工作。秘书处由总部和权力下放办事处构成。2020 年 7 月 FAO 理事会第 164 届会议批准了机构调整方案，调整后的 FAO 组织架构如下。

（一）核心领导团队

1 位总干事、3 位副总干事、1 位首席经济学家、1 位首席科学家，以及 1 位总干办主任组成 FAO 核心领导团队。领导团队成员在 FAO 所有职能领域内支持总干事开展工作。

（二）总部的 13 个办公室、3 个中心和 20 个司

具体包括：7 个直接向总干事汇报的办公室，6 个需开展跨部门协调的综合性办公室，3 个推动 FAO 与其他联合国机构或国际金融机构开展合作的中心，以及分布在伙伴关系及外联部门、自然资源及可持续生产部门、经济及社会发展部门、组织后勤及业务支持部门的 20 个司。

（三）权力下放办事处

包括 5 个区域办事处、10 个次区域办事处、134 个国家代表处、6 个联络处、6 个伙伴关系和联络处、2 个信息办公室和 4 个国家通讯员等分布在全球各地的权力下放办公室。

◆ 中国与 FAO 合作的重点领域

（一）南南合作

中国是南南合作的倡导者、支持者、参与者和引领者。中国在 FAO 南南合作中发挥着重要的引领作用，中国政府分别于 2009 年和 2015 年先后在 FAO 设立两期合计 8 000 万美元信托基金项目，2020 年习近平宣布设立 5 000 万美元中国- FAO 南南合作第三期信托基金，专门用于开展农业南南合作。中国信托基金总额达 1.3 亿美元，深受广大发展中国家欢迎。FAO 设有独立的南南合作及三方合作司，由中国籍职员担任司长。

（二）全球重要农业文化遗产系统（GIAHS）

GIAHS 工作是中国在 FAO 发挥引领作用的重要领域之一，在中国政府推动下，中国早在 2005 年就有了第一个 GIAHS 项目点，比日本要早 6 年，比欧洲早 13 年。截至 2022 年底，FAO 在全球 23 个国家认证了 72 个 GIAHS 项目点，其中：中国有 19 个，是拥有 GIAHS 认证最多的国家。

（三）人力资源合作

中国是 FAO 第二大会费国，分摊会费比例占 12.01%，仅次于美国。根据联合国最新通过的会费分摊比例，预计自 2024 年起，中国在 FAO 的分摊会费比例将增加到超过 15%。各成员在 FAO 的国际职员人数与会费分摊比例有很大的联系，按照 FAO 发布的数据，目前中国在 FAO 占地理代表性的国际职员人数合理区间应该是 89~121 人，实际只有 59 人，未来中国与 FAO 人力资源合作还有很大的发展空间。

你知道 FAO 国际职员都有哪些吗？

黄 飞

FAO 成立于 1945 年 10 月 16 日，是联合国系统专门负责全球粮农事务的政府间机构，总部设在意大利罗马。FAO 机构设置如何？在全球共有多少职员？FAO 职员的合同分为哪些类型？本文将简要进行介绍。

◆ FAO 机构设置简要介绍

目前，FAO 共有 194 个成员、1 个成员组织（欧盟），以及 2 个准成员。在机构设置上，FAO 总部共有 36 个司（办公室、中心），在总部之外的全球各权力下放办事处还设有 5 个区域办公室、11 个次区域办公室、6 个联络处、7 个伙伴关系和联络处，以及覆盖全球 130 多个国家的驻国家办事处。

◆ FAO 国际职员数量

截至 2022 年 12 月 31 日，FAO 在全球共有 14 506 名职员，包括 3 258 名工作人员和 11 248 名编外工作人员。其中，FAO 总部共有 2 964 名职员（包括工作人员 1 709 人，编外工作人员 1 255 人），全球各权力下放办事处共有 11 542 名职员（包括工作人员 1 549 人，编外工作人员 9 993 人）。从职员性别看，工作人员中女性占 53％，编外工作人员中女性占 39％。

◆ 国际职员合同类型

FAO 职员的合同分为多种不同的类型。工作人员主要包括：高级管理人员（D 级及以上）、专业技术人员（P 级）、初级专业官员（JPO）、国别技术人员（N 级）、一般服务人员（G 级）。编外工作人员主要包括：顾问、短期合同人员、国别项目人员、国别合同人员、其他类型人员（实习生、志愿者、访问学者、口译员等）。

在 FAO 的 3 258 名工作人员中，D 级及以上高级管理人员共 130 人（总部 77 人），P 级专业技术人员共 1 580 人（总部 996 人），JPO 初级专业人员 37 人（总部 30 人），N 级国别技术人员共 262 人，G 级一般服务人员共 1 249 人（总部 606 人）。

按照 FAO 工作人员职位预算供资来源的不同，又可以分为常规预算职位（Programme of Work and Budget posts，PWB）和非常规预算职位（Non -

PWB)。其中，PWB 职位由各成员分摊的会费供资，非 PWB 职位由各方设立的信托基金等自愿捐款供资。2003 年 11 月，FAO 大会第 32 届会议通过了 PWB 职位地理代表性的计算方法。其中，40％的职位按成员资格分配，5％按成员人口分配，55％按分摊会费比例分配。由此，可计算出各成员的 PWB 职位地理代表性合理区间。截至 2022 年 12 月 31 日，FAO 共有 2 285 名 PWB 职位工作人员，包括 D 级及以上 113 人（总部 67 人）、P 级 977 人（总部 659 人）、N 级 196 人、G 级 999 人（总部 434 人）。

近年来，我国不断深化与 FAO 的人力资源合作，通过积极选派初级专业官员（JPO）、访问学者、实习生、志愿者等向 FAO 输送了大量青年专业技术人员，既充实了 FAO 的技术能力，又借助 FAO 平台培养出一批具有国际视野的农业专业人才。

世界粮食计划署为什么能获得
诺贝尔和平奖？

徐亦琦

2020 年 10 月 9 日，联合国世界粮食计划署（United Nations World Food Programme，WFP）因其"致力于消除饥饿，为改善受冲突影响地区的和平条件做出贡献，并在阻止将饥饿作为战争和冲突武器的努力中发挥了关键作用"而被挪威诺贝尔委员会授予 2020 年诺贝尔和平奖。12 月 10 日，WFP 执行董事大卫·比斯利（David Beasley）先生在意大利罗马接受了诺贝尔和平奖奖牌。

◆ 疫情对世界粮食系统造成哪些危机？

（一）新冠疫情增加饥饿人口

疫情的暴发对全球粮食安全造成重大影响，全球处于饥饿状态的人口在原有 8 亿人基础上又增加了 2 亿人。疫情造成的经济衰退持续到 2021 年，这使已非常脆弱的粮食安全状况进一步恶化，导致更多人陷入粮食危机，加剧社会冲突。

（二）贸易保护和出口限制措施增加

全球粮食供给呈现区域性短缺的特点，国际粮食贸易主动权掌握在少数粮食生产和贸易大国手中，容易出现"少数国家扰动全世界"的局面。比如 2008 年金融危机使得美国部分玉米不再作为粮食消费而是走向能源市场。疫情进一步加剧了粮食供需的不确定性，引发多国采取出口限制和贸易保护措施。虽然这些限制措施都是临时性的且目前多数已结束，但对国际市场不良预期和恐慌情绪的产生起到了推波助澜的作用。

（三）粮食投机炒作频发

随着大宗商品资本市场的发展，国际农产品市场和大宗商品的资本市场以及外汇市场的联系日益紧密；粮食的预期价格变化直接影响期货市场的投机炒作，也增加了价格波动和不确定性。疫情的冲击带来粮食短缺和价格上涨预期，反映到大宗商品市场就会激发粮食期货价格上升，叠加投机炒作，进一步加剧粮食价格的不稳定和波动。

◆ WFP 做出了哪些贡献？

WFP 作为全球最大的人道主义组织，一直致力于拯救处于危机之中的生命，利用粮食援助，为陷于冲突、灾害和气候变化中的人们建立一条通往和平稳定繁荣的道路，促进"在世界各地消除一切形式的贫困"和"消除饥饿，实现粮食安全，改善营养和促进可持续农业"可持续发展目标一步步向前推进。

（一）提供直接粮食和资金援助

自 1961 年成立以来，WFP 一直连续不断地为发展中国家，尤其是粮食短缺国提供援助。2020 年 1—9 月，WFP 已向 9 660 万人提供了 84.4 万吨、价值 5.48 亿美元的直接粮食援助，向 67 个国家提供了 17 亿美元资金援助，向 50 个国家社会保护体系提供了技术援助和服务，已相当于 2019 年全年的援助量。

（二）向当地政府提供项目支持

WFP 帮助各国政府设计、调整和实施社会援助干预措施，加强 50 多个国家的食物安全网等社会保障体系建设；支持政府继续保障妇女和儿童的基本食物和营养，疫情之下协助重开学校，为 3.7 亿儿童提供免费校园午餐，为妇女提供基本药物和营养食品。

（三）促进粮食平稳供应，维护国际粮食市场有序运行

WFP 与各国及国际组织合作，协助保障生产、加工、分销、零售农产品价值链正常运转。2020 年 WFP 从发展中国家小农手中采购了约 6 亿美元的谷物和其他农产品，有效推动了当地经济的发展，使得资金向小农转移，促进了包括小农在内的当地市场主体融入全球价值链，培育了当地农业市场，改善了当地农业基础设施，提高了农业生产力和竞争力。

此外，为消除贸易保护，实现粮食均衡分配，WFP 还通过 G20、WTO 向世界各国呼吁，确保粮食贸易自由畅通，取消对非商业性质的人道主义粮食援助的出口限制措施。WFP 对粮食采购执行"无害"原则，确保在任何情况下都不会危及粮食供应国的粮食安全，采购的粮食将用于支持遭遇严重粮食不安全的国家。同时，在进行粮食采购时会认真考虑其对市场和价值链的影响，承诺不会从已出现粮食短缺的国家采购，并持续监测相关市场价格，不会启动任何可能导致当地粮食价格上涨而危及供应国粮食安全的采购行为。

◆ 中国如何参与全球粮食援助？

2019 年发布的《中国的粮食安全》白皮书指出，中国积极参与全球和区域粮食安全治理，积极探索国际粮食合作新模式，开展全方位、高水平粮食对外合作，维护世界贸易组织规则，促进形成更加安全、稳定、合理的国际粮食安全新局面，更好地维护世界粮食安全。

中国作为世界上最大的发展中国家和负责任大国，长期同 WFP 保持良好合作，积极在力所能及的范围内向 WFP 提供资金，支持其开展人道主义援

助，提升全球粮食安全水平。2016—2021 年，中国政府向 WFP 提供逾 1.55 亿美元捐款，签署了 16 份紧急粮食援助捐赠协议，为 750 多万人口提供了紧急粮食援助。新冠疫情暴发以来，除向 100 多个国家和地区运送大量抗疫物资外，还向 10 多个国家提供了紧急粮食援助。

粮食安全事关人类生存之本。2020 年诺贝尔和平奖授予 WFP 为的是提醒世界，就像奖牌上"和平和兄弟情义（peace and brotherhood）"这一诺贝尔精神一样，维护全球粮食安全、创造无饥饿无贫困的世界需要发达国家和发展中国家共同努力。

全球棉花贸易你了解多少?[①]

棉花在我们生活中无处不在,从公元1000年至20世纪初近1 000年的时间里,棉花产业是世界上最重要的制造业。虽然现在棉花产业重要性已被很多产业超越,但是它依然在国际贸易领域具有重要地位。

◆ 世界棉花贸易体系的中心是如何变迁的?

历史上世界棉花生产、加工和消费空间不断变化。传统棉花产业以中国、印度等国为中心,呈现多极分离特征;工业革命后,棉花生产贸易网络开始形成单极世界,并集中在欧洲。棉花生产贸易体系的中心在历史上曾发生过多次迁移,第一个世界棉花贸易的中心是工业革命时期的英国曼彻斯特,之后转移到美国并经历南北战争的洗礼而实现贸易格局的重构,之后中心又转移到日本、中国。

◆ 当前世界棉花产业的格局是怎样的?

当前,全球棉花生产贸易区域仍高度集中。2021—2022年,世界排名前五位的棉花生产贸易国几乎垄断了全球七成以上的份额。印度、中国、美国、巴西和巴基斯坦等国棉花生产量占世界的76.2%,中国、孟加拉国、越南、巴基斯坦和土耳其等国棉花进口量占世界的77.9%,美国、巴西、印度、澳大利亚和贝宁等国棉花出口量占世界的71.5%(表1)。

表1　2021—2022年世界棉花生产贸易格局

区域	产量(千包)	占比(%)	区域	进口量(千包)	占比(%)	区域	出口量(千包)	占比(%)
世界	121 789	100.0	世界	46 620	100.0	世界	46 605	100.0
印度	28 000	23.0	中国	10 500	22.5	美国	15 500	33.3
中国	26 750	22.0	孟加拉国	8 300	17.8	巴西	8 100	17.4
美国	18 198	14.9	越南	7 300	15.7	印度	5 800	12.4

---

① 如无特殊说明,本文数据均来自联合国商品贸易统计数据库。

（续）

区域	产量 （千包）	占比 （%）	区域	进口量 （千包）	占比 （%）	区域	出口量 （千包）	占比 （%）
巴西	13 200	10.8	土耳其	5 200	11.2	澳大利亚	3 900	8.4
巴基斯坦	6 700	5.5	巴基斯坦	5 000	10.7	贝宁	1 400	3.0

注：数据来源于美国农业部预测；重量单位为千包，每包480磅*。

全球棉花产业格局仍在不断变化中，棉花纺织业正陆续从中国向东南亚等低成本国家转移。随着制造业转移，种植中心也随之转移。一个多世纪以前，西方国家身穿的棉质衣物可能由纽约商店缝制，用的是美国纺的棉纱，采用的美国南方棉铃。而如今，它们可能是由中国、印度棉花制成，在中国纺织，然后在孟加拉国或越南等地制造。

◆ 中国棉花生产贸易情况是怎样的？

中国是全球棉纺中心和棉花贸易中心，是全球最大棉花进口国。2021年，中国棉花贸易量235.2万吨，其中进口量234.2万吨，占全球的22.5%。中国棉花进口主要来自美国、巴西、印度、澳大利亚和苏丹等国，自以上5国的棉花进口量合计占棉花进口总量的91.6%。中国也是棉花生产大国，2021年，中国棉花产量居全球第二，占全球棉花生产总量的22.0%。

---

* 磅为非法定计量单位，1磅≈0.45千克。——编者注。

全球植物油市场是怎样的？[①]

邓冠聪　李　婷

◆ 全球产量和贸易量最大的植物油有哪些？

全球植物油每年总产量约2亿吨。以5年平均数计，其中：棕榈油年产量在7 000万吨左右，占到全球植物油总产量的35％，是全球产量和消费量最高的植物油；其次是豆油、菜籽油和葵花籽油，分别占全球植物油总产量的28％、14％和10％。4种油合计占全球植物油总产量的近九成，是全球消费和贸易的主要品种。

每年全球约有8 500万吨植物油用于出口贸易，其中棕榈油、豆油、菜籽油和葵花籽油每年贸易量合计约占全球植物油总贸易量的九成。棕榈油产量的70％都用于出口，是贸易最为活跃的植物油品种。

◆ 贸易中的四大植物油主要来自哪里又销往何处？

棕榈油主要出口国为印度尼西亚和马来西亚，两国合计占全球棕榈油出口量的九成。主要进口市场为印度、欧盟和中国。

豆油主要出口主体是阿根廷，每年出口500多万吨，占全球豆油出口量的45％；其次是巴西、美国和欧盟。主要进口市场是印度，每年进口300多万吨；其次是中国、缅甸和阿尔及利亚。

葵花籽油主要出口国是乌克兰和俄罗斯，每年分别出口近600万吨和近300万吨，合计占全球葵花籽油出口的八成。主要进口市场是印度、欧盟和中国。

菜籽油主要出口国为加拿大，每年出口300多万吨，占全球菜籽油出口量的60％；俄罗斯、欧盟和阿联酋也是菜籽油主要出口主体。主要进口市场为美国、中国、挪威和欧盟，每年进口量合计占比超八成。

◆ 我国植物油贸易情况如何？

以5年平均数计，我国每年进口1 200万吨左右的植物油，是全球第二大植物油进口国。2016—2020年，我国植物油进口量年均增长13.5％，而同期

[①]　如无特殊说明，本文数据均来自美国农业部。

消费量年均增长 4.4%，进口量增长快于消费增长。此外，国产豆油主要以进口大豆压榨生产。

我国植物油进口来源比较集中。棕榈油几乎全部来自印度尼西亚和马来西亚，菜籽油一半来自加拿大，来自阿根廷、巴西和俄罗斯的豆油占比近九成，而葵花籽油几乎全部来自乌克兰和俄罗斯。自印度尼西亚、马来西亚、乌克兰、俄罗斯和加拿大 5 国进口的植物油之和在我国植物油进口总量中占比近八成。

◆ 俄乌冲突对全球植物油供应有何影响?

俄罗斯和乌克兰在全球植物油供应中占据重要地位。近年乌克兰葵花籽和葵花籽油产量分别占全球总产量的三成左右，而葵花籽油出口量约占全球一半。俄罗斯葵花籽油产量占全球总量 25% 左右，在全球葵花籽油出口总量中占比约三成。

俄乌冲突以来全球植物油价格飙升，达到了创纪录的高位。2022 年 3 月 FAO 食品价格指数创历史新高，而全球植物油也迎来大涨价。俄乌冲突以来，一方面，乌克兰油籽压榨停滞、内陆交通中断、港口关闭，导致出口不足；另一方面，乌克兰新季油籽播种受阻，全球供应受到不利影响。

世界各国都在买什么水果？[①]

马景源

水果以其香甜的味道和丰富的营养征服了人类。中国营养学会发布的《中国居民膳食指南（2016版）》建议，普通人每日应摄入200～350克新鲜水果，约占每日摄入食物总量的1/5，足见其在日常生活中的重要性。水果生长受气候、季节因素影响较大，地域性强。因此，贸易流通成为丰富人们果盘的重要手段。世界水果贸易的情况是怎样的呢？

◆ 水果贸易在农产品贸易中的地位越来越重要

近10年来全球水果贸易总体呈稳步上升状态。与2010年相比，2019年水果贸易额增长约60%，是全球农产品贸易额增速的两倍。从全球视角来看，世界各国对水果贸易的需求在不断增长。

◆ 美国、中国、荷兰处于水果贸易的核心位置

从地理视角来看，水果出口国主要集中在拉美、欧洲地区，主要进口国以北半球国家为主，多数为欧美国家。从经济发展水平的视角来看，进口额最高的5个国家中，除中国外都是高收入国家，而出口额较高的国家则各处于不同的发展阶段。可以看出，对水果的需求和经济发展水平呈现一定程度的相关性，经济水平较高的国家对水果的需求也会较高。

具体而言，2019年水果贸易总额前五位的国家分别是美国、中国、荷兰、西班牙和德国，5国水果贸易额合计约占全球的1/3。进口额前五位的国家分别是美国、中国、德国、荷兰和英国，出口额前五位的国家分别是西班牙、美国、墨西哥、荷兰和智利。

2019年水果贸易额前三位的国家中，进口额与出口额排名前五位的水果种类如表1所示。

---

① 如无特殊说明，本文数据均来自联合国商品贸易统计数据库。

表 1　主要水果贸易国的主要进出口品种

美国		中国		荷兰	
进口品种	出口品种	进口品种	出口品种	进口品种	出口品种
鳄梨	苹果	榴莲	苹果	香蕉	鳄梨
香蕉	葡萄	樱桃	葡萄	鳄梨	葡萄
葡萄	橙	香蕉	蕉柑	葡萄	香蕉
蔓越橘及越橘	草莓	番石榴，芒果及山竹果	梨	蔓越橘及越橘	蔓越橘及越橘
鲜木莓，黑莓，桑椹及罗甘莓	香蕉	葡萄	桃	番石榴，芒果及山竹果	番石榴，芒果及山竹果

◆ 香蕉、葡萄、苹果是世界贸易量最大的三大品种

　　香蕉是全球贸易额最大的新鲜水果，生产主要集中在亚洲、拉丁美洲和非洲。加勒比海地区、东南亚和拉丁美洲是香蕉主要出口地区，其中厄瓜多尔一直是最大的香蕉出口国。得益于中国迅速增长的进口需求，菲律宾香蕉出口份额也在不断扩大。根据 FAO 预测，未来亚洲将保持较大生产份额，占世界产量将超过五成。

　　葡萄是世界上种植面积最大的水果。世界葡萄生产区域较为集中，以欧洲为主，种植面积占世界总面积的一半以上。拉丁美洲、欧洲、亚洲是葡萄的主要出口地区，其中智利、中国、秘鲁是出口额前三位的国家，欧盟和美国是葡萄主要进口地区和国家。

　　苹果是生活中最常见的水果之一，最适宜生长在纬度为 32°—43°的暖温带地区，产量仅次于香蕉。从洲际分布看，亚洲占世界苹果生产的六成以上。世界苹果出口市场主要分布在欧洲和亚洲。中国是世界上最大的苹果生产国与出口国，主要出口市场是东盟、孟加拉国等区域和国家。

新 CAP 如何体现对农民更加公平？

邓冠聪　刘武兵

第二次世界大战对欧洲农业造成了巨大破坏，为保障农产品供给，欧洲共同体（欧盟前身）于 1962 年出台了共同农业政策（CAP）以刺激农业生产，CAP 的资金由欧洲共同体预算支出。CAP 出台后历经多次改革，上一版 CAP 的实施期为 2014—2020 年。正常情况下，欧盟应在 2020 年底之前出台 CAP（2021—2027 年）。但由于英国脱欧和新冠疫情等因素影响，新政策迟迟无法出台。为了不影响执行，欧盟在 2020 年紧急出台了 2021—2022 年过渡方案；于 2021 年 6 月 25 日对 CAP（2023—2027 年）（简称新 CAP）的改革达成一致，并于 2021 年 12 月正式批准。根据已有消息，新 CAP 更加公平、更加环保、更加灵活。那么，新 CAP 是如何体现对欧盟农民更加公平的呢？

◆ 只补活跃农民

为了确保更加公平对待农民，新 CAP 要求必须是活跃农民才能获得欧盟补贴。欧盟对活跃农民进行了界定，主要有 4 个方面：一是要基于客观的、非歧视性的标准判定其是否满足最低程度的农业活动，如农场劳动力投入状况、农场是否登记注册、农场收入与其他经济活动的收入比较等；二是列出了农业活动负面清单，从事负面清单上的活动的农民将无法获得欧盟补贴；三是允许多业农民（同时从事其他专业活动的农民）和兼职农民获得补贴；四是各成员可以把获得直接支付超过 5 000 欧元的农民视为活跃农民。这一界定既有强制性要求，但也具有灵活性。

◆ 增加小农收入

新 CAP 增加了对中小家庭农场的收入支持，包括：一是强制要求欧盟各成员至少将本国直接支付总额的 10％用于收入再分配；二是欧盟各成员可以选择削减对大农场的补贴以及对大农场的补贴实行封顶，鼓励各成员在其战略计划中包含对大农场的支付削减和封顶；三是鼓励用单独的小农补贴代替不同类型的直接支付，加强对小农场的支持；四是为解决某些特定农业行业或特定类型农业面临的困难，欧盟各成员可以继续使用挂钩支付。

◆ 促进补贴均等

为使补贴更加均衡，欧盟要求各成员减少其国内每公顷农地获得补贴的差异，欧盟层面也将减少各成员之间每公顷农地获得的补贴的差异。一方面，欧盟成员需要继续削减其国内每公顷农地获得的支付之间的差异，到 2026 年时必须确保每一份支付权益获得的直接支付至少达到其国内平均水平的 85％；另一方面，每公顷农地获得的直接支付金额低于欧盟平均 90％ 的成员，欧盟将增加对这些成员的支持，增幅为上述两者差异的一半。到 2022 年欧盟范围内每公顷农地获得的直接支付不能低于 200 欧元，到 2027 年不能低于 215 欧元。

◆ 支持青年和女性农民

一方面，新 CAP 要求欧盟各成员必须将本国至少 3％（目前是 2％）的直接支付用于补贴青年农民开办农场，支持方式包括对青年农民的收入补贴、投资补贴或创业援助。另一方面，欧盟要求各成员评估当前农业中的性别不平衡状况，并出台相应对策增加从事农业的女性数量，要求各成员在其 CAP 战略计划中纳入上述内容。

新 CAP 如何保障欧盟农业发展更加环保？

邓冠聪　刘武兵

在《新 CAP 如何体现对欧盟农民更加公平？》中提到新 CAP 更加公平、更加环保、更加灵活。那么，新 CAP 是如何保障欧盟农业发展更加环保的呢？

◆ 更高的环保雄心

新 CAP 要求欧盟各成员须确保其 CAP 战略计划在环境和气候方面具有更高的雄心水平，不能"开倒车"，要符合《欧洲绿色协议》的要求。一方面，要求欧盟成员评估其 CAP 计划是否与新修订的欧盟环境和气候法规的要求相一致，必要时需作出调整；另一方面，要求欧盟委员会评估 CAP 战略计划与欧盟环境和气候法规承诺（尤其是"从农场到餐桌计划"和"欧盟生物多样性战略"中设定的欧盟 2030 年目标）的一致性和贡献。

◆ 更严的环保要求

新 CAP 对欧盟成员提出了更严的环保要求：一是要求必须将生态计划强制纳入欧盟各成员战略计划，并将使用评分系统或其他方式来确保生态计划的有效性；二是引入了气候追踪，将在授权法案中提出一套改进计算方法于 2025 年后实施以评估 CAP 对气候变化的贡献；三是要求所有 CAP 受益人都必须符合欧盟法定管理要求（SMRs）、良好农业和环境规范（GAECs）的要求。

在之前实施的 CAP 中，农民可通过作物多样化、保持永久性草地和生态重点区等措施获得"绿色"直接支付，而新 CAP 要求只有上述措施中最有效的措施才能获得"绿色"直接支付。尤其是 GAECs 对土壤保护和土壤质量、生物多样性和景观的要求更高，具体包括：一是 10 公顷以上的农场必须轮作，且非生产用地（含休耕）至少要占 4％；二是只有当作物多样化有助于保护土壤潜力时，才能获得"绿色"直接支付。

◆ 更多的环保资金

CAP 战略计划将 CAP 的两个支柱进行了整合，将资金和政策工具集中在相同的环境和气候目标上。在第一支柱的市场支持中，各成员必须至少将果蔬和葡萄酒行业支持资金的 15％（此前为 10％）和 5％用于与特定环境和气候目标相关的目标，其中对葡萄酒行业的要求为本次改革的新措施；在第一支柱的直接支付中，各成员必须将直接支付的 25％用于生态计划，以支持有机农业、农业生态实践、精准农业、农林复合系统或低碳农业等，以及增进动物福利，这也是本次改革的新措施。在第二支柱农村发展资金中，要求至少将 35％（此前是 30％）用于农业环境管理承诺、"Natura 2000"计划支付和水资源框架指令支付、环境和气候投资以及动物福利。

新 CAP 如何保障欧盟农业更加灵活发展？

邓冠聪　刘武兵

在《新 CAP 如何体现对欧盟农民更加公平？》中提到新 CAP 更加公平、更加环保、更加灵活。那么，新 CAP 是如何保障欧盟农业发展更加灵活的呢？

◆ 提升农民对市场反应的灵活性

新 CAP 加强了对生产者合作的支持，使农民能更加灵活地应对市场变化。一是根据 CAP 战略计划，欧盟成员对生产者组织的补贴将扩展到除葡萄酒和养蜂业以外的所有行业；二是改革后的共同市场组织（CMO）管理条例增加了灵活性，支持农民之间合作以及农民与食品供应链中的其他利益相关者合作，以促进更高水平的农业可持续发展；三是强化欧盟农场对市场信号的反应能力，使其供应的农产品符合欧洲及全球市场的需求；四是为了应对未来可能的危机，新 CAP 要求欧盟每年至少储备 4.5 亿欧元用于紧急采购和私人存储援助。

◆ 提升葡萄酒行业管理的灵活性

新 CAP 制定了更加灵活的葡萄酒行业规则。一是将葡萄种植授权计划延长至 2045 年，并在 2028 年和 2040 年进行两次中期审查；二是授权农民可以使用葡萄（*Vitis vinifera*）和葡萄属（*Vitis*）的杂交品种生产原产地保护（PDO）和地理标志保护（PGI）的葡萄酒，酿酒葡萄品种的选用更为灵活；三是对脱醇葡萄酒实行授权销售，对部分脱醇的葡萄酒产品进行 PDO 和 PGI 授权；四是葡萄酒生产商可以通过包装标签或通过电子方式标明来满足欧盟对葡萄酒产品的消费信息要求，如营养信息、成分信息和能量值等。

◆ 提升地标产品管理的灵活性

新 CAP 制定了更加灵活的地理标志（GI）认证规则。一是将当前仅用于火腿和奶酪行业的 PDO 和 PGI 认证扩展到所有行业，以促进生产；二是农民可自愿选择是否将可持续加工标准纳入产品说明书；三是进一步将对 PDO 和 PGI 的保护扩展到对其成分名称的使用上，通过网上公示进行保护；四是精简 GI 产品认证程序，不同行业的认证标准一致；五是芳香型葡萄酒 GI 计划将与农产品和食品计划合并。

红茶 or 绿茶？欧洲人在茶叶贸易中选谁？[①]

丁雪纯　侯　瑶

茶起源于中国，盛行于世界。公元 5 世纪，中国茶叶通过丝绸之路陆续传入东亚、南亚、中亚、西亚。17 世纪初期，荷兰人将中国茶叶运往欧洲，由此这片神奇的东方树叶逐渐成为风靡整个欧洲的健康饮品。在欧洲饮茶大国中，除俄罗斯、葡萄牙等个别国家生产极少量茶叶外，其余均为非产茶国家，茶叶消费完全依靠进口。

◆ 欧洲进口什么茶？

欧洲人早期进口的茶叶以绿茶为主。马士《东印度公司对华贸易编年史》中记载，1699 年，英国东印度公司的"麦士里菲尔德号"所订购的货物中就包含"松萝茶，最优等，160 担[②]"，但并没有红茶购买记录。从以后各年份的购茶情况看，到 18 世纪初期，仍主要进口绿茶：1704 年，"肯特号"购茶10.5 万磅，其中松萝茶为 7.5 万磅、大珠茶为 1 万磅、武夷茶为 2 万磅，绿茶（松萝茶和大珠茶）占 80.9%。可见，绿茶在 18 世纪初期的欧洲茶叶贸易中占据优势。

随着时间的推移，红茶逐渐取代了绿茶的优势性地位，目前大多数欧洲市场以消费红茶为主。根据联合国商品贸易数据库统计，2015—2019 年，欧盟（28 国，下同）茶叶进口额年均超过 8 亿美元，其中红茶占近八成（图1）。

2019 年，欧盟红茶进口额 6.4 亿美元，进口量为 20.1 万吨；绿茶进口额1.8 亿美元，进口量为 3.1 万吨。英国为欧洲第一大茶叶进口国，2019 年红茶进口额为 3.3 亿美元，主要进口大包装红茶（超过 3 千克），而绿茶进口额仅为 2 879.3 万美元。肯尼亚、印度、斯里兰卡为欧盟红茶的前三大进口来源国，进口量分别为 7.7 万吨、3.7 万吨、2 万吨，占欧盟红茶进口总量的66.7%（图2）。

◆ 为何红茶成为"The Chosen One"？

英国歌谣这样唱道："当时钟敲响四下时，世上的一切瞬间为茶而停。"这

---

① 如无特殊说明，本文数据均来自全球贸易观察。
② 担为非法定计量单位，1 担＝50 千克。

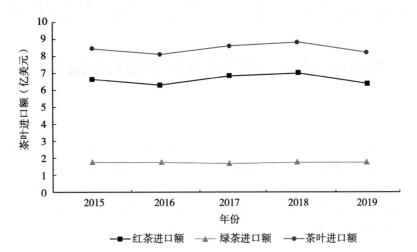

图1　2015—2019欧盟（28国）茶叶进口额

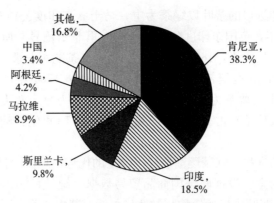

图2　欧盟红茶进口来源地

里的茶指的便是红茶。上至皇室贵族，下至布衣百姓，每人都期待着午后沏一壶红茶，消遣悠闲时光。红茶早已深深融入欧洲社会，这其中有必然原因。

（一）运输问题

绿茶未经过发酵，保持了鲜嫩的绿色。但在茶叶贸易初期，绿茶在漂洋过海的漫长运输途中容易受到潮气、海风的侵蚀，颜色会变暗沉甚至变质。相比之下，红茶制作时经过发酵，水分被蒸发，更易保存和长距离运输，其贸易优势得到了充分体现。

（二）红茶能够更好地与欧洲的饮食习惯相结合

牛奶是欧洲传统饮食中的重要部分，在茶被引入欧洲后，牛奶与茶的碰撞成为必然。但绿茶较为清淡，与牛奶混合会失去其口感，而红茶则不然，红茶比绿茶更耐冲泡，在红茶中加入糖和牛奶后更契合欧洲人的饮食习惯。

◆ 中国茶叶如何拓展欧洲市场？

中国是世界上最大的茶叶生产国，茶叶产量占全球总产量的 2/5，但对主要消费市场欧盟的出口量仅占总产量的 1％，中国红茶在欧盟红茶市场占比也不足 4％。如何进一步将中国茶资源优势转化为国际市场竞争优势？

（一）提升茶叶品质，优化出口结构

欧盟等发达国家和地区不断扩大和更新农药残留检验项目，对我国出口茶叶的质量提出了更高要求。茶叶出口企业要主动与欧洲重要茶叶协会建立联系或加入其中，及时掌握市场资讯，有效规避绿色贸易壁垒；树立强烈的质量和品牌意识，积极对标国际认证。同时，加快研发符合欧洲市场需求的红茶产品及特种茶品，继续发挥绿茶竞争优势，通过茶饮创新等途径，不断增强出口竞争力。

（二）借力跨境电商，拓宽营销渠道

传统茶叶贸易方式涉及环节多，在营销手段和推广方法上受到较大限制。新冠疫情全球大流行促使跨境电商和数字营销加快发展，大大减少了国际贸易的中间环节，给茶叶出口带来了新机遇。供应商直接面对终端消费者，不仅降低了交易成本、提高了交易效率，还使得卖家可以准确获得买家需求、消费习惯等数据，以便开展精准营销。

（三）讲好茶故事，传播茶文化

在全球化时代，贸易与文化的相互联系日益紧密，文化传播对贸易的影响日益凸显。中国是茶文化的发源国，茶文化资源丰富，可借助"国际茶日"契机，开展持续性的广泛宣传，深挖中国茶文化内涵，充分发挥政府、组织、企业、个人等多元主体的作用，讲好中国茶故事，让国际消费者重新认识中国茶和茶文化的魅力。

美国农业部的商品信贷公司
是个什么"公司"?

柳苏芸

自 20 世纪 30 年代以来,美国共形成了 18 部农业法案,对国内农业进行了全方位、多层次、系统性支持。通过研究美国农业法案可以发现,商品信贷公司(Commodity Credit Corporation,简称 CCC)在商品计划、资源保护、灾害救助、农业研究和生物能源开发等主要的农业政策中都扮演着重要的角色。CCC 究竟是个什么公司?支持农民的钱从哪儿来?商品信贷公司跟美国农业法案到底有什么关系?让我们通过 4 个问题一探究竟。

◆ CCC 因何而生?——缘起美国农业法案

20 世纪 30 年代前后,全球经济危机导致国际农产品价格下跌,又逢干旱和大风等极端天气导致美国农产品大幅减产,农民收入严重下滑。在此背景下,美国第一部农业法案颁布,该法案包括"农业调整"和"农业信贷"两部分内容,旨在通过削减作物面积和实施价格支持来控产量、促增收。为了保证政策效果,1933 年 10 月 17 日时任美国总统罗斯福依据美国《工业复兴法》签署 6340 号行政令,在特拉华州成立商品信贷公司,用以稳定、支持农民收入和农作物价格。CCC 的第一笔贷款业务是为美国棉花种植户发放高于市场价格的无追索权贷款。

◆ CCC 归谁管理?

CCC 最初是由资助其业务的重建金融公司(Reconstruction Finance Corporation)管理和运作,同时受美国农业部部长的监督和指导;到 1939 年 7 月 1 日管理权被移交到美国农业部,由美国农业部部长任董事长;1948 年 7 月 1 日根据美国《商品信贷公司宪章法》,商品信贷公司由特拉华州公司转变为美国联邦政府公司,并入美国农业部直接管理,成为一家完全由美国联邦政府所有的国有企业。

目前,CCC 没有独立的工作人员,都是由美国农业部的雇员来开展工作,其行政职能划归美国农业部负责各法案计划的机构。例如,国内价格和收入支持政策主要通过美国农场服务局(FSA)的人员实施,国际事务由美国海外农业服务局(FAS)和美国国际开发署(USAID)实施,自然资源的保护主要由美国自然资源保护局（NRCS）实施，当然，美国农业部的其他机构也可以执行 CCC 的方案。

◆ CCC 支持农民的钱从哪儿来?

成立之初，CCC 的股本有 300 万美元，由 3 万股面值 100 美元的股票组成，股本几乎全部是国会拨款。1936 年，重建金融公司又购买了 9 700 万美元的公司股票，将资本金增至 1 亿美元。目前 CCC 可支配的资金包括自有资金和借款，其中自有资金包括 1 亿美元的资本金、国会的临时拨款以及其日常销售和其他收入。

成立初期，CCC 没有借款的权限，1938 年以后 CCC 可以在国会规定的限额内，从美国财政部借款资助其项目实施，且借款的权利是永久性的。自 1987 年以来，CCC 的借款权限为 300 亿美元，主要用于执行美国《宪章法》和其他农业法案授权的方案（图 1）。

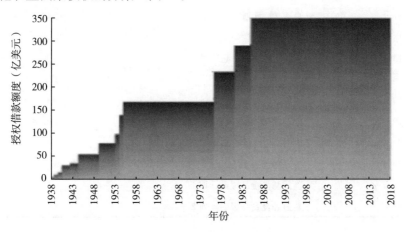

图 1　国会对 CCC 的授权借款额度（1938—2018 年）

资料来源：美国农业部

在实际操作过程中，CCC 每年需要向国会提交财务预算和决算。当发生净支出时（如收入不足以弥补其贷款费用），需要提交国会获得拨款，以补充其借款权的限额。特别需要注意的是，在商品计划里，在 CCC 最终处置（销售、出口或捐赠）资产之前，该项贷款不被视为"净支出"。

◆ CCC 这几年运行得怎么样?

长期以来，随着农业法案对农业的保护程度越来越高，CCC 的借款权利也越来越大。国会可以通过直接修正《商品信贷公司宪章法》或者直接限制 CCC 的用途来改变美国农业部的自由裁量权。美国国会于 2012—2017 财年限制了 CCC 资金的自由支配用途。2018 财年，国会取消了这些限制，并允许额外的自由裁量使用，特朗普政府利用了 CCC 的广泛权力和自由裁量权，直接增加了几十亿美元的额度进行商品购买，以应对贸易摩擦的反制措施。例如，特朗普政府在 2018 年批准了 120 亿美元的"贸易援助一揽子计划"，2019 年又批准了 160 亿美元的贸易援助。2020 年 4 月 21 日，受新冠疫情影响，国会将 2020 年 CCC 的授权额度提高到 675 亿美元。由于近年来美国农业部对自由裁量权的使用，CCC 的借款额承受着巨大的压力，2020 年 11 月就有国会参议员呼吁将其长期的借贷权限提高到 500 亿美元（表 1）。

表 1　2015—2020 年美国农业部利用 CCC 自由裁量权的支出

财政年度	事项	支出额度（亿美元）
2015 年	生物燃料伙伴关系计划	1
2016 年	轧棉成本分摊	3.27
2017 年	乳制品支持计划——波多黎各	0.12
2018 年	轧棉成本分摊	2.15
2018 年	食品采购和分配计划	12
2018 年	市场便利计划	120
2019 年	食品采购和分配计划	14
2019 年	市场便利计划	160
2020 年	更高混合比例的生物燃料基础设施刺激计划	1
2020 年	海产品支持计划	5.3
2020 年	新冠肺炎食品援助计划 1	65
2020 年	新冠肺炎食品援助计划 2	140

你了解芝加哥期货交易市场吗？

李 珂

◆ 芝加哥期货市场是如何建立的?

芝加哥期货交易所创立于 1874 年，其前身为农产品交易所，是全球最大的期货交易中心。超过 3 600 个芝加哥期货交易市场（Chicago Board of Trade，简称 CBOT）会员在这里交易 50 种不同的期货与期权产品。2003 年芝加哥交易所成交量曾达到创纪录的 4.54 亿张合约。

在交易所成立之初，CBOT 仅交易农产品，如玉米、小麦、燕麦和大豆等。经过多年发展，目前交易所的期货合约已包括非保存性农产品和贵金属品，如黄金和白银等。CBOT 的第一种金融期货合约于 1975 年 10 月推出，该合约为基于政府全国抵押协会抵押担保证券的期货合约。随着第一种金融期货合约的推出，期货交易逐渐被引进多种不同的金融工具，其中包括美国国库中长期债券、股价指数和利率互换等。CBOT 于 1982 年推出另一个金融创新，即期货期权。

◆ 芝加哥期货交易所的成功经验有哪些?

芝加哥期货交易有两种金融产品：一个是期货，另一个是期权。期货本质是由期货交易所统一制定的、规定在将来某一特定的时间和地点交割一定数量和质量标的物的标准化合约，并不是现货买卖。其成功经验有如下几点。

(一) 期货市场与现货市场联系紧密

美国农产品期货市场和农产品现货市场发展大致同步。期货市场是现货市场的基础，美国农产品期货市场是在现货市场的基础上经过不断地调整和完善而逐渐发展起来的。现货市场和期货市场的相互调节使得农户能在需要规避风险的时候做出选择。

(二) 农产品期货市场的合约品种丰富

农产品期货市场是进行合约买卖交易的市场，合约的品种是期货市场生存和发展的基础。农产品期货合约品种越丰富，农业覆盖范围越广，可以吸引的市场参与者越多，而市场上的参与者拥有更多的选择权，可以将风险控制在可驾驭的范围内，期货市场的功能得以发挥。

（三）完善的制度和法律体系

美国具有非常完善的期货市场管理制度和期货交易法则，20世纪初期美国就以联邦立法的形式管理期货行业，颁布了很多法律法规，以保护农产品期货市场的有序和公平。

◆ 我国如何学习芝加哥期货交易市场参与农产品定价权？

美国等欧美发达国家一直掌握着国际农产品市场的定价权。原因主要有两点：一是国际贸易市场上结算为美元，包括农产品在内的商品都是以美元为计价单位和支付手段，采用美元为结算方式的芝加哥期货交易市场自然吸引了更多农业生产者和贸易商。二是随着资本组织和运行方式的演变，国际商品市场都采用 CBOT、芝加哥商业交易所（The Chicago Mercantile Exchange，CME）、纽约期货交易所（The New York Board of Trade，NYBOT）等美国期货交易所的定价。农产品进出口贸易的交易价格模式，包括潜在的或普遍认可的定价规则，都基于这几个交易所的期货价格，其中 CBOT 的玉米和大豆合约最具代表性。

尽管中国期货市场不如美国芝加哥期货市场具有全球影响力，但两者互相影响，例如，大连大豆与芝加哥大豆期货价格具有协整关系，两个市场价格相互引导。然而，也有例外，如郑州小麦和芝加哥小麦价格成不协整关系。如今的逆全球化浪潮为我国参与农产品定价提供了机遇。如何把握定价权主要有以下几种途径。

第一，推动交易所体制改革，打造国际化综合服务平台。交易所是整个市场的核心，是市场创新的最前沿。可行的具体措施可考虑品种审批权由国务院逐步向中国证券监督管理委员会核准备案过渡，优化交割制度，解决交易不活跃等问题。

第二，丰富期货品种，推动品种国际化。我国现有 20 个农产品期货上市，我们可学习美国增加咖啡等农产品期货的经验，保证期货市场的多元化。

第三，完善法律，维护市场秩序。以法律完备保证农民的套现保值交易，法律完备也为期货市场创造了良好的创新环境。

第四，开放信息交流，以畅通的信息方便农民的参与，丰富期货交易主体类型。中国农民对农产品期货了解甚少，为农民提供期货交易资讯显得尤为重要。而在美国，官方和民间组织经常发布有关期货市场的信息，如美国大豆协会等产业协会会定时向农民提供各种市场信息和政策变化情况。

种业发达国家及其企业如何通过开放实现发展？[①]

韩振国

种子是农业的"芯片"，是促进农业长期稳定发展、保障国家粮食安全的根本所在。2020 年召开的中央经济工作会议提出，要开展种源"卡脖子"技术攻关，立志打一场种业翻身仗。从全球种业发达国家经验看，开放发展是种业壮大的重要途径。那么，种业发达国家及其企业在开放方面有哪些好做法值得借鉴呢？

◆ 种业强国"大进大出"，制种全球化

欧美发达国家既是种子国际贸易主要出口来源，也是主要进口市场。据国际种子联盟最新数据，全球种子前五大出口国依次为荷兰（28.3 亿美元）、法国（19.7 亿美元）、美国（19.2 亿美元）、德国（9.3 亿美元）、丹麦（4.6 亿美元），5 国合计占全球出口总额的 58.7%，中国位列第十五位。前五大进口国依次为荷兰（12 亿美元）、美国（10.9 亿美元）、法国（8.3 亿美元）、德国（7.5 亿美元）、西班牙（6.3 亿美元），5 国合计占比为 34.5%，中国位列第十位（表 1）。

表 1　全球种业前五大进出口国家

国别	出口额（亿美元）	国别	进口额（亿美元）
荷兰	28.3	荷兰	12.0
法国	19.7	美国	10.9
美国	19.2	法国	8.3
德国	9.3	德国	7.5
丹麦	4.6	西班牙	6.3
全球	138.1	全球	130.2

来源：国际种子联盟 2018 年数据。

种业发达国家在全球外繁制种形成"大进大出"格局。外繁制种是种业强

[①]　如无特殊说明，本文数据均来自联合国商品贸易统计数据库。

国布局全球产业链的重要抓手。例如，荷兰将蔬菜种子的繁制外包给其他国家，然后进口回本国加工后再对外出口；匈牙利在进口亲本种子基础上繁制玉米和向日葵杂交种，然后出口到美国、法国等市场。

◆ 种业企业不断拓展产业链，提升竞争力

种业发达国家的企业持续从单品类向全产业链延伸，从提供产品向提供服务扩展。欧美种业巨头大多通过并购等途径实现全产业链发展。例如，拜耳收购孟山都前在农业领域主要业务为作物保护，孟山都则以种子及相关生物技术为核心业务；陶氏和杜邦合并成科迪华之前，陶氏主打作物保护化学制品，杜邦侧重于转基因种子。并购使这些大型种企形成"种子＋农化"两条腿走路模式，企业进一步向农户提供农业一体化解决方案。如拜耳通过搭建农业信息平台、发展智能农机设备为种植者提供全面服务，推动种子与农化业务融合发展；利马格兰除提供生产资料外，还进入粮食和食品加工领域。

获得技术专利，突破发展瓶颈。企业通过并购获得技术专利，不仅可以规避高额专利费，而且可以提升综合竞争力。原孟山都通过转基因技术研发进入种子行业，借助对加尔基因（Calgene）股权收购和对艾格瑞斯特（Agracetus）转基因植物资产及专利收购强化生物技术研发实力，构筑起在转基因作物领域的领先优势（表2）。

表2　全球种子销售额前五大企业

排名	公司	销售额（亿美元）
1	拜耳（德国）	106.7
2	科迪华（美国）	75.9
3	先正达（中国）	30.8
4	巴斯夫（德国）	16.2
5	利马格兰（法国）	14.9

来源：根据智种网 NOVOSEED 对 2019 年各大跨国种企财报整理而成。

◆ 种质收集和技术研发全球化，产品本土化

跨国种企已成为收集全球种质资源的主体。跨国种企在世界范围进行种质资源收集、整理，根据研发需求进行改良，并通过主张种质资源知识产权保护强化先发优势。例如原杜邦先锋经过长期收集加研发，拥有全球60％以上的玉米种质资源；原孟山都通过收购岱字棉种公司（Delta Pineland）来扩大其棉花种质资源库，并定期为其种质及生物技术创新申请专利保护。

种业企业投巨资在全球进行研发，推动产品本土化。种业巨头研发网络遍

布全球。例如，利马格兰在世界上建设了100多个研发中心，2020年销售收入的16.7%用于研发；拜耳（孟山都）的全球研发网络雇用了约1.6万名科学家，2019年研发投入占销售额的12.3%。全球研发推动产品本土化，有利于跨国种企占领目标市场，如原杜邦先锋在我国东北地区设立研究中心，已培育出"先玉"系列玉米种子等多个适应我国市场的畅销品种。

日本如何通过建立海外支持平台
扩大农产品出口？

吴 薇

随着日本国内老龄化、少子化程度加深，未来日本国内农产品市场规模将持续缩小，依靠国内消费需求带动农业发展难以为继（详见《农业贸易百问｜日本是如何实施农产品出口促进战略的？》）。为提升农业竞争力、维持农业可持续发展，近年来日本政府致力于开拓海外市场，大力促进农食产品出口。

日本农林水产省在最新修订的日本《农林水产品和食品出口扩大实施战略》中明确提出，在主要出口市场建立"农产品出口支持平台"（简称平台），对日本出口企业提供专业、全面、持续性支持，推动 2030 年农食产品出口 5 万亿日元目标早日实现。这些平台有何特点，建立情况如何，将在哪些方面发挥作用呢？

◆ 平台集聚海内外多方合力，形成官民一体化的出口促进体制

平台以日本驻外使领馆、日本贸易振兴机构（JETRO）海外代表处、日本食品海外推广中心（JFOODO）的海外驻员为主组成，同时雇用精通农食产业的当地员工，围绕企业、经营者、餐厅的实际需求提供支持和服务（图 1）。与此同时，平台与日本农林水产省保持紧密合作，并与日本外务省、经产省、国税厅等其他相关部门建立合作关系。

2022 财年，日本农林水产省对平台的支持预算为 2.4 亿日元（约合人民币 1 180 万元），2023 年该项预算将增至 6.72 亿日元（约合人民币 3 300 元）。资金将由政府拨付给 JETRO 和相关民间团体使用。

◆ 平台重点布局前十大出口市场，短时间内已建成大半

日本农林水产省计划在 2023 年底前完成美国、欧盟、越南、新加坡、泰国、中国等地的平台建设。这些国家和地区均为日本农食产品的前十大出口市场，2021 年出口额合计 9 404 亿日元，占日本农食产品出口总额的 80%。

2022 年 4 月 27 日，首个平台在美国洛杉矶建成，截至目前日本已在 6 个国家和地区完成平台建设（表 1），下一步将在中国的 4 个城市继续推进。中国是日本农食产品的第一大出口市场，出口额占比 19%。

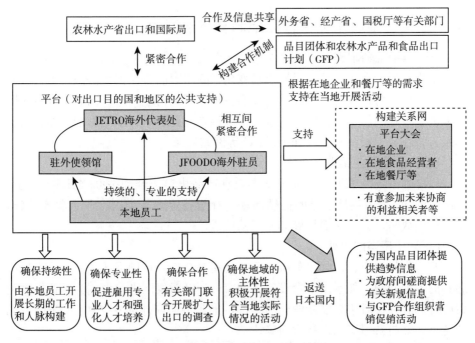

图 1　日本农产品出口支持平台概览
资料来源：日本农林水产省（作者译）

表 1　日本农产品出口支持平台建立进程

出口市场	城市	建立时间
美国	洛杉矶	2022 年 4 月 27 日
	纽约	
泰国	曼谷	2022 年 5 月 5 日
新加坡	新加坡	2022 年 5 月 7 日
欧盟	巴黎	2022 年 5 月 16 日
	布鲁塞尔或阿姆斯特丹	2023 年前
越南	胡志明市	2022 年 8 月 19 日
中国香港	香港	2022 年 9 月 13 日
中国	上海	
	北京	
	广州	即将启动
	成都	
中国台湾	台北	2023 年前

资料来源：日本农林水产省和相关新闻网站（作者整理）。

◆ 平台突出地域主体性，因地制宜开展活动

（一）编制国别报告

报告包括所在国或地区最新市场变化、新出台的食品卫生法规、消费者的需求等内容，为行业协会和经营者提供更加系统的行业信息。同时，针对该国或地区进口限制的实际实施情况进行专题调查，分析对日本的影响。相关信息和报告将在日本农林水产省和 JETRO 等网站发布。

（二）开拓商业渠道

以海外市场需求为导向促进日本农食产品出口，推动举办"日本周（Japan Week）"等由当地主导的促销活动，针对特定产品类别（非企业或品牌）制定促销战略，支持全面拓展商业分销渠道。

（三）扶持当地企业

与广告代理商、律师事务所、调查公司等合作，帮助当地企业解决发展中遇到的各种问题。如泰国平台设置咨询窗口，针对泰国进口限制为企业提供免费的咨询服务；对于高度专业化的案件，平台将征询外部专家和 JETRO 顾问的意见，并与泰国当局进行沟通确认。

（四）普及日本食品

建立由当地日系餐厅、商社、超市、食品制造商、金融机构等组成的关系网络，以加强日本食品推广。在美国平台主导下，日本食品促销活动"Taste of Japan in New York"成功举办，日本首相岸田文雄出席活动并进行日本食文化的普及和食品推介。

近年来，日本在扩大农食产品出口方面进行了大量制度创新和政策创设，建立"农产品出口支持平台"是其中一项有力举措，对我国开展农产品贸易促进工作有一定借鉴意义。未来我们将持续关注发达国家在农业贸促方面的新政实施，进一步促进交流互鉴。

加拿大如何促进农产品出口？

杨海成

加拿大常被认为是一个地域辽阔、经济发达的"高大上"国家，但其实它也是个"接地气"的农业大国，是全球著名的"粮仓"。加拿大盛产油料、谷物和肉类，是全球最大的油菜籽生产国，也是小麦、大麦、大豆和牛肉主产国。除本国消费外，加拿大约有一半农产品用于出口，对国际市场高度依赖，因此加拿大政府十分重视农产品出口促进工作。加拿大目前是全球第八大农产品出口国，油菜籽、小麦等多种产品国际市场占有率名列前茅。那么，加拿大政府采取了哪些措施促进农产品出口呢？

◆ 加拿大农产品生产和出口概况

（一）万水千山半分田，种地为吃更为钱

加拿大农业资源十分丰富，农业生产高度商业化。众所周知，加拿大是一个地域辽阔的国家，领土面积世界第二。但加拿大纬度较高，最南部的纬度也与我国东北地区相近，气候比较寒冷，适宜农业的土地很少，耕地面积只占国土的4%。即使这样，加拿大耕地资源也很充足，人均耕地面积位居世界第三。作为一个"不愁地"的国家，加拿大农场规模普遍较大，约有一半农场的面积在100公顷以上，而且都是机械化和专业化生产。从事农业的人口很少，仅占总就业人口的2%，因而农产品的商品化程度很高。

（二）天苍苍，野茫茫，风吹草低见牛羊

加拿大地广人稀，适宜发展大规模农业，主要种植油料、谷物等大田作物和饲养肉牛、奶牛等草食动物。农业生产区域集中在中西部的几个草原省（萨斯喀彻温省、艾伯塔省和曼尼托巴省），该地区气候和地理条件适宜发展相对粗放的农业，是油菜籽、肉牛和小麦主产区。靠近海岸的东、西部地区气候相对温和湿润，且人口比较密集，主要生产蔬菜、水果、花卉等园艺产品以及乳制品、猪肉、禽肉等畜产品。

（三）留足自己的，卖完美国的，剩下都是全球的

加拿大的农产品约有一半用于出口，而其中的一半又出口到美国，剩下的卖给中国、日本、墨西哥等国。加拿大主要出口油料、谷物、肉类等，其中小麦、油菜籽、大豆和菜油等出口量占产量的一半以上。加拿大主要贸易伙伴是邻国美国，两国与墨西哥签有《美墨加自贸协定》，对大多数农产品进口免关

税，加上便利的运输条件，美国成为加拿大最大的农产品出口市场。中国是加拿大第二大出口市场，占加拿大农产品出口额的 1/10 左右，是加拿大油菜籽、小麦、大麦等主要出口目的地。

◆ 加拿大农产品出口促进措施

加拿大通过制定农业政策"五年计划"来支持农业发展，出口促进是其中的重要组成部分。最新一轮的农业支持政策被称为"加拿大农业伙伴关系"（Canadian Agricultural Partnership），其中的一个政策目标就是扩大农产品贸易，并为此设立了一系列资助项目。

农业市场营销计划。主要资助农业协会和中小企业开展广告促销、市场调查、贸易研讨会、国际展会等营销活动，推广本行业或本企业的产品。

农业竞争力计划。资助非营利性的协会和土著群体开展培训和宣传活动，增强国外市场对加拿大农产品的认可。

农业创新计划。资助企业和合作社等营利性组织开发新产品、新技术，并进行推广和商业化应用，巩固和扩大加拿大农产品出口市场。

农业保障计划。资助中小企业开展农产品出口第三方认证，以扩大出口机会。

除提供资金支持外，加拿大政府还提供各类公共服务，引导企业开展出口活动。一是信息服务，包括贸易知识、市场情报、展会信息等，帮助企业寻找市场机遇。二是贸易专员服务，利用分布在全球 100 多个城市的贸易专员，为企业提供当地市场信息、出口指南、交流洽谈等服务。三是品牌建设，设立加拿大品牌，为符合条件的企业设计包装、宣传资料，通过加拿大国家馆在国际展会上宣传品牌，提高产品认知度。

脱欧后的英国如何促进
农产品、食品和饮料出口？[①]

刘　兰　尤星宇

英国税务海关总署（Her Majesty's Revenue and Customs）数据显示，自2021年1月1日（英国脱欧过渡期结束）至2022年3月31日的15个月里，英国农产品、食品和饮料出口从脱欧前的128亿英镑降至104亿英镑，降幅为19%。其中：果蔬类出口受影响最大，从15亿英镑降至8.47亿英镑，降幅44%；肉和水产类从35亿英镑降至29亿英镑，降幅16%；乳制品从16亿英镑降至14亿英镑，降幅13%。受脱欧后的非关税壁垒，如通关手续烦琐、海关限制、港口延误，以及新冠疫情叠加等因素影响，英国农产品、食品和饮料出口出现较大跌幅。英国将如何摆脱此困境，促进其农产品、食品和饮料出口？

2022年4月，英国全国农民工会（National Farmers Union）公布未来出口战略，力图到2030年促进英国农产品、食品和饮料出口增长30%，出口总额超过300亿英镑。为实现这一目标，出口战略提出10项计划。

（一）了解自身优势

对英国农产品、食品和饮料行业优势、劣势、机会和挑战进行系统评估，为制定政府政策和开展自主经营提供技术支撑。

（二）锁定最佳海外市场

政府和行业应确定关键的海外目标市场。同时，利用海外资源和网络，了解分析全球各大出口市场采取的贸易战略。

（三）解锁目标市场

政府和行业需通力合作，充分了解进入目标市场或增加目标市场份额的障碍。通过与目标市场开展自由贸易协定谈判和扩大外交范围等方式，加快消除市场准入壁垒的步伐。通过拓展驻目标市场使馆的农业食品专家网络来快速积累海外资源。

（四）加强组织合作

英国出口认证伙伴（UK Export Certification Partnership）、英国农业和园艺发展委员会（Agriculture and Horticulture Development Board）等组织可

[①]　如无特殊说明，本文数据均来自英国税务海关总署。

以为生产商及贸易商提供海外市场准入所需的法律和技术措施援助。加强与相关组织的合作对英国农产品、食品和饮料出口增长至关重要。

（五）支持公共和私人研发

为满足海外买家在宗教屠宰等方面的要求，支持加强延长农产品及食品保质期、降低运输成本或制定"生命证明"协议的技术研发。

（六）加大国内基础设施建设

政府提供加工和营销资金支持，加大基础设施建设，支持出口产业发展。英国食品和饮料初级生产商一般位于农村地区，因此，英国各地以及港口、机场等出口枢纽应与农村地区连接，以确保农村地区尽可能融入现代农产品供应链。

（七）加大对出口商的国内支持

政府和行业应继续大力支持出口商提高贸易知识和技能水平。政府和银行加大出口金融服务，使食品和饮料出口商能获得适当的金融支持。

（八）打造一站式出口服务平台

设立一个涵盖关税、证书、增值税和非关税壁垒等方面的专门贸易门户网站，将政府、行业机构等部门的信息整理成一个易于访问的网络中心，帮助食品生产商、贸易商更有效地沟通。

（九）加强营销和推广

通过贸易展览、买家见面会、在线市场活动等方式，提高英国产业的国际影响力。

（十）加强战略协调

英国政府成立的食品和饮料出口委员会（Food and Drink Export Council）应发挥出口促进战略监督和政策协调作用，并制定有助于增加出口的相关措施。

英国脱欧对其水产贸易有何影响？[①]

赵 贞

2020 年 1 月 1 日，英国脱欧。渔业问题是英国与欧盟最后谈判的焦点之一。长期以来，英国与欧盟其他成员的水产贸易联系紧密。2019 年，英国向欧盟成员出口的水产品价值 16 亿美元；英国的扇贝和海螯虾等产品，每年七成以上会被出口到欧盟。

◆ 英国脱欧后，与欧盟的水产贸易有何变化？

2020 年 12 月 24 日，《欧盟-英国贸易与合作协定》正式达成。根据协议，欧盟在英国水域捕捞配额将在现有水平上减少 25％。5 年半过渡期后，双方将就捕捞配额、水域准入权和管理措施进行年度谈判。但该协议几乎不包含任何限制双方利用贸易救济措施的条款。如果英国决定禁止欧盟进入其水域，欧盟可以采取包括对英国鱼类进行征税在内的惩罚性措施。

在监管方式上，英国与欧盟将对适用原产地规则的水产品实行"零关税、零配额"。但由于英国正式脱欧，新贸易规则生效，双方水产贸易面临更多阻碍，包括更严格的卫生检疫检查、海关程序管理和监管标准等，需要花费 8～16 小时才能完成新文书工作，需要尽快运输的新鲜水产品受到巨大影响。

◆ 英国脱欧后，如何拓展其水产品贸易国际市场？

（一）与欧洲其他渔业伙伴签订贸易协议

2020 年 12 月底英国退出欧盟共同渔业政策（CFP）。英国作为独立的沿海国家，2020 年分别与挪威、法罗群岛签署渔业协议，就水域准入和配额等问题进行年度谈判；与格陵兰岛签订渔业协议，讨论共享水产资源的管理问题；与冰岛签署渔业合作谅解备忘录，建立对话机制，以促进水产品贸易上的合作。

（二）加强与亚太地区的贸易联系

2020 年，英国分别与日本、越南等国签订自由贸易协议，为双方水产品贸易往来提供新机遇。截至 2020 年 11 月，越南对英国的水产品出口额同比增长近 12％，约达 3.22 亿美元。此外，2021 年 2 月，英国正式申请加入 CPTPP，

---

① 如无特殊说明，本文数据均来自英国税务海关总署。

以与亚太地区建立更紧密的贸易关系。

◆ 中英水产贸易将如何发展？

　　一直以来，中国都是英国的重要贸易伙伴之一。中国是英国的第三大出口市场，仅次于欧盟和美国。2019 年，英国对中国的出口贸易总额为 342 亿美元，其中，水产品出口额为 1.2 亿美元。虽然中英之间尚未签订自由贸易协议，但早在 2018 年 8 月，中英双方已经开始探讨英国脱欧后建立高水平自贸协定的可能性，拓展中英渔业合作发展空间。

　　我国巨大的消费市场对英国具有强大吸引力，在脱欧过程中英国已经努力增加中英水产贸易合作的机会。2018 年，英国鲜活海鳌虾获得出口中国许可，年出口额为 2 650 万英镑，比 2017 年增长 43%。苏格兰三文鱼是英国出口最多的水产品之一，中国是其第三大出口市场。2019 年，苏格兰三文鱼对中国的出口额达到 6 000 万英镑。

　　新冠疫情对英国水产贸易造成重创，2020 年英国对中国的水产品出口量比 2019 年下降 48.5%，出口额下降 57.4%。但是，新冠疫情也推动了新渠道、新业态发展，消费者对包装和冷冻水产品的需求出现增长，生鲜电商和自媒体直播等方式逐渐兴起，更多即煮、即热、即食的进口水产品进入中国市场，水产品跨境电商成为中英水产贸易领域新的增长点，也将促进中英水产贸易进一步发展。

与我国复交的尼加拉瓜农产品贸易发展如何？①

马景源

2021 年 12 月 10 日，我国与尼加拉瓜恢复外交关系。1985 年 12 月 7 日，中国与尼加拉瓜（简称中尼）建交，后因尼加拉瓜与中国台湾"复交"而断交。中尼两国相距遥远，双边农产品贸易发展如何呢？

◆ 尼加拉瓜基本情况

尼加拉瓜位于中美洲地区中部，北靠洪都拉斯，南连哥斯达黎加，东临加勒比海，西濒太平洋，是中美洲地区面积最大的国家。

2018—2020 年尼加拉瓜 GDP 均为负增长，在中美洲地区国家中排名较低。2020 年尼加拉瓜外贸总额为 116.32 亿美元，同比降低 5.1%，其中：出口额 50.87 亿美元，下降 3.5%；进口额 65.45 亿美元，下降 6.3%。尼加拉瓜是 WTO 成员，主要出口黄金、纺织品、咖啡、牛肉制品、烟草、虾等，主要出口对象为美国、墨西哥、萨尔瓦多、洪都拉斯、哥斯达黎加等；进口纺织品、药品、石油、燃料、玉米、烟草等，主要进口来源国为美国、中国、墨西哥、危地马拉和洪都拉斯，中国为其第二大进口来源国。美国是尼加拉瓜最大贸易伙伴，尼加拉瓜对美国出口额占 59.4%，自美国进口额占 25.3%，均排名第一。

◆ 尼加拉瓜农产品贸易

尼加拉瓜农林渔业从业人口约占劳动力的 1/3，贡献了国民总收入的 1/5。国内主要农作物有玉米、豆类、大米、高粱，畜产品为牛产品。尼加拉瓜农产品贸易总额由 2016 年的 31.1 亿美元增至 2020 年的 36 亿美元，年均增长 3.7%，其中：出口额由 20.4 亿美元增长至 25 亿美元，年均增长 5.2%；进口额由 10.7 亿美元增长至 11 亿美元，年均增长 0.7%。

（一）出口结构

主要出口畜产品、饮品、水产品、糖料及糖等，2020 年上述农产品出口额分别为 7.8 亿美元、5.3 亿美元、2.9 亿美元和 1.8 亿美元，分别占农产品

---

① 如无特殊说明，本文数据均来自联合国商品贸易统计数据库、中国海关总署。

出口总额的 31.2%、21.2%、11.6%和 7.2%。按农产品细类划分，主要包括牛肉 5.4 亿美元、咖啡 4.4 亿美元、食糖 1.5 亿美元、对虾 1.5 亿美元。

（二）进口结构

主要进口粮食（谷物）、畜产品、水果和粮食制品等，2020 年上述农产品进口额分别为 2.0 亿美元、1.4 亿美元、1.1 亿美元和 0.9 亿美元，占比分别为 18.2%、12.7%、10%和 8.2%。按农产品细类划分，主要包括玉米 0.8 亿美元、椰子 0.8 亿美元、棕榈油 0.5 亿美元、无醇饮料 0.5 亿美元。

（三）贸易伙伴

主要农产品贸易伙伴及贸易额为美国 13.3 亿美元、萨尔瓦多 3.7 亿美元、哥斯达黎加 3.0 亿美元、危地马拉 2.3 亿美元、墨西哥 2.1 亿美元，均为美洲国家。美国是尼加拉瓜第一大农产品贸易伙伴。2020 年尼加拉瓜向美国出口 10.2 亿美元，占比 40.9%；自美国进口额 3.2 亿美元，占比 28.8%。其他主要出口市场包括萨尔瓦多、墨西哥、哥斯达黎加、危地马拉，占比分别为 12.4%、4.9%、4.8%、4.0%；其他主要进口来源地包括哥斯达黎加、危地马拉、洪都拉斯、墨西哥等，占比分别为 16.3%、11.7%、8.6%和 8.0%。可见，尼加拉瓜主要贸易伙伴集中在中北美地区，地域性较强。

◆ 中尼农产品贸易

根据联合国商品贸易统计数据库数据，自 2011 年以来，中尼农产品贸易额呈现大幅度波动。2011—2020 年，我国自尼加拉瓜进口额同比增幅超过 100%的共 6 年，跌幅超过 60%的共 4 年（图 1）。

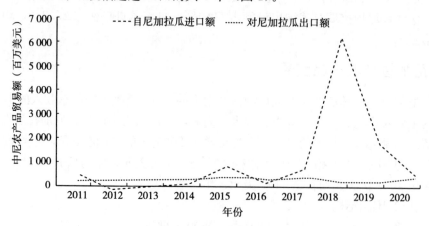

图 1　中国与尼加拉瓜农产品贸易额

根据我国海关数据，2018 年尼加拉瓜对我国农产品出口额为 6 766.9 万美元，主要品种及出口额为糖料及糖 6 627.9 万美元、饮品类 130.7 万美元。

2021 年对我国出口额迅速降至 638.5 万美元，主要品种及出口额为植物油 550.1 万美元、饮品 52.8 万美元。2018 年尼加拉瓜自我国农产品进口额为 502.4 万美元，主要品种及进口额为糖料及糖 240.1 万美元、蔬菜 164.3 万美元、水果 46 万美元。2021 年尼加拉瓜自我国农产品进口额 568.3 万美元，主要品种及进口额为蔬菜 282.9 万美元、糖料及糖 94.8 万美元、水果 13.6 万美元、水产品 13.5 万美元。从省份角度看，我国对尼加拉瓜出口主要省份包括山东、广东、江苏等，进口主要省份包括山东、广东、北京等。

你了解四大粮商吗？

李　珂　韩　啸

在中国"入世"后，四大粮商看准商机，借机进入中国市场，这对中国的粮食市场产生了一定的冲击和影响。从表面上看，巴西、美国、阿根廷等国家掌握大豆等粮食的出口市场，中国和欧盟两大经济体是最大进口市场。事实上，具体的进出口贸易活动并不是这些国家和地区，而是四大跨国粮商。下面让我们来介绍一下四大粮商的基本情况：四大粮商俗称"ABCD"，每一个字母各代表一家公司，A 代表美国 ADM，B 代表美国邦吉，C 代表美国嘉吉，D 代表法国路易达孚。可以说世界上消耗的农产品大多由四大粮商控制。

◆ 四大粮商是如何发展的？

我们先来看看四大粮商的发家史。美国 ADM、美国邦吉、美国嘉吉和法国路易达孚这四大粮商的历史可以追溯到 100 年甚至 200 年前，四个农业巨头凭借其资本与经验的优势，在收储、物流、海运、金融、贸易等多领域形成对国际粮食贸易的垄断性控制，在全球农产品市场上占有约 70% 的份额。四大粮商首先在全球范围内建立了较为完备的粮食运输通道和完善的物流体系，并在自由贸易体系下，资本渗透进农业，攫取美国政府的大量补贴，从而得以在全球推销低价粮食。与此同时，各国在低价粮食的倾销之下，逐渐丧失粮食自主权，这就导致美国粮食巨头和国家政权结合而成的"粮食帝国"得以掌控全球主导权。而如今四大粮商又在现货和期货交易等金融领域双管齐下，两边下注，在垄断全球粮食市场的同时，还控制着粮食的定价权。不可忽视的一个事实是，当今 80% 的粮食交易量都被"ABCD"这四家跨国公司掌握。

◆ 四大粮商各自有啥特点呢？

据英国媒体报道，只要你活着，就无法逃脱全球四大巨头。美国 ADM 是四大粮商中实力最强的公司，其全称是"Archer Daniel Midland"，是全球最大的农业生产、加工及制造公司。美国 ADM 主要控制了油菜籽、玉米、小麦、可可等农产品加工。美国邦吉是四大粮商中历史最悠久的，主要因注重从农场到终端的产业链完整性而闻名，其是美国第二大大豆产品出口商、第三大大豆加工商、第三大谷物出口商，在全球共有 400 家工厂。美国嘉吉是美国第一大私有公司，百余年来保持着家族企业的性质。法国路易达孚是四大粮商中唯一一家非美国企业，其来自欧洲，在全世界范围内从事谷物、油料、油脂、饲料、大米、肉食、食糖、咖啡、棉花、天然及人造纤维、电力、天然气、石油及石油产品的贸易，以及政府债券和金融证券业务。

◆ 四大粮商是如何开展粮食之战继而垄断中国市场的？

中国加入 WTO 后，中国的粮食市场也更加开放，美国 ADM 等外国资本顺势进入。大豆是我国最先开放的农产品，2003—2004 年，外国资本通过定价权的操控和信息不对称等，轻易地敲开了中国大豆市场的大门。美国大豆上市前后，美国农业部有机认证（USDA）谎称大豆大幅减产，中国粮油企业在期货市场高位买入，CBOT 大豆期货价格持续增长。此后不久，中国买家完成采购后，美国又发布大豆产量不降反增的消息，CBOT 大豆期货价格骤降。这一短期内的巨幅波动，最终导致中国 80％的粮油企业破产，被国际粮商低价收购。四大跨国粮商在中国 2004 年的大豆危机后，成功地控制了大豆 85％的实际加工能力，然而跨国粮商还在加紧对中国水稻和玉米控制权的布局。外资企业进入中国粮食市场的广度、深度还在不断拓展，在食用植物油、粮食加工转化等领域的份额不断增长，并向粮食收购市场、批发零售和主食品供应等方面延伸。

近年来，我国自己的国际大粮商也在不断崛起，中粮集团已经可以与"ABCD"巨头比肩，正在打破国际四大粮商垄断全球粮食贸易的格局。作为我国农业"走出去"的"领头羊"，中粮集团海外资产和业务覆盖了 140 多个国家和地区，海外营收每年超过 2 000 亿元，占总体营收的 50％以上。中粮集团在国际粮油及农产品市场中开始掌握话语权，对玉米、小麦、大豆等粮食资源拥有全球配置能力。此外，北大荒集团、农垦集团、首农集团这样的国内大型粮油企业正在积极加入国际大粮商的行列。

美国化学品列车脱轨对我国农产品进口影响几何？[①]

符绍鹏

2023 年 5 月 5 日最新消息显示，美国俄亥俄州有毒化学品运载列车脱轨事故 3 个月后，当地居民仍感不适，附近仍持续检出有害物质。这起事故造成大量剧毒化学品进入空气、水和土壤，导致数万动物死亡。美国是我国的重要农产品进口来源地之一，那么这起事故会对我国农产品进口产生影响吗？

◆ 俄亥俄州农产品生产情况如何？

俄亥俄州在美国农产品生产中占比较小。根据美国 2017 年普查数据，俄亥俄州农产品产值为 93.4 亿美元，仅占美国农产品总产值的 2.4%，排第十六位。此次发生事故的俄亥俄州和事故地所在的俄亥俄河流域，均与加利福尼亚州、艾奥瓦州、得克萨斯州、内布拉斯加州和堪萨斯州这 5 个农产品产值最大的州距离较远。

从主要农产品产量看，俄亥俄州并不是重要产区。2022 年俄亥俄州小麦产量为 100 万吨，仅占美国小麦总产量的 2.2%；玉米产量为 1 510.5 万吨，占比 4.3%；大豆产量为 767.3 万吨，占比 6.6%；高粱和棉花无产出。俄亥俄州和俄亥俄河流域与小麦生产较为集中的中北部地区、玉米和大豆生产较为集中的密西西比河中上游地区、高粱生产集中的堪萨斯州及棉花生产集中的南部地区均有一定距离。

◆ 俄亥俄州农产品出口情况如何？

俄亥俄州农产品出口占比更低。2022 年，俄亥俄州农产品出口额为 35.6 亿美元，仅占美国农产品出口总额的 1.7%。美国农产品出口大州均不属于俄亥俄河流域，距俄亥俄州较远。加拿大为俄亥俄州农产品的第一大出口市场，出口额占比 35.2%；其次是埃及，占比 14.7%；我国排在第三位，占比仅 6.9%。

大豆是俄亥俄州农产品出口的主要品种。2022 年俄亥俄州出口大豆 224.8 万吨，出口额 13.7 亿美元，占俄亥俄州农产品出口额的 38.6%，但也仅占美

---

① 如无特殊说明，本文数据均来自美国农业部、美国经济分析局。

国大豆出口额的 4%。埃及是俄亥俄州大豆的第一大出口市场，出口量占比 31.4%。俄亥俄州其他农产品出口额占比均在 6% 以下。

◆ 俄亥俄州农产品对我国出口情况如何？

我国从俄亥俄州进口农产品较少。2022 年俄亥俄州农产品对我国出口 2.5 亿美元，仅占美国农产品对我国出口额的 0.7%，其中超过 80% 为大豆和小麦。俄亥俄州和俄亥俄河流域从地理上远离农产品对我国出口最多的路易斯安那州、华盛顿州、得克萨斯州和加利福尼亚州。

分品种来看，2022 年俄亥俄州大豆对我国出口 29 万吨，仅占美国大豆对我国出口量的 1%；小麦对我国出口 5 万吨，占比 5.7%；玉米、高粱和棉花无对我国出口。我国上述农产品自美进口主要来源州均距事故地较远，较难受到影响。

据现有报道，此次化学品列车脱轨事故对环境的影响尚集中在事故地附近。阿巴拉契亚山脉位于事故地东侧，在一定程度上限制了事故影响的扩散，未来事故的影响有望局限在俄亥俄河流域内。

俄亥俄州在美国各主要农产品的生产和出口中占比较小，目前来看此次事故对我国农产品正常进口不会产生明显影响。由于俄亥俄河流域在美国各主要农产品生产和出口中同样占比有限，即使未来此次事故的影响扩散到整个俄亥俄河流域，也难以对我国农产品进口产生较大影响。目前受此次化学品列车脱轨事故影响的作物尚未收获，只要我国能将受事故影响的农产品拒之门外，作为消费者的我们不必过于担忧。

美国如何促进农产品出口？

作为全球最大的农产品出口国，美国长期以来高度重视农产品出口促进，在美国农业法框架下安排了一系列出口促销项目。现行农产品出口促销项目由2018年美国农业法授权设立，主要包括出口市场开发项目、出口信贷担保项目和其他出口相关项目三大类。美国农产品出口促销项目对我国开展农业贸易促进具有重要借鉴意义。那么，美国如何通过出口促销项目来促进出口？项目主要内容有哪些？资助对象是什么？资助金额有多少？下面将进行详细介绍。

◆ 出口市场开发项目

2018年美国农业法在出口市场开发方面，设立了一个新整合的农业贸易促进及便利化项目（Agricultural Trade Promotion and Facilitation Program，ATPFP），每年提供2.55亿美元的资金，其中包括市场准入项目（Market Access Program，MAP）、海外市场开发项目（Foreign Market Development Cooperator Program，FMD）、新兴市场项目（Emerging Markets Program，EMP）、特种作物技术援助项目（Technical Assistance for Specialty Crops，TASC）以及新设立的优先贸易基金（Priority Trade Fund）5个项目。具体项目内容如下。

市场准入项目主要用于支持美国农产品海外市场的开拓、扩张和维持，2018—2023年每年提供资金2亿美元。该项目主要面向非营利性的美国农业贸易协会、美国农业合作社、州级贸易组织以及小型企业，对上述机构开展的海外营销促销活动提供资金支持，如贸易展会、市场研究、零售商品的消费促进、能力建设以及海外消费者教育引导活动等。市场准入项目资金主要用于支持棉花、水果、乳制品、肉类、坚果、羊毛、葡萄酒和水产品等高附加值产品的出口，既资助一般性的营销活动，也资助具体品牌的营销活动。

海外市场开发项目旨在解决或减少外国进口限制，以及扩大出口机会，每年提供资金3 450万美元。该项目最早设立于1955年，主要资助产业界开展消费促进、技术援助、贸易服务等活动，同时要求产业界予以资金配套。此外，该项目为政府或产业界开展市场研究提供资金支持。与市场准入项目主要支持生活消费品和具体品牌产品不同，海外市场开发项目主要支持一般农产品或大宗农产品。

新兴市场项目目的是开发新兴市场国家和地区的农产品市场，每年提供资金 800 万美元，以促进美国与新兴市场国家和地区农业机构和农业企业之间的合作和信息交流。新兴市场是美国农业部长确定的任何可行的国家、外国领土、关税同盟或其他经济市场。此外，规定该项目在 2019—2023 财年每年必须至少覆盖 3 个新兴市场。

特种作物技术援助项目为解决妨碍美国作物出口的 SPS 措施和美国特种作物出口的技术贸易壁垒问题提供资金，每年资助 900 万美元。该项目资助符合条件的美国组织解决威胁或禁止美国特种作物出口的现有或潜在的卫生、动植物检疫和技术壁垒等问题，其适用产品包括除了小麦、饲料谷物、油籽、棉花、大米、花生、糖、烟草等大宗农产品之外的所有植物产品。

优先贸易基金是新增的出口市场开发项目，主要用于支持帮助美国农产品进入市场、开发、巩固和扩展市场的其他贸易促进活动，每年提供资金 350 万美元。

◆ 出口信贷担保项目

出口信贷担保项目是指美国农业部 CCC 通过提供直接贷款或信用担保的方式鼓励海外采购商购买美国农产品。该类出口信贷担保项目包括两种：短期信贷担保项目（GSM‑102）和设施建设担保项目（FGP）。

短期信贷担保项目主要为美国向发展中国家出口农产品提供信贷资金或担保。该项目每年为经批准的外国金融机构提供最高 55 亿美元的信贷担保，最长期限为 18 个月，支持此类金融机构向其国内购买美国农产品和食品的采购商提供信贷。2022 财年该项目拨款总额为 30 亿美元，其中约一半用于向拉丁美洲国家的金融机构提供贷款或信贷担保，其余用于亚洲、非洲和中东国家。

设施建设担保项目目的是改善或建立新兴市场的农业基础设施。2022 财年该项目拨款总额为 5 亿美元，旨在解决有些国家因储存、加工、搬运或分销能力不足而制约了对美国农产品需求的问题。该项目对新兴市场改善或新建储存、加工等农业基础设施提供融资担保，前提是此类设施有助于扩大该国自美国的农产品进口。

◆ 其他出口相关项目

生物技术和农业贸易项目是根据 2018 年美国农业法授权新设立的项目，用于资助公共部门和私营部门向美国生物技术相关农业谈判提供技术支持，如对政府开展的谈判进行"快速反应干预"或者起草协定案文等。生物技术和农业贸易项目主要适用于针对使用农业生物技术和其他新技术生产的美国农产品的非关税壁垒谈判，以及食品安全、动植物疾病或其他 SPS 措施等领域的谈判。2023 财年该项目资金额为 200 万美元。

你喝过洪都拉斯的咖啡吗？[①]

霍春悦

2023年3月26日，中国和洪都拉斯（简称中洪）建立外交关系，洪都拉斯成为中国第182个建交国。或许很多人对这个地处中美洲的国家还不太熟悉，实际上，中洪此前虽无外交关系，但贸易往来未曾停歇。咖啡是洪都拉斯主要出口产品，其中雪莉咖啡豆深受不少中国咖啡爱好者的欢迎。

洪都拉斯是中美洲最大的咖啡生产国，超90%的咖啡出口到世界各地。洪都拉斯属热带气候，气温温和，雨量充沛，海拔较高，是咖啡生长的理想之地。2022年洪都拉斯生产咖啡36.0万吨，占世界咖啡总产量的3.5%、中美洲咖啡生产总量的41.3%，是世界第八大咖啡生产国、中美洲最大的咖啡生产国。近10年由于气候、咖啡叶锈病等原因，洪都拉斯咖啡产量波动较大，整体呈现先增产后减产的趋势，2017年产量最高，达45.6万吨，排名世界第五。洪都拉斯咖啡产量的90%以上用于出口，2022年出口量为33.6万吨，是世界第八大咖啡出口国（图1）。近年受咖啡减产、国际市场价格不振等因素影响，洪都拉斯向我国出口咖啡呈下降趋势，近5年年均下降15.2%。

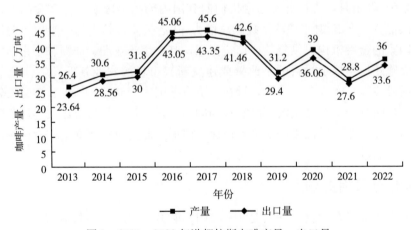

图1 2013—2022年洪都拉斯咖啡产量、出口量

2022年，洪都拉斯对我国出口农产品排名前三的是咖啡、水产品和蔬菜

种子，出口额分别为 42.3 万美元、21.8 万美元、2.2 万美元，其中咖啡出口额超过出口总额的一半。相比之下，我国向洪都拉斯出口农产品的种类更多、量更大，2022 年我国对洪都拉斯出口农产品 1 888.5 万美元，排名前三的是蔬菜、加工鱼类和糖类，其中蔬菜主要有大蒜、蘑菇、甜玉米、豌豆等。

相信两国建交后，中洪两国贸易关系会随之更加紧密，中洪农产品在彼此市场上的知名度也会有更多提升，从而进一步拓展两国农产品贸易空间，也会有更多的咖啡进入我国国内市场。

为何日本是茶叶出口"强国"？[①]

尤星宇　陈屿廷

日本人多地少，资源条件有限，户均茶园面积小，茶叶栽培面积更有逐年减少的趋势，单从出口规模看，其茶叶出口数量远远小于我国，并非茶叶出口"大国"。但从茶叶出口的平均价格来看，2022 年日本茶叶出口均价为 27.3 美元/千克，位居世界第一，是我国的 4 倍之多，可谓茶叶出口"强国"。日本是如何做到茶叶出口单价如此之高的呢？有哪些可借鉴的促进出口经验呢？

◆ 日本茶产业和出口概况

茶起源于中国，公元 12 世纪，日本僧人荣西先后两次来到中国，带回日本大量茶叶、茶籽和加工技术资料，自此日本开始了茶叶大规模推广种植之路，一直持续至今，未有间断。由于日本人多地少，为了让有限资源发挥出更大作用，日本将茶园集中在静冈、鹿儿岛、三重等地区，通过集中优势资源，实现茶叶规模化现代化种植，从而提升总体产出。

日本茶叶主要有绿茶、红茶、乌龙茶三大类。其中，绿茶产量最多，占据日本茶叶总产量的 80% 以上。日本绿茶的代表品种有煎茶、抹茶、玉露、龙井等。红茶和乌龙茶在日本的产量和知名度相对较低。

日本茶叶出口主要的目的地是北美洲、欧洲、亚洲和澳洲等地。根据联合国贸易数据库数据，2022 年日本茶叶出口总额约 1.9 亿美元，出口总量约 8 023.1 吨。其中，最大的出口目的地是美国，出口额达 8 474.4 万美元，占到了出口总额的 44.5%；位居第二的是中国台湾地区，出口额为 1 455.8 万美元，出口总量 1 720.8 吨；第三位是德国，出口额为 1 379.2 万美元，出口总量 472.5 吨。此外，发现抹茶在内的"粉末状"商品占出口比重大，可以说抹茶类产品受追捧是日本绿茶出口畅销的重要原因之一。

◆ 日本促进茶叶出口的主要措施

（一）注重立法，政策先行

发展出口首先要壮大产业，日本非常重视通过法律政策推动产业健康有序发展。自 1999 年起，日本先后颁布施行《日本食物农业农村基本法》《日本茶

---

① 如无特殊说明，本文数据均来自联合国商品贸易统计数据库。

产业振兴法》《日本茶产业及茶文化基本方针》，将茶产业发展放到农业发展的重要位置，明确规范茶产业健康发展的各项方针并制定一系列扶持措施。此外，日本针对专业领域制定更为详细的制度法规，如《日本红茶进口配额制度》《日本农药取缔法》《日本地区团体商标登记制度》等，以法制护航产业，从而培育出符合出口标准的优质茶品。

（二）应用技术，提质增效

自 21 世纪以来，日本老龄化问题日趋严重，面对茶农数量减少、茶园户均面积下降等问题，日本政府拨款 13.8 亿日元用于改造低产茶园、修建新茶园，并在此基础上引进先进生产技术，实现茶园机械化采摘、智能化管理，大大降低人工成本。与此同时，开展科研攻关，培育适应能力强、适宜规模化种植以及具有功能性成分的品种，以满足国际市场的多样需求。

（三）绿色种植，对标国际

技术性贸易壁垒是农产品出口的最大障碍，为应对西方发达国家的贸易保护措施，日本积极推行绿色有机种养模式，生产过程采用 GAP 管理方式，通过提供金融支持等方式鼓励茶农申请"有机食品认证"，对使用农药化肥低减技术的茶农给予奖补。根据日本农林水产省的最新统计，截至 2020 年，日本获得日本有机农业标准（JAS）有机认证的茶叶生产量增加到 4 844 吨，仅次于中国和越南，成为世界第三大有机茶生产国。

（四）文化振兴，服务品牌

茶叶，如果离开了文化就只是一片树叶。日本十分重视茶文化保护与宣传。对具有历史价值、学术价值的茶具、茶室及茶园采取严格保护；大力发展茶道文化，设立了茶道顾问考核认证制度；利用国内外展会积极输出日本饮茶文化，介绍日本茶历史，并通过各类媒体渠道广泛宣传，树立绿色、健康、安全形象，成就了诸如山本汉方、宇治茶、伊藤园、伊右卫门等知名国际茶品牌。

加拿大农业贸易情况如何？[①]

赵军华

加拿大是世界上领土第二大国家，也是全球农业生产大国和出口大国，其农产品出口在发展经济、解决就业方面发挥重要作用。

◆ 加拿大是世界前十大农产品出口国之一

加拿大拥有得天独厚的农业资源禀赋，三面环海，人均农业用地、水资源丰富。农场平均面积327.8公顷，具有显著规模效应。农业人口不足总人口的2%，淡水资源量世界第一，拥有世界最长海岸线，农业生产机械化、智能化程度高，保障了生产效率和产品品质的一致性，助其成为农业竞争力最强的国家之一。2012—2022年，加拿大农渔产品出口额增长76.9%，由308亿加元增加到545亿加元；进口额增长99.3%，从140亿加元增加到279亿加元；贸易顺差增长58.3%，由168亿加元扩大到266亿加元。

2021年加拿大是世界第八大农产品出口国，也是中国第七大进口来源国。加拿大主要出口市场是美国、中国、日本、墨西哥、韩国、意大利、印度尼西亚和孟加拉国。加拿大对中国出口额从2012年的47亿加元增加到2018年的91亿加元，2022年保持在82亿加元；进口额从2012年的3.1亿加元增加到2022年的5.9亿加元（表1）。

表1　2012—2022年加拿大农渔产品对外贸易额

单位：亿加元

对外贸易	2012年	2013年	2014年	2015年	2016年	2017年	2018年	2019年	2020年	2021年	2022年
出口额	308	326	363	389	383	391	400	382	440	480	545
进口额	140	149	169	185	193	195	203	213	215	237	279
进出口额	448	475	532	574	576	586	603	595	655	717	824

来源：加拿大统计局。

加拿大的生猪、油菜籽、菜籽粕、菜籽油和燕麦的出口量均居全球首位。2022年主要农产品出口得到恢复，小麦出口量2 500万吨，同比增长64.5%；

[①]　如无特殊说明，本文数据均来自联合国商品贸易统计数据库、加拿大农业和农业食品部、美国农业部。

油菜籽出口量 840 万吨，增长 58.5%；生猪出口量 651.5 万吨，下降 2.4%；菜籽粕出口量 495 万吨，增长 11.2%；大豆出口量 420 万吨，与 2021 年持平；菜籽油出口量 325 万吨，增长 14%；大麦出口量 280 万吨，增长 75%；燕麦出口量 190 万吨，增长 46.2%。

◆ 可持续发展理念为加拿大提供农业贸易发展动力

加拿大长期重视对土壤、水等农业资源的保护，并制定多年度农业政策框架对农业可持续发展给予投资支持。在 2023 年刚刚生效的农业政策框架《可持续的加拿大农业伙伴关系 2023—2028》中，加拿大预算投资较上一个五年计划增加 5 亿加元，总预算金额达到 35 亿加元，重点支持行业能力建设、气候变化与环境、科研和创新、市场开发与贸易、农业生产稳定与弹性五大领域，这五大领域相辅相成、相互支撑。其中：科研和创新是农业可持续发展的技术保障；对气候变化与环境领域的支持，将激励农民继续采取免耕、低碳、精准施肥等环境友好型农业生产技术，促进农业绿色可持续发展；市场开拓项目将对农业贸易发展直接产生促进作用。

◆ 优良育种技术及高组织化程度强化加拿大农业贸易发展优势

加拿大油籽、谷物等特定农产品育种及种植技术全球领先。19 世纪后期，加拿大成功培育生长期短且抗旱的小麦品种，迅速推进小麦产业发展，使小麦成为当地种植面积最大的农作物。据加拿大农业和农业食品部数据，2023 年加拿大小麦种植面积达 1 091.4 万公顷，预计产量 3 575 万吨，出口量 2 475 万吨，为出口量最大的大宗农产品。20 世纪 60 年代后期，加拿大农业和农业食品部与曼尼托巴大学成功培育适合加拿大西部农业主产区种植的双低油菜品种，油菜从此成为种植面积仅次于小麦、相关产品出口额最大的农产品。2023 年加拿大油菜种植面积 874 万公顷，预期油菜籽产量 1 840 万吨，出口量 880 万吨，是出口量第二大农作物。随着转基因、基因编辑等现代生物技术的运用，具有抗除草剂、抗旱、抗冻等优良性状的农作物新品种不断涌现，加拿大种植业结构持续优化，畜牧业稳步发展，人均粮食产量居世界第一。由于农业生产基础不断增强，加之农业贸促政策支持力度增大，加拿大农业贸易强国地位也得到了进一步巩固。

较高的农业产业组织化程度保持较强全链条、综合性竞争力。加拿大以家庭农场为农业发展主体，并拥有农业联合会、谷物委员会、油菜籽协会等众多行业组织。行业组织在推广先进农业生产技术、促进农产品出口、制定行业生产和发展规划、游说政府增加支持等方面发挥重要作用。例如，加拿大奶业协会长期宣传供给管理制度的优越性，在《美墨加自贸协定》、CPTPP 等生效后，争取到政府数十亿加元的国内市场损失补贴。同时加拿大农场主总体素质较好，大多能熟练运用现代农业科技和商业管理知识来制订农事活动计划，并根据农产品市场行情制定营销方案，与上下游企业、大学和研究单位、行业协会等保持良好合作关系，形成了较强的行业发展合力。

欧盟"零毁森林产品法案"有何启示？

邢晓荣

◆ 欧盟"零毁森林产品法案"规定了什么内容？

为推动解决欧洲和全球森林砍伐和退化问题，欧盟委员会于 2021 年提出了"零毁森林产品法案"，要求任何个人或企业不能在欧盟市场销售或者对欧盟出口涉及森林砍伐的产品，包括棕榈油、牛肉、大豆、咖啡、可可、木材、橡胶、木炭和印刷纸制品等。法案还要求经营者必须对范围内的产品和商品进行尽职调查，以确定它们不涉及森林砍伐并按照生产国的有关立法进行生产，否则将面临罚款、没收产品和收入等一系列惩罚措施。

根据欧盟委员会消息，"零毁森林产品法案"已获欧盟理事会和欧洲议会一致同意，2023 年 6 月 9 日欧盟官方正式发布了有关"零毁森林产品法案"公告，这意味着该法案将于 2024 年 12 月 9 日正式实施。

◆ 各方对此有何反应？

欧盟认为，农业的工业化发展是全球森林砍伐的驱动力。欧盟每年从世界各地进口的涉及森林砍伐产品价值超过 50 亿欧元，"零毁森林产品法案"的实施将有助于在全球范围内减少碳排放，而且对消费者价格几乎没有影响。欧盟委员会的一项影响评估认为，该法案每年将保护至少 71 920 公顷森林，大约是 10 万个足球场面积；将使全球碳排放量每年减少 3 190 万吨，大致相当于丹麦在 2021 年的碳排放量。欧盟还表示将与其他国家合作，提高它们的监管能力。

全球环保组织等对该法案表示欢迎。世界自然基金会则认为，欧盟大量进口是造成热带雨林被砍伐的主要原因。2017 年，全球 16％被摧毁的热带雨林都与欧盟的进口贸易有关，因为欧盟进口而遭到严重砍伐的森林主要位于巴西、印度尼西亚和巴拉圭等国家。

但是，普遍认为欧盟借该法案实施新的贸易保护主义。受该法案影响较大的巴西、印度尼西亚和哥伦比亚等有较大森林面积的生产国，以及科特迪瓦等非洲咖啡生产国认为，该法案将严重影响其最富竞争力的农产品出口。在WTO，印度尼西亚、泰国、巴西、阿根廷、厄瓜多尔、危地马拉、哥伦比亚、尼日利亚、科特迪瓦等认为，"零毁森林产品法案"实际上是在制造进口壁垒，将发展中成员农产品拒之门外。欧盟是巴西第二大农产品出口市场，2022 年巴西对欧盟出口农产品 255 亿美元，其中很大一部分是禁令所涵盖的产品，因此该禁令受到巴西农牧界严厉批评。印度尼西亚和马来西亚近期也表示，由于国内小型棕榈油生产商将受到该方案的打击，将推迟与欧盟的贸易谈判，以寻求更公平待遇。

◆ 法案对我国有何潜在影响？

"零毁森林产品法案"是全球首个通过贸易方式限制在砍伐林地上扩张农业用地、保护森林生态系统的法规。尽管各方对欧盟高举环境"大棒"限制发展中国家农产品出口，以及该法案在阻止森林砍伐上的实际作用等存在较大质疑，但无疑很难阻碍其付诸实施。该法案预计也将成为今后各国通过贸易政策推进环境保护等目标的重要参考。

就我国来讲，法案涉及的棕榈油、大豆、牛肉、橡胶以及未来可能纳入法案的玉米等，都是我国主要进口产品，受法案打击的国家巴西、阿根廷、乌拉圭、印度尼西亚等也是我国主要进口来源地。因而，从短期看，法案将在一定程度上影响这些国家产品对欧盟市场的出口，从而增强其对我国市场的依赖程度，有利于我国稳定进口来源。

也应注意到，我国在积极扩大进口、推动全球农产品贸易发展的同时，也招致了国际上的一些批评声音。部分环境保护组织认为，中国尽管自身在林业生态建设和全面提升森林质量方面取得了长足进步，但包括中国在内的全球日益增长的商品需求却加剧了亚马孙地区的为追求经济发展和扩大出口造成的森林砍伐和环境恶化。同时，气候变化问题作为全球性危机也正在推动传统农产品贸易模式、规则和政策设计发生变化，"粮食安全＋气候变化"问题成为WTO 农业讨论的热点。因此，我国作为全球第一大农产品进口国，宜以长远发展为目标，加强研究、政策创设和国际合作。一方面基于我国粮食安全和绿色发展双战略，不断丰富生产和贸易政策工具箱；另一方面积极参与国际规则制定，在推动全球农产品贸易规则平衡的同时，又能更好帮助各国应对气候变化和粮食安全等多重挑战。

印度茶叶出口贸易知多少?[①]

陈屿廷　李　莹

印度诗人泰戈尔曾在《茶舞》中描述印度民众喝茶的习俗与心情:"醒来吧,亲爱的,醒来吧,让我们跳起生命之舞,因为茶叶来拜访我们,我们必须用我们的快乐来纪念他们。"印度是全球第四大茶叶出口国家,茶叶出口量常年稳定在20万吨以上,占到国内产量的1/6,约占全球出口量的1/10。大吉岭、阿萨姆、尼尔吉里等茶品牌享誉全球,下面我们就来一起了解下飘香的印度茶。

◆ 印度茶产业概况

1833年,印度茶叶委员会派遣戈登(G. J. Gordon)从中国引进8万棵茶籽于加尔各塔植物园试种和繁殖,成苗后送往阿萨姆和大吉岭种植,印度茶叶大面积种植即始于此。茶叶是印度国民经济的重要支柱,印度全国22个邦均生产茶。茶叶产区主要分布在印度东北部,包括阿萨姆邦、特里普拉邦、达尔贡邦、梅加拉亚邦等地。此外,在南部的泰米尔纳德邦、喀拉拉邦和肯尼亚邦等地也有少量种植。其中,阿萨姆邦是印度最大的茶叶生产地,产量约占印度总产量的50%以上。印度是世界第一大红茶生产国,在世界四大高香红茶中,阿萨姆红茶和大吉岭红茶独占两席。印度饮茶方式也别具一格,有人喜欢在红茶中加入奶制品和砂糖制成"甜奶茶";有人喜欢在冲泡时加入姜、豆蔻、丁香、肉桂等香辛料,制成一杯"马萨拉茶"(Masala Chai),也称"印度香料茶"。

◆ 印度茶叶出口情况

近年来,尽管受新冠疫情影响,印度茶叶出口出现波动,但年出口量仍维持在20万吨以上水平,年均出口额超过7.5亿美元。2019年印度茶叶出口量达到峰值26.7万吨。在新冠疫情期间,受国际市场需求萎缩、国际物流运输受阻等因素影响,2020年印度茶叶出口量下降16.8%,2021年进一步降至20.6万吨。2022年,随着各国市场逐步开放,以及经济危机对主要出口国斯里兰卡的冲击,印度茶叶迎来新的增长,出口量恢复至24.2万吨,出口额达

---

① 如无特殊说明,本文数据均来自联合国商品贸易统计数据库。

到8.3亿美元（表1）。

表1　2018—2022年印度茶叶出口情况

年份	出口额（亿美元）	出口量（万吨）
2018年	8.2	27.0
2019年	8.7	26.7
2020年	7.5	21.8
2021年	7.5	20.6
2022年	8.3	24.2

印度主要茶叶出口品种以CTC茶（经压碎、撕裂、揉卷工艺制成的红碎茶）为主，该品类占到印度茶叶出口总量的80%以上。2022年，排名前五的出口市场依次为阿联酋、俄罗斯、伊朗、美国和英国，出口量分别为4.7万吨、4.4万吨、2.5万吨、1.4万吨和1.2万吨，合计占出口总量的58.9%；出口额分别约为16 763.3万美元、9 110.7万美元、8 571.2万美元、7 312.9万美元和4 664.5万美元，合计占出口总额的56.2%。值得关注的是，阿联酋对印度茶叶的进口需求持续增长，主要用于转口贸易及国内消费。2022年，阿联酋首次超过俄罗斯和伊朗，一跃成为印度第一大茶叶进口国（表2）。

表2　2018—2022年印度茶叶前五大出口国情况

出口国家	2018年		2019年		2020年		2021年		2022年	
	出口额（万美元）	出口量（万吨）	出口额（万美元）	出口量（万吨）	出口额（万美元）	出口量（万吨）	出口额（万美元）	出口量（万吨）	出口额（万美元）	出口量（万吨）
阿联酋	6 549.6	2.2	4 570.1	1.5	4 228.8	1.3	6 596.4	2.0	16 763.3	4.7
俄罗斯	11 196.8	4.9	10 553.2	4.6	8 756.0	3.7	8 491.2	3.5	9 110.7	4.4
伊朗	11 463.0	3.1	22 683.4	5.7	13 229.3	3.6	9 676.7	2.8	8 571.2	2.5
美国	5 852.8	1.4	6 396.5	1.4	7 426.1	1.5	8 332.2	1.4	7 312.9	1.4
英国	5 170.0	1.6	4 351.3	1.3	4 251.6	1.1	4 379.1	1.1	4 664.5	1.2

◆ 印度茶叶出口"三板斧"

茶叶是印度重要的创汇资源之一，印度政府采取各项措施有力保障印度茶出口贸易发展。

一是通过拍卖制度提升出口竞争力。印度建有完善的茶叶拍卖交易规则和管理制度，茶叶拍卖规模占到茶产量的一半以上，其中80%为外销。在印度政府指导和支持下，拍卖机制不仅有利于形成有竞争力的出口价格，而且成为其他交易方式茶叶价格的参照体系，促进茶叶市场健康发展。

二是成立专门机构统筹出口管理。印度政府成立印度茶叶局统一管理茶产业，该局积极推行自由竞争和对外开放的经济政策，努力争取外资，采取各种措施发展茶叶经济。同时，印度茶叶局还负责向符合生产规范的企业颁发代表高质量茶叶的"印度茶"专属标识，维护印度茶叶在国际市场上的优势地位。

三是打造国际品牌引领产业发展。阿萨姆、大吉岭和尼尔吉里是印度知名的红茶产区，以这三大产区为名的茶品牌在世界范围内声名鹊起，这与政府、行业协会和企业多年来在原产地保护、品牌行销以及国际推广方面的努力密不可分。印度在多国注册阿萨姆、大吉岭、尼尔吉里商标和原产地标志，并定期向俄罗斯、伊朗、美国等主要出口国派遣茶贸易代表团，在海外举办"印度茶节"（India Tea Festival），还将印度茶与瑜伽、阿育吠陀等相结合，打造独特的印度茶文化，不断丰富印度茶品牌内涵。

中国农产品贸易

"入世" 20 年我国农产品贸易
发生了哪些突出变化？[①]

杨海成

"入世"以来，我国农产品贸易规模高速增长，农产品市场愈加多元，产品结构更加多样，我国逐步成为全球农产品贸易大国。

◆ 贸易规模持续增长，地位显著提升

"入世"前的 1996—2000 年，我国农产品贸易额年均增速为 2%。"入世"后，我国农业高度开放，农产品关税大幅削减，市场准入门槛显著降低，同时面临的外部环境得到明显改善，享受到 WTO 其他成员给予的优惠关税和市场准入机会，我国农产品贸易进入快车道。2001—2020 年，我国农产品贸易额由 280 亿美元增至 2 468 亿美元，年均增长 12%。

2001 年"入世"时，我国农产品贸易额约占农业增加值的 15%。"入世"后，我国农产品贸易对农业的影响日益加深，2020 年我国农产品贸易额占农业增加值的比重升至 21%。大豆、肉类、植物油、食糖等大宗产品进口成为重要的供给来源。我国农业与世界的融合度逐渐增强，农产品贸易在国际市场中的份额不断提高。2001 年，我国农产品贸易额约占全球的 3%，2020 年提高至 8.5%，排名由第十一位上升至第二位，仅次于美国。

◆ 贸易顺差转为逆差，大宗农产品全面净进口

"入世"前，我国农产品出口常年高于进口，贸易基本保持顺差。"入世"后，我国农产品进口以高于出口的速度迅猛增长，贸易由顺差逐渐转为逆差。

---

① 如无特殊说明，本文数据均来自中国海关总署。

2001—2020 年，农产品进口额由 119 亿美元增至 1 708 亿美元，年均增长 15%；出口额由 161 亿美元增至 760 亿美元，年均增长 8.6%；贸易差额自 2004 年起由顺差转为逆差且逐年扩大。2004—2020 年，逆差由 47 亿美元增至 948 亿美元，年均增长 21%，高于同期进出口增速。

贸易逆差的背后是粮棉油糖等大宗农产品净进口激增。"入世"之初，我国大宗农产品中只有油籽、植物油和部分畜产品净进口规模较大。"入世"后，除原有这些产品净进口继续扩大外，谷物、棉花、食糖、肉类、乳制品等农产品也实现大规模净进口。20 年间，大豆净进口量由 1 000 余万吨增至 1 亿吨，食用植物油从 100 余万吨增至 1 000 余万吨，谷物由净出口 500 余万吨转为净进口 3 000 余万吨，其他大宗产品净进口也成倍增长。

◆ 贸易圈子不断扩大，产品结构愈发多样

"入世"前，我国属于没有融入世界贸易体系的"圈外人"，进出口市场虽然很多，但贸易集中度较高。2001 年，我国与 198 个国家和地区有农产品贸易往来，前十位贸易额占比达 70%，主要集中在东亚和美洲地区。"入世"后，我国农产品进出口市场更加多元，贸易集中度进一步降低。2020 年，我国农产品贸易伙伴增至 216 个国家和地区，前十位贸易额占比降至 58%，地域范围扩展至全球各地。

产品方面，"入世"前，特别是改革开放初期，我国农产品贸易侧重出口创汇和品种调剂，主要出口水产品、蔬菜、禽肉等产品，进口油籽、植物油、羊毛、生皮、冻鱼等产品。这些产品中，初级产品和原料型产品占比较高。"入世"后，农产品贸易的功能逐渐转向保障国内粮食安全、满足居民多样化消费需求和促进农民增收。水产品、蔬菜、水果等劳动密集型产品仍具比较优势，成为出口主导品种，但谷物、肉类等出口逐渐减少；进口结构中，油籽、谷物、植物油等原料型产品进口继续增加，而肉类、水果、乳制品、对虾、葡萄酒等直接消费品和深加工产品进口逐渐增多，品种也更加丰富。

◆ 市场主体日趋多元，出口示范效应更加突出

"入世"后，我国履行承诺，逐步开放外贸经营权，将管理制度由审批制转向备案登记制，同时取消外贸经营的门槛限制，扩大外贸经营者的范围。在外贸环境持续宽松的背景下，外贸经营主体的数量和类型不断扩大，涉农民营及外资企业数量和比例也大幅提升。

出口企业的不断壮大给产业和地区带来的示范作用越来越突出。"入世"后，农产品出口企业纷纷建立起一套与国际接轨的质量安全和标准控制体系参

与国际竞争。这些高于国内的标准和领先的技术体系为国内产业转型升级带来了良好的示范效应，同时出口企业集中的沿海地区为内陆省份提供了丰富的经验和借鉴，带动了其他地区贸易的发展。

农业国际贸易高质量发展基地"高"在哪儿？

刘淑慧

2021年5月，农业国际贸易高质量发展基地（简称国贸基地）建设正式启动，首批认定的115家国贸基地清单新鲜出炉。建设国贸基地也列入国务院《"十四五"推进农业农村现代化规划》。作为"十四五"农业农村国际合作规划重点工作，国贸基地究竟有哪些特点？它的高质量究竟"高"在哪里？下面带大家系统认识国贸基地。

总体而言，国贸基地的特点主要体现在"五高"，分别是产业集聚度高、生产标准高、出口附加值高、品牌认可度高和综合服务水平高。

◆ 产业集聚度高

作为农产品出口领域的"领头羊"，国贸基地首先具有出口规模大、产业集中度高的特点。根据2021年贸易数据，首批认定的115家国贸基地农产品出口额合计约68.5亿美元，再创新高，在全国农产品出口总额中占比达到8.1%，同比增速达14.1%，高于全国10.9%的平均水平，平均每个基地的年出口额将近6 000万美元。在"十四五"期间，将每年认定100家左右国贸基地，到2025年力争使所认定基地的每类产品年出口额占全国该类产品年出口总额的50%以上。

◆ 生产标准高

国贸基地企业均具备健全的质量管理体系，采用国际农产品标准指导生产加工过程，通过全程质量可追溯体系加强环节管控，配备专业技术人员开展质量管理。在国际国内认证认可上表现亮眼，大部分基地获得了ISO质量管理体系认证、HACCP食品安全保证体系认证、HALAL清真认证、欧美发达国家等国有机认证等；70%以上是国家级和省级农业产业化龙头企业，20%是国家级高新技术企业，不少还是本行业专精特新"小巨人"或"隐形冠军"企业，多数基地还参与了国际标准、国内标准、行业标准、团体标准等的制定。

◆ 出口附加值高

首批认定的国贸基地中六成以上是加工型基地或贸易型基地。加工型基地具有年加工能力强、自检自控能力强的特点，在生产加工过程中，不断引进先进设备，注重科技研发，紧抓技术创新，走产学研相结合的内涵式发展之路，企业核心竞争能力强，产品附加值高。贸易型基地通过供应链管理，整合物流、通关、金融保险、银行等资源，搭建跨境贸易供应链综合服务平台，为出口农产品提供增值服务。

◆ 品牌认可度高

80％以上国贸基地是各省份重点培育和推介的品牌，荣获中国驰名品牌、中国地理标志产品、出口名牌等品牌认可，注重自身特色文化品牌的挖掘和打造，在美国、欧盟、日本、韩国、东盟等国家和地区注册国际商标，品牌认可度高，在国际市场上拥有明显的竞争优势。2021年，农业农村部国际合作司委托中国贸促总会商事认证中心从研发创新能力、国际认证、市场认可、知识产权保护、全球化经营、信用体系、社会评价等方面对国贸基地开展出口商品品牌认定，共有114个商标获得认定。

◆ 综合服务水平高

多数国贸基地企业拥有自己的门户网站，建设跨境电商和海外仓平台，调动商会协会等资源渠道，不断拓宽海外市场。60％以上的基地主体在产业扶贫中发挥着龙头作用，通过"公司＋种养殖户"等经营模式，促进第一、二、三产业融合，辐射带动周边近百万户农民增收。疫情下，基地企业通过直接雇用农户、签订订单农业、产业链合作等多种模式联结种养殖户，促进了农民就地就业，提高了农民经营收益，带动了地方产业和经济发展。

为促进国贸基地建设，由农业农村部国际合作司主导牵头，农业贸易促进中心成立基地专班，2021年围绕开展国际认证认可、应用国际标准、打造国际品牌、提升出口产业链价值链、强化出口公共服务五大内容开展系列对口服务，包括：开展片区企业经验交流研讨及现场观摩活动；组织基地企业参与国际性线上线下展会，并设专场推介和专题培训；集中组织基地品牌认定，通过农业外交官和驻外机构扩大宣传；定期定向开展贸易信息推送等。

2021年国贸基地建设已经打开新局面，在带动提升农业国际贸易水平、实现农业贸易高质量发展上成效显著。2022年第二批国贸基地申报工作启动，针对基地企业需求的配套服务也同步开启。

出口食品前需了解哪些关键信息?

杨海成

在对外贸易中,为保障本国食品安全和动植物健康,各国均对进口食品采取严格的管理。相对于其他产品,企业出口食品遇到的门槛更多,标准更严格,有必要了解相关信息,做好相应准备。

◆ 企业是否具有出口资质?

企业若想从事出口业务,必须先取得外贸经营资质,即常说的"进出口权"。办理该资质需要以下条件:一是营业执照须包含"货物进出口"或"技术进出口"业务,如没有,应先去市场监管部门办理营业范围变更,增加此项业务;二是到商务部门办理对外贸易经营者备案登记;三是到海关部门办理"报关单位注册登记证书"(进出口货物收发货人),获得报关资质;四是到中国电子口岸办理入网手续,以便登录电子口岸办理各种业务;五是到外汇管理部门开立经常项目外汇账户,办理贸易外汇收支企业名录登记;六是到税务部门办理出口退税登记手续。

取得外贸经营资质后,企业具备了从事出口业务的基本资格,但想出口食品,须满足更多条件。如果企业是自营出口,即自己生产自己出口,须到海关部门办理出口食品生产企业备案。同时,如果生产以蔬菜、水产品等(具体品种参见国家质量监督检验检疫总局《关于公布实施备案管理出口食品原料品种目录的公告》)为主要加工原料的出口食品,原料必须来自经海关备案的种植场或养殖场。如果是代理出口食品,那么产品须来自经过出口食品生产企业备案的厂家。

◆ 产品可以出口到哪些市场?

企业获得出口资质后并不意味着可以将某种食品出口到任意国家或地区。大多数动物源性食品需要获得对方政府许可才能出口到该国(地区),个别植物源性食品也有同样要求。目前需要获得准入许可的食品有肉类(鸡肉、鸭肉、猪肉、羊肉、牛肉等)、肠衣、乳及乳制品、蛋及蛋制品、水产品等。需要注意的是,这些食品的范围是不断变化的。企业需要及时关注我国海关部门以及国外相关机构发布的信息,了解最新的规定。

此外,有些国家(地区)在准入某一类商品后,还要求出口企业获得该国

（地区）官方批准的企业注册资格，即我们通常说的"国外注册"资格。比如熟制禽肉出口日本，生产企业必须是日本官方批准注册的中国企业。目前，获取"国外注册"资格主要有两种途径：一是推荐注册，企业向国内海关部门提出申请，海关总署将符合条件的企业统一向对方国家（地区）推荐，对方批准后，企业即获得资格；二是企业自行到对方国家（地区）相关部门进行注册。

◆ 目标市场食品安全标准有哪些？

确定目标市场后，企业需要详细了解该市场关于食品安全方面的规定。不同国家（地区）食品安全标准不一，应注意国内外标准差异，尤其是农兽药残留、食品添加剂、包装等方面的区别，严格按照对方标准来生产。需要注意的是，国外食品安全标准变动频繁，企业应及时关注此类信息，并与进口商确认，根据新标准进行调整。

预制菜贸易为何有望成为农业新增长点？

李　楠　康骏璞

受新冠疫情影响，不少消费者就餐习惯发生改变，更多选择居家用餐，质优健康的预制菜成为堂食和外卖的重要替代，预制菜行业迎来高速发展期。作为拥有巨大产值潜力的新兴产业，预制菜有望全面提升农产品出口效益，带动从原材料生产到加工出口全产业链发展，为农业高质量发展添上浓墨重彩的一笔。

◆ 预制菜是什么？

目前，国内对预制菜并无标准定义。一般将以畜禽、水产、果蔬等原料配以各种辅料，经分切、搅拌、腌制、滚揉、成型、调味等预加工制成成品或半成品，经简易处理即可食用的便捷风味菜品称为预制菜。预制菜在国外市场已经非常成熟。20 世纪 40 年代预制菜在美国兴起，20 世纪 80 年代预制菜在日本、加拿大及部分欧洲国家逐渐风靡。经过数十年发展，美国、日本等国均培育出全球大型预制菜企业，如 Sysco、泰森、日冷等，预制菜在日本餐饮市场渗透率更是高达 60%。国外预制菜产品类别丰富，几乎涵盖所有食品及原材料，包括鲜冷冻肉、海鲜、家禽、果蔬等。数据显示，2020 年美国、日本预制菜市场规模分别为 454 亿美元、238.5 亿美元。

◆ 预制菜贸易前景如何？

数据显示，2021 年中国预制菜市场规模超过 3 000 亿元，专家预计未来 3~5 年将突破万亿元。出口方面，海外预制菜市场发育成熟，规模较大，需求旺盛，特别是可以同传统中餐有机结合，将经典中餐菜色打造成预制菜，可以顺利嫁接海外快餐行业的既有模式，借助国际市场对"中华料理"和"CHINESE FOOD"的广泛好感，带动预制菜产品大量外销，巨大的海外市场需求将推动农产品贸易发展。进口方面，在我国中等收入群体消费需求驱动下，预制菜也为国外更多美食走上大众餐桌创造了前所未有的机遇，极大丰富了人民群众的餐饮选择。

◆ 预制菜贸易对农业有什么影响？

一是提升出口农产品附加值。经过多道工序加工后的预制菜产品，其整体价格远高于单纯的蔬菜和肉蛋禽等初级农产品，融入中华饮食文化等元素后品牌附加值进一步增加，促进农产品出口效益稳步增长。

二是带动原材料标准化生产。预制菜贸易发展将对上游农产品及调味料等原材料产生巨大需求，直接刺激扩大原材料生产，同时引导原材料生产实现标准化，更好地适应预制菜工厂化生产。

三是推动减少食品安全问题。预制菜企业通过标准化、科技化、工厂化生产能有效把控从原材料到产品的质量、卫生、安全等问题，同时在对外贸易中为达到国外检验检疫要求，会采取更严格的措施，严守食品安全底线。

四是促进农产品精深加工业发展。与传统速食、速冻食品相比，预制菜对食材新鲜度要求更高、工艺更复杂、覆盖到较难储存的品类，对农产品精深加工业的科研及技术水平提出更高要求。预制菜贸易发展将有效驱动相关企业及科研院所开展研发创新，带动农产品加工业高质量发展。

新冠疫情以来我国农食产品贸易有哪些新特点？[①]

尤星宇　刘　兰

2020 年初，新冠病毒肆虐，迅速席卷全球，给各行各业带来了巨大影响。根据联合国公布的数据，2020 年全球货物贸易额同比下降 5.6%。但据中国海关数据，2020 年我国农产品贸易额为 2 468 亿美元，同比增长 8%。在新冠疫情影响下，我国农产品贸易不降反增，我国农食产品消费与贸易有哪些新特点？

◆ 便捷食品销售势头迅猛

近年来，随着生活节奏加快、消费结构升级，方便食品迎来了转型升级，新冠疫情更是加速了这一转型进程，使该行业呈现爆发式增长。

这次疫情中，不少国家要求国民尽量避免外出，居家隔离，使得具备独立包装、易烹调、保质期长等特点的便捷食品深受欢迎。

以即食火锅、即食粥、方便米饭为代表的自热速食最受市场追捧，方便快捷又兼顾营养与风味，能够满足消费者味蕾需求。前瞻产业研究所表示，2020年我国自热食品的市场规模达到 42 亿元。2020 年"双十一"自嗨锅的销售额破 10 亿元，同比增长 37.5%；开小灶系列自热米饭 2020 年度收益实现倍数增长，全年营收破 3 亿元，同比增长 628%。

谈到便捷食品，还不得不提到 2020 年度爆款产品——螺蛳粉。2020 年，柳州螺蛳粉销量出现井喷，袋装柳州螺蛳粉产销额达到 106 亿元，日产量最高达 325 万袋，较 2019 年增长 68.8%。别具风味的柳州螺蛳粉同样深受海外市场欢迎，产品远销海外 20 多个国家和地区，主要出口国家包括美国、加拿大、新加坡等，2020 年出口额是 2019 年出口额的 35 倍。

◆ 中国调味品的海外接受度提升

据艾媒咨询统计数据，2020 年中国调味品行业市场规模达到 3 950 亿元。疫情使餐饮消费的外食部分转向家庭烹饪，由此拉动了家庭用户对调味品的消费需求。

[①]　如无特殊说明，本文数据均来自中国海关总署。

对于全球消费者而言，居家自制餐食让调味品成为家庭刚需，这就给了中国调味品在海外市场大展拳脚的机会。根据阿里巴巴国际站的统计，2020 年 4 月中国调味品的日均独立访客数同比增长 96.5%。以涪陵榨菜、老干妈辣椒酱为代表的国内知名调味品备受海外市场的欢迎。据统计，2020 年老干妈辣椒酱销售收入 54 亿元，相比 2019 年增长超 3 亿元，同比增长 7%，出口 30 多个国家，主要有美国、泰国、菲律宾、印度等；2020 年涪陵榨菜营业收入 22.73 亿元、同比增长 14.2%，出口总额 2 380 万元、同比增长 54.3%，主要出口到日本、美国、韩国、加拿大、马来西亚等 50 多个国家和地区。可见，具有中国特色味道的调味品深受海外市场欢迎。

◆ 营养健康食品市场热度走高

随着新冠疫情席卷全球，人们对健康话题愈加关注和重视，具有营养健康、增强体质、预防疾病等特点的食品倍受欢迎。

首先，中国营养学会食品消费大数据显示，2020 年消费者在肉蛋奶、豆类食物上的消费，与 2019 年同期相比均有不同程度增长。例如，乳制品消费量增速达 8%，其中液态奶同比增加 16%，创近 15 年新高；有机豆类消费量同比增长 4~6 倍。

其次，保健食品消费也一路上扬。2020 年我国进口营养保健食品 48.1 亿美元、同比增长 23.9%，出口额 21.8 亿美元、同比增长 11%，均创历史新高。

另外，坚果这个被贴上健康标签的加工零食也迎来了行业风口。疫情暴发后，全球市场对坚果类食品的需求明显增加，根据中国海关数据，2020 年我国鲜、干水果及坚果出口金额达 68 亿美元，同比增长 14.7%。以洽洽食品为例，2020 年海外业务全年取得营业收入 4.71 亿元，同比增加 46.4%，占营业收入的比重从 6.7% 提升至 8.9%，产品远销泰国、日本、印度尼西亚、越南、美国、韩国等 40 多个国家和地区。可见，后疫情时代，坚果市场热度较高，相关产品需求强烈。

我国与"一带一路"合作伙伴
蔬菜贸易情况怎样？[①]

李蔚青

自 2015 年我国发布《推动共建丝绸之路经济带和 21 世纪海上丝绸之路的愿景与行动》以来，关于"一带一路"建设的相关规划和措施陆续发布并实施落地，我国与"一带一路"合作伙伴的经济贸易投资得到迅速发展，农产品贸易规模也在逐步扩大。蔬菜是我国对"一带一路"合作伙伴的主要出口产品之一，从发展趋势来看也有较大出口潜力。

◆ 蔬菜贸易总体情况

2021 年，我国与"一带一路"合作伙伴蔬菜贸易总额为 85.0 亿美元，比 2015 年增长 12.8%。其中：出口额 81.1 亿美元，增长 9.9%；进口额 3.9 亿美元，增长 1.5 倍。主要出口产品以鲜冷冻蔬菜为主，出口额占出口总额的 40.7%。

◆ 蔬菜贸易特点

（一）蔬菜贸易顺差额呈波动增长态势

2015—2021 年，我国与"一带一路"合作伙伴蔬菜贸易顺差额在 72 亿美元以上，其中 2016 年、2017 年、2019 年和 2021 年分别增长 7.2%、2.5%、7.0% 和 0.7%，2018 年和 2020 年分别下降 3.5% 和 6.5%，2021 年增至 77.1 亿美元，呈波动增长态势。

（二）蔬菜出口市场高度集中

我国与"一带一路"合作伙伴蔬菜贸易主要集中在亚洲，7 年间对亚洲出口额占对"一带一路"合作伙伴蔬菜出口总额的 81.3%。

2015—2021 年，前五大出口市场一直是越南、韩国、马来西亚、泰国和印度尼西亚，2021 年我国对该五大出口市场出口额合计 53.3 亿美元，占当年对"一带一路"合作伙伴蔬菜出口总额的 65.7%，较 2015 年增长 15.5%。前十大出口市场中，对菲律宾出口增长较快，对巴基斯坦、新加坡及沙特阿拉伯的出口则有所下降。

[①] 如无特殊说明，本文数据均来自全球贸易观察。

（三）出口品种以大蒜和蘑菇干为主，进口品种以胡椒和辣椒为主

2015—2021 年，我国共向"一带一路"合作伙伴出口蔬菜 560.4 亿美元，其中：出口大蒜 111.9 亿美元，占蔬菜出口总额的 20.0%；其次是蘑菇干，出口额为 62.2 亿美元，占 11.1%。

2015—2021 年，我国自"一带一路"合作伙伴进口蔬菜 19.2 亿美元，主要进口胡椒和辣椒等，其中：胡椒进口额为 2.7 亿美元，占蔬菜进口总额的 14.3%；辣椒进口额为 2.4 亿美元，占 12.7%。

◆ 未来发展趋势

共建"一带一路"为全球经济注入新活力。党的二十大报告指出，共建"一带一路"成为深受欢迎的国际公共产品和国际合作平台。自共建"一带一路"倡议提出以来，我国以自身高质量发展推动"一带一路"合作伙伴共同发展，不仅吸引越来越多国家积极参与进来，还使国家和地区间经贸合作不断走深走实，各方面都取得了卓越成就。

未来，为进一步推动经济复苏，各国仍将继续强化区域性经济合作以应对风险挑战，我国与"一带一路"合作伙伴的蔬菜贸易将得到进一步发展。

我国与"一带一路"合作伙伴茶叶贸易情况怎样？[①]

李蔚青

2013 年 9 月和 10 月，习近平先后提出了共建"丝绸之路经济带"和"21世纪海上丝绸之路"重大倡议。2015 年 3 月，我国发布《推动共建丝绸之路经济带和 21 世纪海上丝绸之路的愿景与行动》，随后为更好推动"一带一路"建设，又陆续发布了各项规划和措施，我国与共建国家经济贸易投资得到迅速发展，农产品贸易也快速发展。茶叶是我国出口优势农产品，近年来我国与"一带一路"合作伙伴之间的茶叶贸易发展迅速。

◆ 茶叶贸易总体情况

2019 年我国与"一带一路"合作伙伴茶叶贸易总额为 23.8 亿美元，比2015 年增长 48%。其中：出口额 21.7 亿美元，增长 46.1%；进口额 2.1 亿美元，增长 71.8%。

◆ 我国与"一带一路"合作伙伴茶叶贸易特点

（一）茶叶出口市场和进口来源地集中度较高

2015 年以来，我国的茶叶贸易伙伴全部为"一带一路"合作伙伴，主要集中在亚洲和非洲，2019 年与两洲"一带一路"合作伙伴的茶叶贸易额占我国茶叶贸易总额的 55.6%。其中，对两洲出口额占茶叶出口总额的 56.6%，自两洲进口额占比为 44.2%。

非洲。2019 年，我国与非洲茶叶贸易额占茶叶贸易总额的 28.6%。主要出口到摩洛哥、多哥、塞内加尔、加纳和毛里塔尼亚，2019 年对 5 国出口额为 4.9 亿美元，比 2015 年增长 7%；主要从肯尼亚和布隆迪进口茶叶，2019年进口额为 718.7 万美元，比 2015 年增加 1.6 倍。

亚洲。2019 年，我国与亚洲茶叶贸易额占茶叶贸易总额的 27%。主要出口到越南、马来西亚、缅甸、泰国和乌兹别克斯坦，2019 年对 5 国出口额为4.38 亿美元，占茶叶出口总额的 20.1%；主要从斯里兰卡和印度尼西亚进口茶叶，2019 年自两国进口额为 700.5 万美元，比 2015 年增长 55.9%。

---

① 如无特殊说明，本文数据均来自中国海关总署。

大洋洲。主要进出口国家为新西兰，出口额逐年下降，由 2015 年的 219.6 万美元降至 2019 年的 66.2 万美元；进口额先增后降，2019 年进口额为 25.9 万美元。

欧洲。主要出口到俄罗斯、波兰、乌克兰和意大利，2019 年对 4 国出口额合计 662.2 万美元，比 2015 年增长 36.1%；主要从波兰进口茶叶，2019 年进口额为 375.4 万美元，增长 67.9%。

（二）我国对"一带一路"合作伙伴茶叶贸易一直保持顺差且顺差额呈增长态势

2015—2019 年，我国对"一带一路"合作伙伴茶叶贸易顺差额在 13 亿美元以上，2019 年增至 19.7 亿美元（表 1）。

表 1　我国对"一带一路"合作伙伴茶叶贸易顺差额

金额	2015 年 （亿美元）	2016 年 （亿美元）	2017 年 （亿美元）	2018 年 （亿美元）	2019 年 （亿美元）
顺差额	13.7	14.8	15.6	17.0	19.7

（三）出口品种以绿茶为主，进口以红茶为主

2015—2019 年，我国共向"一带一路"合作伙伴出口茶叶 89 亿美元，其中：绿茶出口额为 45.9 亿美元，占茶叶出口总额的 51.5%；其次是乌龙茶，出口额为 17.5 亿美元，占 19.7%。

2015—2019 年，我国自"一带一路"合作伙伴进口茶叶 8.2 亿美元，其中：红茶进口额为 3.9 亿美元，占茶叶进口总额的 47.7%；其次为乌龙茶，进口额为 1.2 亿美元，占 14.5%。

◆ 未来发展趋势

近年来，共建"一带一路"倡议得到越来越多共建国家积极推进，中国文化以及茶叶的保健作用也越来越被人们认可，未来我国与共建国家的茶叶贸易有望得到进一步发展。

目前，随着新冠疫情得到有效控制，许多国家在积极推动经济复苏，市场对贸易投资环境担忧将减轻，茶叶贸易也将逐步恢复增长。

俄乌冲突后我国与双方农产品贸易如何？①

马景源

俄罗斯与乌克兰均为重要的粮食产地。2021 年，俄罗斯是我国第二大水产品进口来源地，乌克兰是我国第一大饼粕、第二大谷物进口来源地。2022 年 2 月 24 日，俄乌双方发生军事冲突，这对我国与双方农产品贸易有何影响？

◆ 2022 年 3—5 月我国自俄罗斯农产品进口额同比增长 5.2%

2022 年 3—5 月我国自俄罗斯进口农产品 12.7 亿美元，同比增长 5.2%。其中：3 月进口额 3.6 亿美元，同比增长 12.7%；4 月进口额 3.8 亿美元，同比下降 16.2%；5 月进口额 5.3 亿美元，同比增长 21.3%。冲突发生后，2022 年 3—5 月我国自俄罗斯农产品进口额同比增速放缓，其中 4 月受冲突影响最大，进口同比下降（表1）。

表1　2022 年我国自俄罗斯进口农产品情况

时间	进口额（亿美元）	同比（%）
2 月	3.5	44.7
3 月	3.6	12.7
4 月	3.8	−16.2
5 月	5.3	21.3
3—5 月合计	12.7	5.2

2022 年 3—5 月，我国自俄罗斯进口的主要农产品为水产品、植物油、油籽、畜产品、坚果，进口额分别为 6.2 亿美元、2.3 亿美元、2.0 亿美元、1.1 亿美元、3 240.7 万美元。其中，水产品、油籽、畜产品、坚果同比分别增长 21.2%、28.5%、19.1%、1.6 倍，植物油同比下降 35.8%。

◆ 2022 年 3—5 月我国对俄罗斯农产品出口额同比增长 0.3%

2022 年 3—5 月我国对俄罗斯出口农产品 4.2 亿美元，同比增长 0.3%。其中：3 月出口额 1.0 亿美元，同比下降 14.9%；4 月出口额 1.5 亿美元，同

---

① 如无特殊说明，本文数据均来自中国海关总署。

比增长 4.9%；5 月出口额 1.7 亿美元，同比增长 7.9%。冲突发生后，我国对俄罗斯农产品出口同比增速大幅下滑，3 月份尤甚，4 月、5 月有所回升（表 2）。

表 2　2022 年我国对俄罗斯出口农产品情况

时间	出口额（亿美元）	同比（%）
2 月	1.5	37.6
3 月	1.0	−14.9
4 月	1.5	4.9
5 月	1.7	7.9
3—5 月合计	4.2	0.3

2022 年 3—5 月，我国对俄罗斯出口的主要农产品为蔬菜、水产品、水果、油籽、饮品，出口额分别为 1.2 亿美元、4 128.9 万美元、3 551.2 万美元、2 411.4 万美元、1 618.4 万美元。其中蔬菜、水产品、水果同比分别下降 9.1%、55.5%、22.1%，油籽、饮品分别增长 1.3 倍、19.9%。

◆ 2022 年 3—5 月我国自乌克兰农产品进口额同比下降 33.9%

2022 年 3—5 月我国自乌克兰进口农产品 8.9 亿美元，同比下降 33.9%。其中：3 月进口额 5.9 亿美元，同比增长 29.3%；4 月进口额 2.5 亿美元，同比下降 33.0%；5 月进口额 0.5 亿美元，同比下降 90.9%。冲突发生后，我国自乌克兰农产品进口额下降超过三成，呈逐月下降趋势（表 3）。

表 3　2022 年我国自乌克兰进口农产品情况

时间	进口额（亿美元）	同比（%）
2 月	5.0	43.4
3 月	5.9	29.3
4 月	2.5	−33.0
5 月	0.5	−90.9
3—5 月合计	8.9	−33.9

2022 年 3—5 月，我国自乌克兰进口的主要农产品为粮食（谷物）、饼粕、植物油、油籽、畜产品，进口额分别为 6.9 亿美元、1.1 亿美元、4 635.8 万美元、2 124.8 万美元、1 031.8 万美元。其中，粮食（谷物）、饼粕、植物油、畜产品同比分别下降 16.8%、52.1%、80.4%、36.5%，油籽同比增长 36.9%。

◆ 2022 年 3—5 月我国对乌克兰农产品出口额同比下降 79.4%

2022 年 3—5 月我国对乌克兰出口农产品 1 124 万美元，同比下降79.4%。其中：3 月出口额 359.8 万美元，同比下降 78.7%；4 月出口额336.0 万美元，同比下降 84.2%；5 月出口额 428.3 万美元，同比下降74.0%。冲突发生后，我国对乌克兰农产品出口大幅下降，下降近八成（表 4）。

表 4   2022 年我国对乌克兰出口农产品情况

时间	出口额（亿美元）	同比（%）
2 月	1 593.9	31.7
3 月	359.8	−78.7
4 月	336.0	−84.2
5 月	428.3	−74.0
3—5 月合计	1 124.1	−79.4

2022 年 3—5 月，我国对乌克兰出口的主要农产品为畜产品、蔬菜、饮品，出口额分别为 84.4 万美元、54.9 万美元、45.3 万美元。其中，畜产品增长 1.5 倍，蔬菜、饮品同比分别下降 82.2%、71.9%。

我国自俄罗斯和乌克兰进口什么农产品？[①]

吴 薇

2022 年 2 月 24 日，俄罗斯和乌克兰爆发军事冲突，引起国际社会高度关注。俄乌既是全球重要的农产品生产国和出口国，也是中国农产品重要进口来源国。那么，中国从俄罗斯和乌克兰都进口哪些农产品？

◆ 俄罗斯和乌克兰是世界"粮仓"，粮油和化肥出口能力举足轻重

俄罗斯和乌克兰在世界粮油生产、贸易、流通以及化肥等农资供应中占据重要地位。联合国贸易数据库显示，2020 年两国小麦和大麦出口均接近世界出口总量的 3/10，玉米出口约占全球的 1/6。俄罗斯小麦出口居世界第一、大麦出口居世界第三、玉米出口居世界第九，主要出口土耳其、埃及和沙特阿拉伯等国；乌克兰大麦出口居世界第二、玉米出口居世界第四、小麦出口居世界第五，主要出口中国、埃及和印度尼西亚等国。

俄乌两国葵花籽、葵花籽油出口量分别占世界出口总量的 1/5 和 2/3，油菜籽、菜籽油出口量分别占世界出口总量的 1/8 和 1/10。此外，俄罗斯还是全球最大的氮肥出口国、第二大钾肥出口国和第三大磷肥出口国，化肥出口量占全球的 1/5。

◆ 乌克兰是中国谷物、油脂和油粕的主要进口来源国，中国自乌克兰农产品进口快速增长

2017—2021 年，中国自乌克兰农产品进口快速增长，进口额从 11.3 亿美元增至 52.4 亿美元，年均增长率达 46.7％。目前乌克兰是中国第十大农产品进口来源国，中国主要自其进口玉米、大麦和葵花籽油粕。

2017—2021 年，中国自乌克兰谷物进口量从 267 万吨增至 1 145 万吨，占谷物进口总量的比重从 10.4％增至 17.5％，2019 年占比达 28.9％。其中，玉米从 182 万吨增至 823 万吨，乌克兰长期是中国玉米主要进口来源国，2019年占玉米进口总量的比重高达 86.3％，近两年随着中国自美国玉米进口增加，自乌克兰进口玉米占比逐步下降，2021 年仅为 29％；大麦从 79 万吨增至 321万吨，占比从 8.9％增至 25.8％（图 1）。

[①] 如无特殊说明，本文数据均来自联合国贸易数据、中国海关总署。

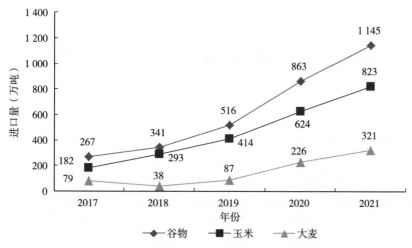

图 1　2017—2021 年中国自乌克兰谷物进口量

中国自乌克兰油料产品进口以葵花籽油和葵花籽粕为主。2017—2021 年，葵花籽油进口从 58 万吨增至 89 万吨，占葵花籽油进口总量的比重保持在 70% 左右。中国从 2018 年开始自乌克兰进口葵花籽粕，进口量 38 万吨，2021 年增至 201 万吨，占比从 97.5% 降至 88.3%。

◆ 俄罗斯是中国水产品、油脂和化肥的主要进口来源国，未来中国自俄罗斯进口将进一步扩大

2017—2021 年，中国自俄罗斯农产品进口额持续增长，进口额从 21.3 亿美元增至 42.9 亿美元，年均增长 19.1%，目前俄罗斯是中国第十二大进口来源国，中国主要自其进口鱼蟹、葵花籽油、菜籽油和豆油以及钾肥。

2021 年，中国自俄罗斯进口水产品 20.2 亿美元，同比增长 3.2%，占水产品进口总额的一成。其中鱼类和螃蟹进口额分别为 10.6 亿美元和 6.7 亿美元，占鱼类和螃蟹进口总量的两成和近五成。葵花籽油、菜籽油和豆油分别进口 36 万吨、34 万吨和 16 万吨，分别接近葵花籽油、菜籽油和豆油进口量的 3/10、1/6 和 1/7。此外，中国是钾肥消费大国，对外依存度较高，2021 年自俄罗斯进口 230 万吨，约占钾肥进口总量的三成。

目前中国自俄罗斯进口谷物较少，2021 年仅 30 万吨，占谷物进口总量的比重不足 1%，小麦、玉米和大麦进口量均在 10 万吨左右。2 月 24 日，中国海关总署发布公告称，根据《俄罗斯输华小麦植物检疫要求议定书》补充条款，允许俄罗斯全境小麦进口，未来中国自俄罗斯谷物进口将进一步扩大。

我国自俄罗斯油脂油料进口情况如何？[①]

秦韶聪

油脂油料是我国农产品进口中最主要的品类之一，2022 年油脂油料进口额约占农产品进口总额的 1/3。俄罗斯是我国油脂油料主要进口来源地之一。近年来我国自俄罗斯油脂油料进口实现较快增长，未来仍有较大潜力。

2017—2022 年，我国自俄罗斯植物油进口量由 27 万吨增至 84 万吨，年均增长 26%，增速在所有来源地中位列第一，占我国植物油进口比重由 3% 增至 10%。目前，俄罗斯已成为我国植物油第三大进口来源地。

我国自俄罗斯进口的植物油主要有葵花籽油、菜籽油和豆油。葵花籽油是我国自俄罗斯进口量最大的植物油，2017—2022 年年均进口 33 万吨，占我国葵花籽油进口总量的 30%，2017—2020 年进口量年均增长 83%，2021 年和 2022 年有所下降。菜籽油是近 5 年我国自俄罗斯进口增长最快的植物油品种，进口量实现连续增长，年均增长达 95%，年均进口 23 万吨，占我国菜籽油进口总量的 15%。豆油是我国自俄罗斯进口最稳定的植物油，2017—2021 年豆油进口量年均增长 5%，但 2022 年有明显下降，进口量同比减少 58%，年均进口 16 万吨，占我国豆油进口总量的 22%。

俄罗斯也是我国油籽进口的重要来源地，2017—2022 年我国自俄罗斯年均进口油籽 102 万吨，年均增长 14%。其中：2018—2020 年的进口量均在 110 万吨以上，2021 年下降至 88 万吨后，2022 年达到 120 万吨的新高点，同比增长 37%。我国自俄罗斯进口的油籽主要有大豆、油菜籽、亚麻籽和葵花籽。大豆是我国自俄罗斯进口量最大的油籽，2017—2022 年年均进口 67 万吨，但占我国大豆进口总量的比重不足 1%。油菜籽是我国自俄罗斯进口量最稳定的油籽，近 5 年年均进口 16 万吨，年均增长 2.2%，占我国油菜籽进口总量的 5%。亚麻籽和葵花籽是 5 年间我国自俄罗斯进口增长较快的品种，年均增速分别达到 53% 和 45%。2017 年我国自俄罗斯进口亚麻籽仅 5 万吨，2022 年增加至 43 万吨，较 2021 年增长一倍多。俄罗斯是我国亚麻籽第一大进口来源地，2022 年占我国亚麻籽进口总量的七成。2017—2022 年我国自俄罗斯葵花籽年进口量由 351 吨增长至 2 264 吨，占我国葵花籽进口总量的 9%。

俄罗斯是全球最具潜力的油脂油料生产国和出口国之一，我国自俄罗斯油

---

① 如无特殊说明，本文数据均来自中国海关总署。

脂油料进口仍有较大空间。2022 年我国自俄罗斯进口菜籽油 43 万吨，同比增长 116%；亚麻籽也延续了 2021 年的上涨态势，进口量同比增加 1.2 倍；大豆进口量则在连续 3 年下降之后呈现增长。

2023 年 3 月，中俄两国元首共同签署联合声明，提到深化农产品贸易合作、拓展农业领域投资合作。油脂油料作为中俄农产品贸易的重要品类，发展前景广阔。

我国与斯里兰卡的农产品贸易现状如何？[①]

赵可轩

新冠疫情和乌克兰危机升级等因素导致全球粮食和能源价格不断上涨，使得斯里兰卡粮食等出现严重短缺，价格大幅上涨，经济濒临崩溃。从双边农业合作来看，中国与斯里兰卡（简称中斯）的农产品贸易现状如何呢？

◆ 中国是斯里兰卡第五大农产品贸易伙伴

2021年斯里兰卡前五大农产品贸易伙伴分别是印度、美国、澳大利亚、新西兰和中国。中斯两国的农产品贸易额为2.6亿美元，占斯里兰卡农产品贸易总额的4%。其中：斯里兰卡对中国出口为1.2亿美元，占斯里兰卡农产品出口额的3.3%；斯里兰卡自中国进口为1.4亿美元，占斯里兰卡农产品进口额的4.9%。

◆ 斯里兰卡在中国农产品贸易中占比较少

2021年，中斯农产品贸易额占中国农产品贸易总额不足千分之一，在中国农产品贸易伙伴中排第六十八位。中国对斯里兰卡农产品出口波动较大而进口稳步上升。2011—2021年，中国对斯里兰卡的农产品出口额呈现大幅度波动，出口额由2011年的1.1亿美元大幅提升至2015年的2.8亿美元，随后又降至2021年的1.4亿美元。而中国自斯里兰卡农产品进口额基本呈稳定上升态势，由2011年的5 612万美元上升至2021年的1.2亿美元，年均增速约为7.9%（图1）。

◆ 中国对斯里兰卡出口农产品主要是水产品和蔬菜

2021年，中国对斯里兰卡水产品出口额为5 316万美元，占中国对斯里兰卡农产品出口额的38.2%。水产品以制作或冷藏的鲭鱼、冻鲭鱼为主，出口额分别为1 441万美元和1 092万美元，分别占水产品出口额的27.1%和20.6%。中国对斯里兰卡蔬菜出口额为3 897万美元，占中国对斯里兰卡农产品出口额的28.0%。蔬菜以大蒜为主，出口额为3 349万美元，占蔬菜出口额的86.0%。

---

① 如无特殊说明，本文数据均来自全球贸易观察。

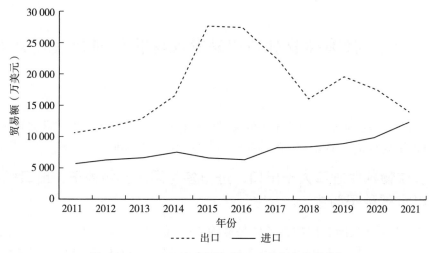

图 1　2011—2021 年中国与斯里兰卡农产品贸易额

◆ 中国自斯里兰卡进口农产品主要是茶叶和植物纤维

2021 年，中国自斯里兰卡饮品类进口额为 7 784 万美元，占中国自斯里兰卡农产品进口额的 62.5%。斯里兰卡盛产世界三大红茶中的锡兰红茶，中国自斯里兰卡进口的锡兰红茶及其他部分发酵茶进口额为 7 478 万美元，占饮品类的 96.1%。中国自斯里兰卡棉麻丝进口额为 1 768 万美元，占中国自斯里兰卡农产品进口额的 14.2%，棉麻丝中全部为生的或经加工但未纺椰壳纤维。

我国种业对外贸易发展现状如何？[①]

韩振国

当前，我国正处于种业振兴的关键时期，对外贸易是种业发展获得资源和市场的重要渠道。那么，我国种业对外贸易发展现状如何？

◆ 农作物种业进口大于出口，进口多为园艺作物种子，出口优势以水稻种子为主

2021 年，我国农作物种子贸易额为 10.1 亿美元，较 2011 年（5.6 亿美元）翻了近一番。其中：进口 6.8 亿美元，主要品种包括蔬菜种子（2.4 亿美元，占比 35.3%）、饲料饲草种子（1.6 亿美元，占比 23.5%）、种用花卉及种子（1.5 亿美元，占比 22.1%），以园艺作物为主，部分蔬菜品种如胡萝卜、菠菜、洋葱、高端品种番茄以及甜菜和黑麦草等种子的进口依赖度超 90%；出口 3.3 亿美元，主要品种包括蔬菜种子（1.1 亿美元，占比 33.3%）、水稻种子（9 510 万美元，占比 28.8%）、种用苗木（4 604 万美元，占比 14%），水稻种子为自主优势品种，出口约 40 个国家和地区，其他多为外繁品种。

从贸易伙伴看，我国主要进口来源地为美国（以饲草和蔬菜种子为主）、荷兰（以种用花卉为主）、日本（以蔬菜和草本花卉种子为主）、智利（以蔬菜种子为主）、丹麦（以蔬菜和饲草种子为主）和泰国（以蔬菜种子为主），主要出口市场为荷兰（以蔬菜种子和种用苗木为主）、巴基斯坦（以水稻种子为主）、菲律宾（以水稻种子为主）、美国（以蔬菜种子和种用苗木为主）、韩国（以蔬菜种子为主）、越南（以水稻种子为主）和日本（以蔬菜种子为主）。

◆ 畜禽种业进口多出口少，牛、猪、鸡种源引进较多，出口主要为特色蚕种

2021 年，我国种畜禽贸易额为 4 亿美元，较 2011 年（1 亿美元）增长 3 倍。其中：进口额 3.9 亿美元，主要品种包括种用牛（2 亿美元，占比 50%）、牛精液（0.8 亿美元，占比 20.7%）、种用猪（0.6 亿美元，占比 14.6%）、种用鸡（0.4 亿美元，占比 10.3%），白羽肉鸡祖代、优质种牛及精液、瘦肉型种猪从国外引进较多，我国于 2021 年实现自主培育白羽肉鸡新品种，打破完

① 如无特殊说明，本文数据均来自联合国商品贸易统计数据库。

全依靠进口的局面；出口额 506 万美元，主要品种为蚕种（330 万美元，占比 65.3%），还有少量孵化用鸡蛋（109 万美元，占比 21.5%）。

从贸易伙伴看，我国主要进口来源地为美国（以牛精液和种用鸡为主）、新西兰（以种用牛和鸡为主）、澳大利亚（以种用牛为主）、乌拉圭（以种用牛为主）、丹麦（以种用猪为主）和法国（以种用猪为主），主要出口市场为乌兹别克斯坦（以蚕种为主）、韩国（以孵化用鸡蛋为主）和土库曼斯坦（以蚕种为主）。

◆ 水产种业进出口相对平衡，进口集中在鳗鱼和虾类种苗，鱼、贝类种苗为主要出口品种

2021 年，我国水产种苗贸易额为 1.3 亿美元，较 2011 年（4 337 万美元）增长近 2 倍。其中：进口 8 029 万美元，主要品种包括鳗鱼苗（5 330 万美元，占比 66.4%）、小虾及对虾种苗（2 466 万美元，占比 30.7%），鳗鱼人工育苗为世界性难题，养殖多靠引进，我国虾苗育种已实现从"跟跑"到"并跑"，对外依赖度正逐步降低；出口 4 648 万美元，主要品种包括其他鱼苗（2 983 万美元，占比 64.2%）、鳗鱼苗（793 万美元，占比 17.1%）和蛤、鸟蛤及舟贝种苗（677 万美元，占比 14.6%），我国水产种业处于领先地位，出口潜力较大。

从贸易伙伴看，我国主要进口来源地为中国香港（以鳗鱼苗为主）、泰国（以小虾及对虾种苗为主）和美国（以小虾及对虾种苗为主），主要出口市场为日本（以其他鱼苗为主）和韩国（以蛤、鸟蛤及舟贝种苗和鳗鱼苗为主）。

我国油菜籽生产与贸易知多少?[①]

刘丽佳

油菜是我国具有传统优势的重要油料作物,其种植历史悠久,分布广泛。油菜具有耐湿性强、成熟期早于小麦、落花叶可肥田等特征,适合在长江流域以"油—稻、油—稻—稻"的方式与水稻轮作,以此提高耕地利用率,促进粮油丰收。油菜产出的油菜籽主要满足我国居民食用、化工业和畜牧养殖需求,每吨油菜籽可产出 400 千克左右菜籽油和 600 千克菜籽粕。近年来,我国不断调整优化种植结构,油菜等大宗粮油作物种植区域分布更加合理,面积进一步扩大,粮油供应未来发展趋势良好。

◆ 我国油菜籽生产和消费长期居世界前列

我国是全球重要的油料生产和消费大国。1980—2000 年,油菜籽产量由 240 万吨增至 1 138 万吨,年均增长 8%。但近 20 年来我国油菜籽产业发展趋缓,2001—2021 年油菜籽产量由 1 133 万吨增至 1 471 万吨,年均增速仅为 1.3%。尽管如此,我国油菜籽产量仍居世界前列,2011 年以来产量仅次于加拿大居世界第二位,其中 2012 年、2021 年居世界第一位。

◆ 我国是全球最大的油菜籽进口国且进口来源地高度集中

据海关统计,2001 年我国油菜籽进口量为 172 万吨,2014 年增至 508 万吨、占全球贸易量的 31.4%。2016—2020 年,各年度进口量分别为 357 万吨、475 万吨、476 万吨、274 万吨和 311 万吨,仍保持高位。

加拿大是我国油菜籽最大进口来源国。2021 年我国油菜籽进口量为 265 万吨,其中自加拿大进口 244 万吨、占进口总量的 92.1%。2022 年国际市场食用油籽与食用植物油价格走高,且国内餐饮消费需求下降,我国油菜籽进口随之继续大幅下降,但进口集中度继续上升。2022 年我国油菜籽进口量为 196 万吨,自加拿大进口油菜籽量占油菜籽总进口量的 95.3%。

◆ 油菜产业未来发展趋势良好

2022 年中央 1 号文件首次提出大力实施大豆和油料产能提升工程,鼓励

在长江流域开发冬闲田扩种油菜。《"十四五"全国种植业发展规划》提出，到 2025 年全国油菜种植面积上升至 1.2 亿亩*的目标（对应油菜籽产量达到 1 800万吨）。我国油菜产业将迎来发展新机遇。

---

* 亩为非法定计量单位，1 亩≈0.067 公顷。——编者注

当前我国大蒜贸易知多少？[①]

赵 政

两千多年前，张骞出使西域，将大蒜带回中国，深受百姓欢迎，民间开始培育种植大蒜。大蒜不仅是常见的食用蔬菜、调味品，还具有解毒、消肿、止痢等药用功效。如今中国已成为全球最大的大蒜生产国，2020 年大蒜产量为 2 075.7 万吨，占全球总产量的 74.0%。

◆ 当前中国大蒜的出口情况如何？

（一）中国目前是全球最大的大蒜类产品出口国

中国出口大蒜类产品主要包括大蒜、大蒜干及加工蒜片等初加工产品，精深加工产品较少。2021 年，中国大蒜类产品出口量 216 万吨，其中：大蒜出口量 191.6 万吨，占全球出口总量的 71.1%；大蒜干出口量 23.0 万吨，占全球出口总量的 78.8%；加工蒜片出口量 1.4 万吨，占全球出口总量的 66.7%。

（二）中国大蒜主要出口到东南亚国家

2021 年中国大蒜出口前五大市场分别为印度尼西亚、越南、马来西亚、菲律宾和泰国。其中：出口印度尼西亚 56.3 万吨，占出口总量的 29.4%；出口越南 22.9 万吨，占出口总量的 12.0%；出口马来西亚 14.1 万吨，占出口总量的 7.4%；出口菲律宾 9.1 万吨，占出口总量的 4.7%；出口泰国 8.1 万吨，占出口总量的 4.2%（图 1）。

（三）大蒜是中国最具出口创汇能力的单项农产品之一

2021 年，中国大蒜类产品出口创汇 26.6 亿美元。作为我国大蒜的主产区和出口地区，山东金乡、河南杞县、江苏邳州将大蒜产业视为农村人口增收致富的重要渠道。其中，作为最大产区的山东金乡带动周边地区种植大蒜超过 200 万亩，金乡大蒜全产业链产值达到 403.3 亿元，为当地农民提供 12.4 万个岗位，人均增收 3 400 元。

◆ 中国大蒜面临的主要问题是什么？

一是国际定价话语权缺失。中国大蒜资源丰富，出口的定价权却掌握在外国进口商手中，出口价格显著低于世界大蒜平均出口价格。由此看来，中国还

---

① 如无特殊说明，本文数据均来自中国海关总署。

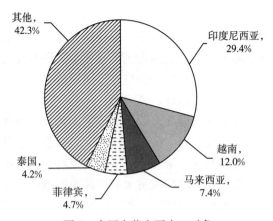

图 1　中国大蒜主要出口对象

没有完全将丰富的大蒜资源转化为市场优势。中国大蒜出口企业产能分散，议价能力薄弱，无法形成统一价格。同时，部分企业压低价格开拓市场，存在一定的恶性竞争（图2）。

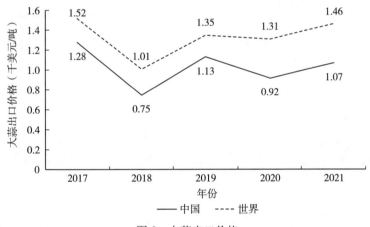

图 2　大蒜出口价格

二是出口产品附加值低。中国大蒜产品以原料和初级加工产品为主，大蒜加工主要是保鲜大蒜、蒜片、脱水大蒜制品、腌制产品等大蒜初级加工产品，大蒜加工链过于简单，科技含量、附加值、副产物利用率低。大蒜油、大蒜素等精深加工产品所占比例低，生物制药、保健食品和化妆品的深加工领域几乎没有涉及，因此无法在国际市场中占据竞争优势。

◆ 如何将大蒜的资源优势转化为经济优势？

提高大蒜出口价格，带动农民增加收入，对于实现产业兴旺、推进乡村振兴具有重要意义。

一是建立权威统一的信息发布体系。加快建设覆盖全产业链的大蒜大数据发布平台，建立以市场为核心的大蒜市场信息搜集、研判和发布机制，根据实际供求情况，发布大蒜产品出口参考价格，形成对外合力，提升企业利润，增强我国大蒜产业在国际上的话语权、竞争力。

二是充分挖掘大蒜潜在价值。大蒜具有丰富的营养价值和药用价值，大蒜素、大蒜油、脱臭蒜素保健饮料、大蒜多糖、大蒜胶囊、发酵黑蒜等功能性食品是大蒜精深加工的发展方向。增强大蒜精深加工技术创新能力，拉长产业链条，提升大蒜产品附加值，推动高质量大蒜产品走向世界。

我国牛肉进口格局及前景如何?

李 楠

我国是世界牛肉生产消费大国。据国家统计局数据,全国牛肉产量从2013年的613.1万吨增至2020年的672万吨,年均增速1.5%。与此同时,人均牛肉消费量每年以超过6%的速度增长。在此情况下,进口成为平衡国内供需的重要途径。海关数据显示,2008年之前我国牛肉进口量每年不足1万吨,之后快速增长,至2020年达211.8万吨,年均增速接近70%。

◆ 牛肉进口多元化格局初现

全球参与牛肉贸易国家众多,牛肉生产消费贸易稳步增长,全球牛肉主要出口国包括巴西、美国、澳大利亚、印度、阿根廷、新西兰、加拿大、乌拉圭等。据美国农业部数据,2020年全球牛肉产量6 057.2万吨,出口量1 080.5万吨,消费量5 906.8万吨。据当时数据预测,2021年产量将增至6 154.3万吨,出口量将增至1 105.7万吨,消费量将增至6 004万吨。

传统上,巴西、乌拉圭、美国、澳大利亚、新西兰等国家是我国主要牛肉进口来源国。2018年以来,我国积极拓展牛肉贸易"朋友圈",逐步放开了自阿根廷、乌拉圭、巴拿马、玻利维亚、法国、荷兰、英国、俄罗斯、哈萨克斯坦、纳米比亚等10国进口准入,截至2021年,总计对27个国家开放了牛肉市场准入,多元化进口态势显现。据中国海关数据,除爱尔兰和蒙古因疯牛病、口蹄疫近年暂停进口外,我国与绝大多数国家牛肉贸易快速发展。2021年1—5月进口牛肉97.2万吨,同比增长18.6%。其中,自巴西、阿根廷、乌拉圭、新西兰前四大来源国进口量分别达37.4万吨、21.4万吨、13.4万吨和8.9万吨,同比分别增长30.8%、18.8%、40.9%和18.8%。新开放市场中,自玻利维亚进口8 734吨,增长2倍;自俄罗斯进口6 946吨,增长27.6倍;自立陶宛进口149吨,增长2倍。受中美第一阶段经贸协定拉动,自美国进口4.2万吨,增长7.8倍。

◆ 南美牛肉强势占据"C位"

巴西、阿根廷等南美国家是世界牛肉主要出口国,与我国互补性较强。近

如无特殊说明,本文数据均来自全球贸易观察。

年来凭借质优价低、供应稳定等优势，两国牛肉强势走上中国百姓餐桌，风头无可匹及。2015 年 5 月解除对巴西牛肉疯牛病进口禁令，2016 年巴西即成为我国第一大进口来源国并保持至今。2018 年 5 月与阿根廷签订牛肉输华卫生议定书后，次年阿根廷便跃居成为我国第二大牛肉进口来源国。

2020 年以来，尽管受到全球疫情影响，自两国牛肉进口依然快速增长。其中：自巴西进口 84.8 万吨，增长 112.4%，占牛肉总进口量的 40.1%；自阿根廷进口 48.2 万吨，增长 28.5%，占比 22.8%。2021 年 1—5 月，自两国牛肉进口量分别为 37.4 万吨、21.4 万吨，分别增长 30.8% 和 18.8%。

◆ 护航舌尖上的牛肉需主动防范外部风险

值得注意的是，随着我国牛肉对外依存度不断提高，国际市场影响将越来越大。疫情发生后，国际市场更加复杂多变。一是价格波动剧烈。国际货币基金组织（IMF）数据显示，2017—2021 年全球牛肉价格波动上涨，涨幅达37.9%，其中 2021 年前 5 个月上涨 26.9%。二是供应链受到冲击。疫情使全球范围内多次出现肉类屠宰、加工等设施关停及冷链运输产品中检测出新冠病毒等现象，对牛肉国际贸易造成较大冲击。三是贸易政策多变。阿根廷于2021 年 5—6 月对牛肉出口实施 30 天限制，措施到期后仅同意在 6 月底和 7月恢复 2020 年同期出口量的一半。阿根廷业界预计 2021 年牛肉出口将下降31%。可以预见，未来 1～2 个月我国自阿根廷进口将显著下跌，但考虑到措施的临时性以及我国进口来源国众多，预计不会对牛肉消费造成实质影响。除阿根廷外，蒙古等国近年也出台出口禁止措施。此外，疯牛病疫情时有发生，对全球牛肉贸易也带来较大不确定性。

面对错综复杂的外部环境，为满足人民日益增长的肉类需求，一方面要修炼"内功"，继续推动我国畜牧产业快速健康发展，增加国内供给能力；另一方面还需继续主动出击，用好我国大市场的优势，稳妥有序推动有关国家达到牛肉输入我国要求，积极拓展我国牛肉进口来源，实现互惠共赢。

我国马铃薯的贸易地位如何？[①]

史　越

马铃薯起源于南美洲，人工栽培历史最早可追溯至约公元前 8000—公元前 5000 年。当今，马铃薯在世界上广泛分布，种植马铃薯最多的地区是中国、俄罗斯及欧洲北部。马铃薯活跃于国际贸易市场，今天我们简要谈谈中国马铃薯的贸易地位如何？

◆ 马铃薯国际贸易情况如何？

2010—2019 年，马铃薯产品国际贸易保持稳定增长态势，贸易额由 4.8 亿美元增加到 7.8 亿美元，世界市场对马铃薯需求不断增加（图 1）。

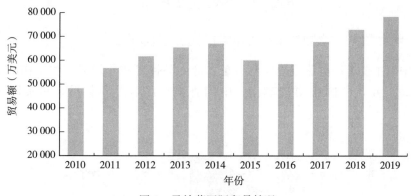

图 1　马铃薯国际贸易情况

马铃薯主要出口国有荷兰、比利时、美国、加拿大和德国，出口产品为非用醋方法制作的冷冻马铃薯、马铃薯粉片和马铃薯淀粉。

马铃薯主要进口国是欧盟 27 国和美国。美国是全球最大的马铃薯及相关产品进口国，2020 年进口额为 2.8 亿美元，主要进口产品为非用醋方法制作的冷冻马铃薯。

◆ 中国马铃薯贸易情况如何？

2020 年，中国马铃薯出口量为 538.9 吨，同比下降 55.1%；出口额 84.5

---

① 如无特殊说明，本文数据均来自中国海关总署、联合国商品贸易统计数据库。

万美元，下降 52.8%；进口量 2.3 万吨，增加 1.9 倍；进口额 2 937.7 万美元，增加 1.6 倍。

中国主要进口的马铃薯产品有非用醋方法制作的马铃薯、马铃薯淀粉和马铃薯细粉，进口来源地相对较为集中。2020 年，中国马铃薯进口来源前五的国家分别为美国、荷兰、土耳其、比利时和加拿大（图 2）。

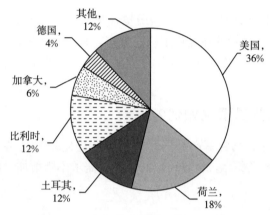

图 2　2020 年中国主要马铃薯进口来源地

中国主要出口鲜薯或冷藏马铃薯、冷冻马铃薯和非用醋方法制作的马铃薯。2020 年，中国主要向越南、中国香港、日本、马来西亚和泰国出口（图 3）。

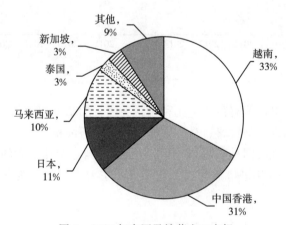

图 3　2020 年中国马铃薯出口市场

◆ 中国为什么不是马铃薯贸易大国？

自 2007 年起，中国就是世界最大的马铃薯生产国，种植面积与产量均占全球 20％以上。2019 年，中国马铃薯产量为 9 188 万吨，占全球 25％。中国虽然是生产大国，却不是贸易大国。2019 年，中国马铃薯出口额仅占全球贸易额的 3.7％，贸易额占比远低于产量占比。

中国马铃薯出口以初级产品为主，2019 年鲜薯或冷藏马铃薯占全部马铃薯产品出口额的 87.5％，而世界市场对马铃薯的需求主要是其加工品。中国马铃薯产品与世界市场对马铃薯产品的需求不匹配，由此导致中国马铃薯贸易额不高。

◆ 中国马铃薯贸易如何发展？

（一）优化马铃薯深加工技术

依托马铃薯生产优势区，建设加工原料薯基地，大力扶持和培育马铃薯产品精深加工企业，积极引导龙头企业引进国外先进技术及设备，适度延伸马铃薯产业链条，提高产品附加值。

（二）推进马铃薯出口产品多元化

针对国际市场对马铃薯加工品的需求，加强各类马铃薯主食产品的研发，生产更多适合国际市场的马铃薯加工产品，推动中国马铃薯产品出口的多元化，打造品牌马铃薯加工产品，增强中国马铃薯产品的国际竞争力。

（三）积极拓展出口市场

可根据产品出口市场定位，开拓"一带一路"国家市场，促使出口市场多元化。鼓励引导企业积极参与世界马铃薯推介大会、国际展会等活动，推广中国马铃薯产品。同时，搭建公共信息服务平台，提高马铃薯产品贸易的便利化水平。

谁是新晋对外出口"水果之王"?[①]

田　甜

水果是我国传统优势出口农产品，水果出口对带动产业发展和果农增收具有十分积极的作用，近年柑橘已超过苹果成为我国第一大出口水果。近期，贸促中心赴江西围绕柑橘出口高质量发展等主题实地调研，并与江西、福建、重庆等柑橘主产省（直辖市）出口龙头企业座谈交流，深入了解我国柑橘生产贸易现状、出口促进经验做法以及未来面临的挑战。

◆ 历史悠久，4 000 多年栽培史成就全球柑橘大国

柑橘是世界四大水果之一，其种植面积和产量居世界水果首位。目前，全球约 130 多个国家生产柑橘，120 多个国家开展柑橘贸易。我国是柑橘重要原产地之一，有 4 000 多年栽培历史。柑橘资源丰富，具有种类多、易栽培、产量大、收益高、优良品种繁多、可全年新鲜供应等特点，是我国栽培面积最大、产量最高和消费量最大的水果。柑橘主产省份主要有广西、湖北、湖南、江西、四川、福建、广东、重庆、浙江，此外，云南、贵州、陕西、河南等省份也有少量种植。近年来，我国柑橘产业蓬勃发展，柑橘年产量可达 3 700 万吨，是名副其实的柑橘大国。

◆ 优势突出，出口跃居水果产品第一位

我国是世界第三大柑橘出口国，仅次于西班牙和南非。2019 年以来，柑橘超过苹果成为我国第一大出口水果。2020 年，我国柑橘出口量 104.5 万吨，出口额 15.8 亿美元；进口量 43.1 万吨，进口额 4.9 亿美元；贸易顺差 10.9 亿美元。目前我国柑橘出口 60 多个国家和地区，主要出口市场集中在越南、马来西亚、印度尼西亚、菲律宾、泰国等东南亚国家以及俄罗斯，占柑橘出口的 70% 以上。我国主要出口的柑橘品种包括橙、葡萄柚、柠檬、蜜橘和杂柑等，其中：蜜橘出口量最大，2020 年占我国柑橘出口总额的 63%；其次是葡萄柚，占比 23.7%。

江西南丰蜜橘是我国柑橘特色品种，具有 1 700 多年栽培史，自唐朝开元年间就已成为皇室贡品，如今南丰蜜橘已经拥有国家地理标志产品、中国驰名

---

① 如无特殊说明，本文数据均来自中国海关总署。

商标、中国名牌农产品和绿色食品等多个"头衔"，并入选了 2020 中国地理标志产品 100 强、中国首批欧盟保护地理标志名录和全国农产品地域标杆品牌，成为一张享誉海外的"中国名片"。

◆ 攻坚克难，迈进中高端市场实现突破

2020 年底，我国柑橘产品中的南丰蜜橘和琯溪蜜柚成功出口美国，在开拓海外市场上迈出重要步伐。为推动柑橘出口美国市场，江西相关出口企业投资建设了 5 000 亩高标准果园和 10 万级无菌加工厂，蜜橘从种植到加工均严格按照欧盟 GLOBAL GAP 质量管理体系操作执行，生产全过程均实施科学化、规范化管理。为使产品满足美国 300 多项技术指标（包括果心温度连续 22 天不高于 1.67℃等超常规标准），出口企业邀请国内外专家攻关南丰蜜橘输美技术难题，针对果心温度难题经反复试验后确定最佳存放温度，最终达到美方提出的标准要求。此外，企业还投资建成了生态环保、安全无公害的次氯酸消毒水厂，实现了从种植、水果粗加工到存储、运输和保鲜的全过程无害消毒灭菌应用，实现了 90％以上农药替代。南丰蜜橘和琯溪蜜柚在美市场的零售价远高于传统出口市场和国内市场，推动了柑橘产业向高端市场出口转型，对提高当地果价、促进农民增收和产业高质量发展具有很强带动作用。

◆ 道阻且长，出口高质量发展任重道远

我国柑橘产品竞争力强，具有实现对国外更多市场、更大数量和更高附加值出口的巨大潜力，但面临的挑战也不容忽视。首先，目前国内多数果园及企业达不到欧美市场标准，需加大投入力度转型升级，但大部分农业企业和农户的投入能力、经营理念提升更新需较大支持和较长时间。其次，柑橘产业本身易受实蝇、黄龙病等病害影响，要满足较高的市场标准还需对整个产区病虫害进行联防联控。此外，柑橘出口企业长期存在的恶性竞争、相互压价问题未得到有效解决，难以保障优质高价。下一步可通过农业国贸基地建设提升对企业的服务和支持水平，协助企业解决相关问题，共同将出口潜力转化为规模化出口实绩。

我国樱桃进口现况如何？^①

郭浩成

对美好生活越来越高的向往和追求促使我国消费加快升级，樱桃作为价格贵、颜值高、口感佳的进口水果，近年来受到年轻人的热捧，成为新晋网红产品。"车厘子"是樱桃英文单词"Cherry"的译音，进口樱桃个头大、饱满多汁、果肉坚硬、方便运输，近年已成为我国主要进口水果。接下来就跟大家简单聊一聊全球和我国樱桃的贸易情况。

◆ 全球樱桃种植分布在亚洲、欧洲和美洲，贸易集中度较高

目前，全球樱桃主要出口国家有智利、美国、土耳其、西班牙和澳大利亚等，其中智利、美国和土耳其是前三大出口国，2019 年分别出口樱桃 22 万吨、8.4 万吨和 8.1 万吨，占全球樱桃出口总量的 29％、11.1％和 10.6％。从进口看，中国是全球樱桃第一大进口国，其他两个主要进口国依次是俄罗斯和德国，2019 年分别进口樱桃 19.4 万吨、8.6 万吨和 6.6 万吨，占全球樱桃进口总量的 23％、10.2％和 7.8％。

◆ 近年来我国樱桃进口增速迅猛，已成为第二大进口水果

我国国产樱桃一般集中在 5—7 月上市，其余月份只能依赖于进口，樱桃市场缺口巨大。随着世界樱桃产量提高、贮藏运输技术进步，近年来我国樱桃进口量快速攀升，2017 年以来进口增速显著加快。根据中国海关数据，2020 年我国樱桃进口量 21 万吨，同比增长 8.7％；进口额为 16.4 亿美元，同比增长 17.4％。樱桃进口额已占我国水果进口总额的 14.9％，是我国第二大进口水果，仅次于榴莲（图 1）。

◆ 地理优势和零关税进口使得智利成为我国第一大樱桃进口来源国

2020 年我国樱桃前五大进口来源地依次是智利、美国、澳大利亚、阿根廷和加拿大。其中自智利进口额占我国樱桃进口总额的 91.1％，智利是我国樱桃第一大进口来源国。原因主要有：智利地处南半球，樱桃成熟季正值我国

---

① 如无特殊说明，本文数据均来自中国海关总署。

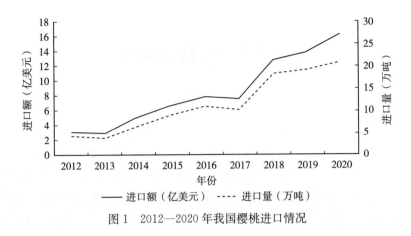

图 1　2012—2020 年我国樱桃进口情况

冬季，正好弥补我国冬季樱桃供应短缺；中国-智利自贸协定于 2006 年正式生效实施，如今中国-智利自贸协定的货物贸易关税减让已经执行完成，中国与智利双边进出口中 97％以上的产品已实现"零关税"，樱桃也在其列；此外，我国还不断降低对智利樱桃增值税，并提高中国与智利贸易便利化水平。2017年中国和智利签署的《关于修订〈自由贸易协定〉及〈自由贸易协定关于服务贸易的补充协定〉的议定书》中继续简化贸易流程，提高对樱桃等易腐货物的通关效率，智利生产的樱桃仅需经过 30 多个小时就能送上中国消费者的餐桌。2020 年智利樱桃增产 30％、价格下跌，进一步为我国居民春节期间实现"车厘子自由"添砖加瓦。

　　近年来，国产樱桃由于其自身的独特风味也越来越受到消费者的青睐。我国樱桃种植面积在过去 30 多年中增加了近 10 倍，但仍无法满足国内市场需求，市场缺口仍然很大，预计进口樱桃还将长期在我国水果市场"霸占"重要的一席之位。

我国芒果贸易情况如何？[1]

侯 瑶

青的、黄的、红的、紫的……大的、小的，圆的、长的……贵妃芒、金煌芒、桂七芒、台农芒……市场上的芒果琳琅满目，不仅有鲜艳的外衣，还飘散着令人垂涎的香味，深受消费者青睐。芒果是世界种植面积第二大的热带水果，100多个国家和地区生产芒果。我国是世界第二大芒果生产国，产地主要分布在广西、海南、云南、广东、四川、福建、贵州等省份。那么，这些香甜绵软的芒果贸易情况如何呢？让我们一起来看看吧！

◆ 贸易总额呈增长趋势，进口增速大于出口

2016—2020年，我国芒果贸易发展迅速，贸易总额从2016年的7 421.8万美元增长到2020年的16 497.9万美元，年均增长22.1％。其中出口额从5 355.4万美元增长到8 586.4万美元、年均增长12.5％，进口额从2 066.4万美元增长到7 911.5万美元、年均增长39.9％（图1）。

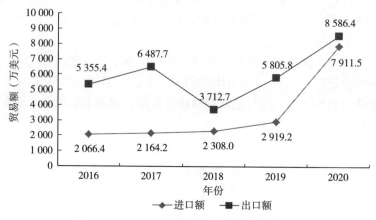

图1 2016—2020年我国芒果进口额与出口额

◆ 贸易产品以鲜、干芒果为主，产品结构单一

2016—2020年我国出口的芒果产品几乎全是鲜、干芒果等初级产品，同

---

① 如无特殊说明，本文数据均来自联合国商品贸易统计数据库。

时也进口大量鲜、干芒果。值得注意的是，该品类的贸易顺差总体呈下降趋势，2020 年跌破千万美元，降至 942.3 万美元。加工产品以芒果汁为主，虽然出口占比较小，但出口额从 2016 年的 6.5 万美元增长到 2020 年的 16.6 万美元，年均增长 26.2%，是鲜、干芒果年均出口增速的 2 倍多。随着中国企业加工技术和能力的提高，芒果加工品的出口比重有望进一步提高（图 2）。

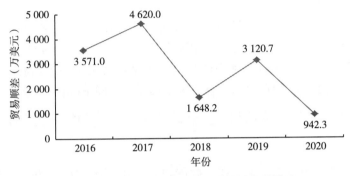

图 2　2016—2020 年中国鲜、干芒果贸易顺差

◆ 贸易区域主要集中在东亚、东南亚国家和地区

我国芒果及其产品主要出口到越南和中国香港，两个市场出口额占到出口总额的八成以上，其中：越南是出口的最大市场，2020 年出口额占总出口额的 57.1%；中国香港居第二位，出口额占 26.6%。2016—2020 年，对越南出口呈增长趋势，对中国香港出口略有下降。值得关注的是，虽然对俄罗斯出口的年均占比仅 8.3%，但年均增速高达 1.1 倍，是该品类年均出口增速的 10 倍多。此外，我国芒果还出口到马来西亚和美国等。同时，我国也从泰国、中国台湾、越南、澳大利亚、秘鲁等地进口芒果，自五大市场进口额占到进口总额的九成以上。2016—2020 年，自越南、中国台湾、泰国进口均呈增长趋势，其中自越南进口增速尤为显著，自秘鲁、澳大利亚进口略有下降。

◆ 芒果贸易前景广阔，未来面临严峻挑战

随着人民生活水平的提高，对食品多样化的追求，全球芒果消费呈增长态势。但在开放的市场环境下，芒果产业品种结构优化缓慢、产业链条较短、产品附加值较低、品牌效应整体不强等问题制约着我国进一步拓展海外芒果市场。同时，芒果作为越南等东南亚国家的优势出口产品，近年来大量销售到中国，对国内市场也带来冲击。例如，2020 年中国与柬埔寨签订了《柬埔寨鲜食芒果输华议定书》，柬埔寨有望每年向中国出口芒果 50 万吨。加速产业升级，提升国际竞争力是我国产业界未来需共同努力的方向。

我国中药材贸易情况如何？[①]

赵 政

"寒水双花引玉泉，红藤半夏满川连。重台杜若思繁缕，六曲江篱绕景天。"这首诗就包含了12味药材，中医药经历了5 000余年的发展，已经深深融入中华传统文化之中。我国中药材资源丰富，也是世界中药材的主要出口国。接下来就跟大家简单介绍一下中国中药材贸易的情况。

◆ 我国中药材资源如何？在全球中药材贸易中所占的比重是怎样的？

全国中药资源普查结果表明，我国现有药用资源12 807种，其中药用植物11 146种、药用动物1 581种、药用矿物80种，是世界上草药应用最广泛、药用资源最丰富的国家。

我国不仅是资源丰富的中药材大国，也是世界第一大中药材出口国，长期保持较高的贸易顺差。2020年我国中药材贸易顺差为7.8亿美元，同比增长4.5%。世界中药材前五大出口市场是中国、印度、德国、美国、加拿大，出口额分别为9.3亿美元、3.5亿美元、2.1亿美元、1.8亿美元、1.4亿美元，占全球中药材出口总额的比重分别为25%、10.3%、6.4%、5.2%和4.2%。世界中药材前五大进口市场是美国、德国、日本、中国香港、中国，进口额分别为4.3亿美元、3.6亿美元、2.6亿美元、2.3亿美元、1.5亿美元，占全球中药材进口总额的比重分别为11.6%、9.6%、6.9%、6.3%和4%。

◆ 我国主要的中药材贸易伙伴有哪些？

据中国海关统计，2020年我国中药材出口额为9.3亿美元，同比增长3.7%，东亚为我国主要的出口对象。我国的前三大出口市场是日本、中国香港和韩国，出口额分别为2.1亿美元、1.9亿美元、1.2亿美元，合计占总出口额的56%。我国中药材进口额为1.5亿美元，同比下降0.2%，印度、韩国、加拿大和缅甸是我国中药材主要的进口来源地，进口额达0.8亿美元，占总进口额的54%。总体来看，亚洲国家和地区是我国主要的中药材贸易伙伴（图1）。

---

① 如无特殊说明，本文数据均来自联合国商品贸易统计数据库。

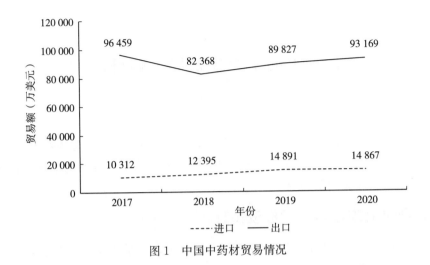

图 1 中国中药材贸易情况

◆ 我国进出口哪些中药材？

　　肉桂、枸杞、人参、红枣、当归、黄芪、茯苓、半夏、西洋参、石斛是我国主要的出口中药材，其中枸杞和人参的出口额最高，分别为 1.1 亿美元、0.9 亿美元，分别占总出口额的 11.7% 和 8.9%。西洋参和人参是我国主要进口的中药材，进口额为 0.3 亿美元、0.2 亿美元，分别占总进口额的 20.4% 和 15.8%。乳香、没药、血竭和加纳籽等，我国没有资源分布，主要依赖进口。龙眼、鹿茸、西洋参、人参、胖大海、姜黄等，我国也有产出，但是由于国外货源具有口碑、价格、规模等比较优势，在国内市场占有一定的空间。总体来看，人参属植物是我国主要的贸易中药材，随着人参的功效获得国际社会的认可，其医用、药用保健价值被广泛应用于越来越多的领域。

◆ 我国中药材产业面临哪些挑战？

　　日本、韩国凭借先进的技术优势，抢注中药专利，以中药材为原料的片剂、颗粒剂、胶囊、口服液、敷贴剂等系列产品占据了绝大多数国际中成药市场，我国丰富的药用资源并没有转化为产业优势。发达国家对中药材设置绿色壁垒，我国部分中药材因农药残留、重金属含量不符合标准而遭拒售；科技研发投入不足，中药专利被其他国家抢注；资源整合力度不够，缺乏有影响力的品牌打开国际市场。如何应对上述挑战，是我国中药材产业未来发展的关键。

　　中医药是中华文化的瑰宝，发挥我国丰富药用资源优势，讲好中国故事，优化产业结构，推动高端中药材产品走向世界具有重要意义。

舌尖上的小龙虾，你了解吗？[1]

王思凯　赵　贞　王　丹

在大多数食客的印象中，小龙虾色泽红亮、味美鲜香，是夏季夜宵中广受人们喜爱的产品。你知道小龙虾从哪里来吗？养殖和贸易发展的情况如何呢？下面就来为大家做简要介绍。

◆ 跨洋过海来这里，不红没道理

小龙虾，学名克氏原螯虾，原产于墨西哥北部和美国南部。20 世纪 30 年代小龙虾由日本传入中国，20 世纪 80 年代前后扩散，目前在中国长江中下游地区广泛扎根，湖北、江苏、安徽、云南等地均有分布，现已成为中国重要养殖经济虾类。

2015 年，小龙虾凭借其"适宜多种烹调、迎合不同口味"的特性，从区域美食走向全国。随着冷链物流和电商技术的发展，近几年小龙虾一跃成为现象级"网红水产品"，消费量急剧扩张。2020 年虽然有新冠疫情的影响，但国内消费不减，特别是在疫情防控形势好转后强势反弹。

2020 年中国小龙虾总产值 3 448.5 亿元，其中养殖业产值 748.4 亿元、以加工业为主的第二产业产值 480.1 亿元、以餐饮为主的第三产业产值约 2 220 亿元，是名副其实的"消费市场推出来的千亿产业"。

◆ 水域养殖有特点，增收促经济

正是因为小龙虾易养殖、市场接受度高，其成为中国淡水水体中的重要养殖品种。池塘、稻田、浅滩地及水生经济植物的种植地等水域都可养殖小龙虾，特别是稻田养殖方式十分普及，占比超过 80%。此种养殖方式既能减少虾病，提高小龙虾品质，又可对稳定水稻种植面积起到积极作用。

随着消费需求不断扩大，2003 年起中国小龙虾养殖面积及产量逐年攀升，2020 年中国小龙虾养殖面积达 2 184 万亩，总产量 239 万吨，有小龙虾大规模养殖报告的省（自治区、直辖市）已达 23 个，较 2003 年增长 40 多倍（图 1）。目前中国已经成为世界最大的小龙虾生产国和消费国，小龙虾不仅为当地养殖户带来巨大的经济效益，同时对促进农村经济发展、改善农村环境也

---

① 如无特殊说明，本文数据均来自《中国小龙虾产业发展报告》。

起到较大的推动作用。

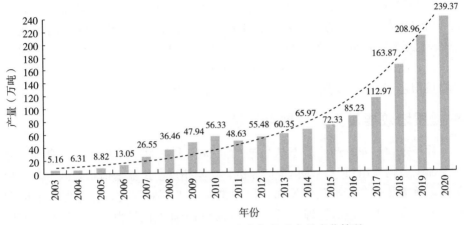

图 1   2003—2020 年中国小龙虾养殖产量变化情况

◆ 产业升级助贸易，出口有实力

把小龙虾搬上餐桌并不是中国首创，小龙虾的生产作业在世界其他各国已有超过百年的历史，因此最初中国小龙虾养殖主要用于出口。20 世纪 90 年代，江苏、湖北等地逐渐兴起小龙虾加工出口企业。1995 年中国对美国小龙虾尾肉出口额已达 3 570 万美元，占美国当地市场份额的 80%。

贸易发展带动小龙虾产量提升和养殖技术优化，产业兴旺助推小龙虾出口贸易的稳步增长，目前湖北、安徽、江苏也都成为小龙虾主要出口地。2021年，中国小龙虾出口贸易实现再增长，出口量达 9 693.9 吨、出口额近 1.2 亿美元，分别同比增长 27.6% 和 58.5%（图 2）。

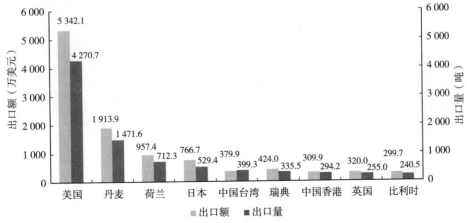

图 2   2021 年中国小龙虾主要出口市场

中国小龙虾主要出口市场为北美、欧洲及日本，其中美国、丹麦、荷兰居前三。2020 年，受新冠疫情和国际贸易形势、国内原料市场变化等影响，小龙虾出口大幅下滑，直至 2021 年再度回升。2021 年中国出口美国小龙虾 5 342.1 万美元，同比增长 98.3%；出口丹麦 1 913.9 万美元，同比增长 54.6%；出口英国、比利时等欧洲国家同比增幅较大，对比利时出口额及出口量增长均超 200%。长期发展态势来看，出口市场仍具潜力。

◆ 提质增效要发力，发展可持续

近年来，小龙虾产业形态从最初的"捕捞＋餐饮"延伸至含"育种、养殖、加工、物流出口"一体化全产业链，切实拓展了产业增值增效的空间。相关国家政策及行业标准陆续发布，国内消费需求不断崛起，行业形势依旧利好。下一步，需要政府管理部门、行业协会和企业共同发力，为中国小龙虾贸易向好发展提供更多驱动力。

一是加强小龙虾等水产品技术性贸易壁垒监测预警，水产及贸易行业协会应积极收集贸易动态，引导企业用好国际市场贸易规则，深入开展影响小龙虾出口竞争力因素专题研究，为企业提供精准有效的技术指导。

二是参与小龙虾相关国际标准制定，提高应用领域话语权。依托农业国际贸易高质量发展基地等项目，加快完善小龙虾出口基地认证标准，打造权威国家品牌。

三是鼓励研发小龙虾预制菜等新式出口产品，用好中国国际渔业博览会等国际性经贸平台，帮助打造小龙虾预制菜出口品牌，提升小龙虾产品出口效益。

你对我国荔枝生产贸易情况了解吗？[①]

韩 啸 赵 政

"一骑红尘妃子笑，无人知是荔枝来。"我国是荔枝的原产地，至今已有2 000多年的人工栽培历史。荔枝与香蕉、菠萝、龙眼齐名，并称为"南国四大果品"。其富含多种维生素，具有开胃益脾、缓解脑疲劳等多重功效。荔枝甘甜可口、肉厚多汁的口感更是让苏东坡发出了"日啖荔枝三百颗，不辞长作岭南人"的赞叹。

◆ 我国荔枝产量如何？

我国是全球第一大荔枝生产国，种植面积近800万亩，拥有世界最大规模的生产区域，建成了广东、广西、海南、福建、四川等一批优势产区。2020年我国荔枝产量为255.4万吨，占全球总产量的68.2%。全球荔枝生产较为集中，前五大主产国分别为中国、印度、越南、泰国和马达加斯加，5国总计占全球荔枝总产量的97.6%（表1）。

表1 2018—2020年全球荔枝主产国种植情况

年份	中国		印度		越南		泰国		马达加斯加	
	种植面积（万公顷）	产量（万吨）	种植面积（万公顷）	产量（万吨）	种植面积（万公顷）	产量（万吨）	种植面积（万公顷）	产量（万吨）	种植面积（万公顷）	产量（万吨）
2018年	51.3	260.8	9.3	70	8.4	65	1.6	4	1.3	10
2019年	45.6	201.6	9.5	72.7	8.3	35	1.7	2.3	1.3	10
2020年	47.6	255.4	9.6	73.2	8.2	28	1.7	2.5	1.3	6.3

近年来，我国荔枝种植面积、收获面积呈缩减趋势，而产量、单产总体呈逐年增长趋势。主产区主要在广东、广西、海南、福建、云南、四川等省份。其中，广东、广西荔枝种植面积和产量远高于其他省份，分别位居第一、第二位；海南荔枝种植面积位居第三位，单产在主产区中则位居第一位。

◆ 我国荔枝贸易情况如何？

我国荔枝进口集中度高，2021年荔枝进口2.90万吨，其中：从越南进口

---

① 如无特殊说明，本文数据均来自中国海关总署。

荔枝2.86万吨，占总进口量的98.8%；从泰国进口0.03万吨，占1.2%。

2021年，我国荔枝出口2.15万吨，中国香港、印度尼西亚、美国、菲律宾、新加坡、马来西亚是我国前六大出口市场，分别占总出口量的38.8%、12.2%、10.2%、9.7%、9.6%和6.8%（图1）。

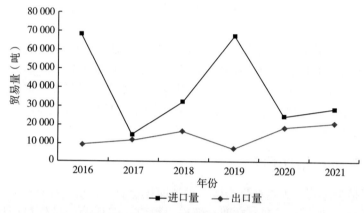

图1　2016—2021年我国荔枝贸易情况

国内出口量前三位省份是广东、云南和福建。广东荔枝出口量在主产区中是最大的，拥有挂绿、三月红、妃子笑等众多知名品种，主要出口市场是美国、东南亚及海湾国家。广东不断创新销售模式，利用跨境电商模式，持续加大荔枝海外市场的开拓力度，使荔枝在销售价格上比传统贸易出口翻了两番。

云南荔枝出口量在主产区中居第二位，产品主要源自其本地产的荔枝和从越南引进的品种，主要销往欧盟等市场。

福建荔枝出口量在主产区中居第三位，主要销往美国、澳大利亚等国。

另外，海南是我国最南端且全域处于热带地区的唯一省份，是发展荔枝产业的理想之地。海南又是荔枝原产地之一，也是我国最早采收荔枝的主产区，出口潜力较大。与广东、广西相比，海南荔枝最大特色是上市时间早、良种率高。海南荔枝主要出口市场是加拿大、法国、美国、日本等（表2）。

表2　2018—2020年中国荔枝产量及单位情况

年份	全国		广东		广西		海南		福建		云南		四川	
	产量（万吨）	单产（吨/公顷）	产量（万吨）	单产（吨/公顷）	产量（万吨）	单产（吨/公顷）	产量（万吨）	单产（吨/公顷）	产量（万吨）	单产（吨/公顷）	产量（万吨）	单产（吨/公顷）	产量（万吨）	单产（吨/公顷）
2018年	260.76	5.61	140.00	6.00	82.31	4.44	18.94	10.31	14.27	9.94	2.69	7.76	2.35	2.44
2019年	201.60	5.26	109.20	5.55	58.30	4.24	17.30	9.62	9.10	7.20	3.00	4.96	4.50	3.79
2020年	238.00	5.85	135.10	6.54	64.10	4.25	19.83	10.67	10.60	8.52	3.50	5.06	4.80	3.68

我国蜂蜜贸易知多少？[①]

史　越

我国是世界上最早饲养蜜蜂及食用蜂蜜的国家之一，《楚辞》中有"瑶浆蜜勺"和"柜妆蜜饵"之句，可见早在东周时期，古人已将蜂蜜用作食品。蜂业能产生巨大的经济、社会和生态效益，蜂蜜也是中国具有出口优势的畜产品之一，近年来贸易规模不断扩大。

◆ 蜂产品主要有哪些？

世界蜂蜜贸易中以天然蜂蜜为主，贸易产品主要分为以下四类。

（一）天然蜂蜜

天然蜂蜜是不经任何加工，经蜜蜂本身酿造成熟的蜜，主要有百花蜜、槐花蜜、荆条蜜等。

（二）蜂蜡

蜂蜡是一种脂肪性物质，在农业方面主要用于保存果蔬和饲料添加。

（三）蜂王浆

蜂王浆是供给将要变成蜂王的幼虫的食物，主要用作营养品。

（四）蜂花粉

蜂花粉是指蜜蜂采蜜时带回的花粉团，在蜂巢内经过储藏和发酵后形成的花粉，具有天然保健作用。

◆ 世界蜂蜜贸易情况如何？

近10年来，世界蜂蜜贸易量和贸易额均呈现增长趋势，尤其是在2020年新冠疫情全球蔓延、经济不景气的背景下，蜂蜜贸易仍能逆势上涨。

2021年，世界蜂蜜贸易额为49.5亿美元，较2012年的33.4亿美元增加了16.1亿美元，年均增长率为4.5%。其中：出口额25.8亿美元、同比增长14.9%，出口量70.5万吨、增长1.4%；进口额23.7亿美元、增长7.2%，进口量67.4万吨、与2020年持平。

2021年，世界蜂蜜出口量前十位的国家，出口量合计62.6万吨，占世界出口总量的57.9%；出口额合计16.3亿美元，占世界出口总额的42.9%（表1）。

---

① 如无特殊说明，本文数据均来自中国海关总署、联合国商品贸易统计数据库、FAO。

表 1　世界蜂蜜出口量、出口额排名前十位的国家及其蜂蜜出口情况

排名	国家	出口量（万吨）	占比（％）	排名	国家	出口额（亿美元）	占比（％）
1	中国	14.6	13.5	1	新西兰	3.3	8.6
2	越南	9.4	8.7	2	中国	2.6	6.8
3	印度	7.1	6.5	3	阿根廷	2.0	5.3
4	匈牙利	6.3	5.8	4	巴西	1.6	4.3
5	乌克兰	6.1	5.7	5	德国	1.5	3.9
6	阿根廷	6.0	5.6	6	印度	1.4	3.6
7	巴西	4.7	4.4	7	西班牙	1.3	3.4
8	德国	3.0	2.8	8	墨西哥	0.9	2.4
9	西班牙	2.9	2.6	9	越南	0.9	2.3
10	墨西哥	2.5	2.3	10	匈牙利	0.8	2.2
	合计	62.6	57.9		合计	16.3	42.9

2021 年，世界蜂蜜进口量排名前十位的国家，其蜂蜜进口量合计 56.5 万吨，占世界进口总量的 83.8％；进口额合计 18.6 亿美元，占世界进口总额的 78.7％。

世界蜂蜜进口市场集中，美国是世界第一大蜂蜜进口国，其进口量额均约占世界三成（表 2）。

表 2　世界蜂蜜进口量、进口额排名前 10 位的国家及其蜂蜜进口情况

排名	国家	进口量（万吨）	占比（％）	排名	国家	进口额（亿美元）	占比（％）
1	美国	22.0	32.6	1	美国	6.7	28.4
2	德国	7.8	11.6	2	德国	3.1	13.1
3	日本	4.7	7.0	3	日本	1.7	7.2
4	英国	4.6	6.8	4	英国	1.3	5.5
5	波兰	3.8	5.6	5	法国	1.2	5.1
6	比利时	3.2	4.7	6	中国	1.0	4.2
7	西班牙	3.2	4.7	7	意大利	1.0	4.2
8	法国	3.0	4.4	8	波兰	0.9	3.9
9	意大利	2.4	3.6	9	比利时	0.8	3.4
10	荷兰	1.8	2.7	10	西班牙	0.8	3.6
	合计	56.5	83.8		合计	18.6	78.7

◆ 中国蜂蜜贸易情况如何?

我国是蜂蜜出口大国,出口量、出口额均居世界前列,蜂产品贸易以天然蜂蜜为主,近 20 年来天然蜂蜜出口额均占蜂产品出口总额的 80% 左右,出口量占 97% 以上。

2021 年,我国的蜂蜜出口量 14.6 万吨,同比增长 10.1%;出口额 2.6 亿美元,增长 2.4%。进口量 4 809 吨,增长 13.9%;进口额 1 亿美元,增长 18.4%。

我国蜂蜜主要出口市场为日本、英国、比利时和波兰等,4 国合计出口额占蜂蜜出口总额的 67.5%(图 1)。

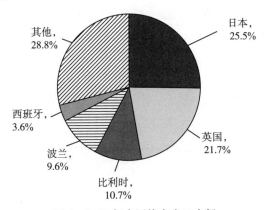

图 1　2021 年中国蜂蜜出口市场

中国蜂蜜进口来源地高度集中,主要是新西兰和澳大利亚,进口额占 88.9%(图 2)。据新西兰官方统计数据,中国是新西兰最大的麦卢卡蜂蜜出口市场。

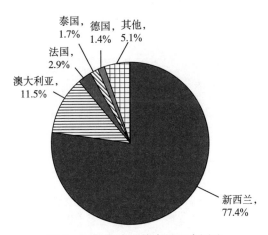

图 2　2021 年中国蜂蜜进口来源地

◆ 中国蜂蜜贸易该如何发展？

中国是全球蜂蜜贸易大国，但从贸易价格来看，进口价格远高于出口价格。2021年中国蜂蜜出口单价为1.78美元/千克，只有世界出口均价的51%，位于国际市场价格较低位；进口单价为21.9美元/千克，是世界进口均价的8倍。针对中国蜂蜜贸易现状，可从以下两方面发展。

一是多方位促进蜂蜜产业发展。加强建设蜂产品质量标准，严格检验农药残留，提升蜂蜜品质。建立大型养蜂场和优质蜂蜜生产基地，发展一批规模大、实力强的蜂蜜生产企业，加强蜂蜜生产规范化，积极开展蜂农采蜜培训，提升出口企业综合竞争优势。

二是多形式开拓海外市场。加强海外市场调研，了解更多满足中国消费者需求的蜂产品，丰富进口产品和来源地。积极创新研发特色产品，提升产品差异化，满足不同国家消费者需求，开辟新出口市场。建立中国蜂蜜品牌并提升品牌影响力，开展多元化营销宣传，扩大中国蜂蜜产品海外知名度。

为什么我国乳清粉进口需求较大?[①]

秦韶聪　田　甜

乳清粉是我国进口量较大的一类乳制品,仅次于鲜奶和奶粉,占乳制品进口总量近两成。据中国海关数据,2012—2022 年我国乳清粉进口量由 37.6 万吨增至 59.9 万吨,年均增速约 4.8%。目前,我国乳制品深加工尚未发展成熟,加上国内居民消费习惯及生产成本等因素制约,国内乳清粉产量远远无法满足市场需求,主要依靠进口。

◆ 乳清粉主要营养成分是什么?

乳清粉是生产原制奶酪和黄油的副产品(见《农业贸易百问 | 新冠疫情期间乳清粉进口缘何逆势增长?》),主要成分是乳糖、乳清蛋白、矿物质等。乳清粉可以改善产品的色泽、风味和质地,并提供许多营养价值,在食品、饮料、饲料行业等领域应用广泛。

乳清粉分为含盐乳清粉和脱盐乳清粉。脱盐是指去除乳清中的一部分矿物质,常见的脱盐率是 40%、50%、70%、90%,分别表示为 D40、D50、D70、D90。其中:D40 和 D50 乳清粉通常用于加工巧克力、面包或糕点等食品;D70 和 D90 是生产婴幼儿配方奶粉的主要原料,主要用于平衡蛋白质、灰分及乳糖的比重,使其更接近母乳,在配方奶粉中比例高达 40%~50%。

◆ 全球乳清粉生产贸易格局如何?

全球乳清粉年产量约 570 万吨,产地主要集中在欧美地区。德国、波兰、意大利、美国、法国是世界前五大乳清粉主产国,5 国合计产量占全球总产量的 60% 以上。世界贸易总量在 300 万吨左右,主要出口国为美国、德国和法国,3 国合计出口量占到四成多。美国作为全球最大的乳清粉出口国,年出口量约 50 万吨,在全球贸易中占 1/6。

我国乳清粉主要依靠进口且市场集中度较高。我国是全球乳清粉最大进口国,占全球进口总量的 1/5。2022 年我国进口乳清粉 59.9 万吨,其中 90% 以上来自美国和欧盟,自美国进口占比高达 51.6%。从品质来看,欧盟乳清粉优于美国乳清粉,单价也更高,约为后者价格的 2 倍。自欧盟进口的乳清粉主

---

① 　如无特殊说明,本文数据均来自 FAO、中国海关总署、中国奶业统计摘要。

要用于婴幼儿配方奶粉生产，自美国进口的乳清粉则主要用作饲料。

◆ 我国乳清粉为什么依然需要大量进口？

事实上，我国乳清粉产量低并非受制于生产技术，而是主要受国内居民消费习惯、供需结构和生产成本等因素影响。

一是受国内消费习惯制约，乳清粉作为原制奶酪的副产品无法实现量产。国内乳制品消费以液态奶为主，占九成左右，奶酪消费很少，这种消费结构导致深加工产品少。据测算，要达到乳清喷粉的合理规模，加工厂日处理原奶需要保持在 300～350 吨，相当于 2 万头高产奶牛的产奶量。

二是我国乳制品供需结构偏紧，原奶产量有限，限制国内奶酪产业发展。世界上奶酪主要生产国和消费国国内的生鲜奶长期处于供大于求状态，为避免浪费和便于储存，在一定程度上倒逼其国内形成了奶酪加工产业。目前我国乳制品自给率维持在 63% 左右，供小于求的局面正好与国外相反，因此进口一直保持在较高水平。

三是我国原奶价格长期处于高位，导致乳制品深加工成本高、利润低。受生产成本等因素影响，我国原奶价格一直高于国际水平，价差在 1 元/千克左右。而奶酪生产消耗的原奶量较大，生产 1 千克硬质奶酪一般需要消耗 10 千克原奶，供需矛盾加剧，价差扩大，加工企业利润空间不大，主动开展深加工的意愿受到一定制约。

虽然我国部分奶企也在尝试进行乳清粉生产，如飞鹤、圣元在国内外建设乳清粉生产线，但是总体规模依然较小。2019 年国家相关部门联合印发《国产婴幼儿配方乳粉提升行动方案》，提出"力争婴幼儿配方乳粉自给水平稳定在 60% 以上"。基于婴幼儿配方奶粉对乳清粉的特殊需求，提升我国乳清粉自给水平对于优化乳制品产业结构、增强国产奶粉竞争力、早日实现奶业振兴具有重要意义。

我国辣椒生产与贸易知多少？[①]

陈屿廷　　赵学尽

"丽质生身菜圃中，少时葱绿老来红。倾情不怕千刀碎，作料尤调百味丰。"这首诗将辣椒的色香味描绘得淋漓尽致。辣椒属于茄科蔬菜的一种，种植历史悠久，富含丰富的维生素 C、B 族维生素以及钙、铁等营养元素，具有较高的食用和药用价值。因其风味独特、易于保存，辣椒深受世界各国人们的喜爱，是人类饮食文化中不可或缺的一抹风景。

全球范围内，辣椒及其制品已有 1 000 余种，超过 2/3 的国家和地区种植或食用辣椒，辣椒及其制品是生活在这些国家和地区人们日常生活中的重要调味料。据海关统计，参与贸易的辣椒主要分为干辣椒和鲜辣椒，其中，干辣椒包括干甜椒、辣椒干（粉）、未磨的辣椒干、已磨的辣椒，鲜辣椒包括鲜或冷藏的辣椒（含甜椒）。

◆ 我国辣椒生产情况

辣椒最早发现于美洲，由哥伦布传至欧洲，之后传入亚洲各国。我国史籍对辣椒的最早记载出现在明末高镰的《遵生八笺》（1591 年）："番椒，丛生白花，子俨秃笔头，味辣色红，甚可观。"自明代传入我国以来，辣椒不断改变着国人的饮食文化。

我国目前是全球第一大辣椒生产和贸易国家。辣椒在全国 28 个省（自治区、直辖市）有种植，主要种植省份包括贵州、河南、云南、内蒙古、重庆等省（自治区、直辖市）；共有七大产区[②]，分别为华中辣椒主产区、北方保护地辣椒主产区、华南嗜辣主产区、西北辣椒主产区、东北露地夏秋辣椒主产区、南椒北运主产区和高山蔬菜主产区。

◆ 我国辣椒贸易情况

2022 年，我国辣椒贸易额 21.1 亿美元，与 2021 年基本持平。其中，辣椒出口额 17.1 亿美元、同比增长 11.6%，进口额 4.0 亿美元、下降 30.7%。从贸易品类看，主要是干辣椒，出口额 15.6 亿美元、同比增长 8.1%，进口

---

① 如无特殊说明，本文数据均来自全球贸易观察。

② 来源：王立浩，马艳青，张宝玺，《我国辣椒品种市场需求与育种趋势》。

额 3.6 亿美元、下降 31.7%；鲜辣椒出口额 1.4 亿美元、同比增长 71.2%，进口额 0.4 亿美元、下降 21.5%。

我国辣椒前三大出口市场依次为美国、日本和西班牙，出口额分别为 3.5 亿美元、2.0 亿美元和 1.5 亿美元，合计占辣椒出口总额的 41.1%；前三大进口来源地依次为印度、缅甸和泰国，进口额分别为 3.3 亿美元、0.3 亿美元和 0.2 亿美元，合计占辣椒进口总额的 95.0%。其中，美国已连续 11 年成为我国辣椒第一大出口市场，印度已连续 4 年成为我国辣椒第一大进口来源地。

我国辣椒前三大出口省份为山东、河北和河南，出口额分别为 10.1 亿美元、0.8 亿美元和 0.7 亿美元，合计占出口总额的 71.6%；前三大进口省份分别为山东、云南和广东，进口额分别为 1.5 亿美元、0.5 亿美元和 0.5 亿美元，合计占进口总额的 61.8%。

近几年来，我国辣椒出口波动频繁，在中高端辣椒市场仍有欠缺，低端辣椒市场份额不稳定。自 2017 年我国辣椒贸易顺差达到 16.2 亿美元峰值后，连续 4 年走低。2021 年贸易顺差仅为 9.46 亿美元，同比下降 42%；2022 年辣椒贸易回暖，顺差为 13.0 亿美元，增长 37%。

◆ 我国辣椒贸易展望

辣椒是我国重要的蔬菜作物之一，加工产品多，产业链长，附加值高，发展辣椒产业对促进农民增收有重要意义。

从国内市场看，辣椒饮食文化在我国有深厚的土壤。随着辣椒种植水平的提高，不同辣度、不同用途的辣椒品种层出不穷，为不同区域的人们食用辣椒创造了条件。同时，辣椒在医疗、保健、美容等方面的功能也被逐步发掘，功能型产品开发潜力将得到进一步释放。

从国际市场看，随着辣椒红色素、辣椒碱等深加工产业的发展，国际市场对辣椒原料的需求将加大。未来，我国作为第一大辣椒生产国有望迎来新的出口机遇。但我们也必须关注到其他出口国的情况，如印度初级辣椒产品和美国等国家的辣椒中高端产品，在国际上都有较强竞争力。因此，加快开发更多符合出口当地饮食文化和习惯的产品，并借助生产原料优势加速融入国际辣椒深加工产业链，将有助于增加我国辣椒产业贸易发展机会。

2022 年我国水产品贸易知多少?[①]

陈宁陆　孙长光

水产品是我国重要的农产品,也是我国农产品中具有较强出口竞争力的产品之一。近年来,我国水产品贸易额不断创历史新高。那么 2022 年我国水产品贸易形势如何? 有哪些贸易伙伴? 主要进出口哪些产品呢?

◆ 我国水产品贸易首现逆差

2022 年,我国水产品贸易额创历史新高,突破 460 亿美元,同比增长 17.0%。其中:进口额 236.9 亿美元,增长 31.5%,增速较 2021 年提高 15.7 个百分点;出口额 230.1 亿美元,增长 5.0%,增速较 2021 年下降 10.1 个百分点。由于进口增速远高于出口增速,我国水产品贸易由 2021 年顺差 39.0 亿美元转为 2022 年逆差 6.8 亿美元。

◆ 我国与主要贸易伙伴进出口额保持增长

我国水产品前五大出口市场依次是东盟、日本、美国、欧盟和韩国,2022 年五大出口市场出口额合计占出口总额的 68.3%。我国对东盟水产品出口额 54.9 亿美元,同比增长 14.6%,其中:对泰国出口额 17.1 亿美元,增长 10.1%;对马来西亚出口额 16.5 亿美元,增长 25.3%。

我国水产品前五大进口来源地是东盟、厄瓜多尔、俄罗斯、秘鲁和印度,2022 年五大进口来源地进口额合计占进口总额的 60.8%。我国自东盟水产品进口额 45.2 亿美元,同比增长 48.8%,其中自越南进口额 19.9 亿美元,增长超过 1 倍;自厄瓜多尔进口额 36.0 亿美元,增长近六成;自俄罗斯进口额 29.6 亿美元,增长 46.5%。

◆ 对虾、鳕鱼等进口额增幅较大推动贸易逆差出现

对虾、鳕鱼、鲑鱼、鲇鱼等主要进口水产品普遍实现量额齐增。对虾进口额 62.6 亿美元,同比增长 55.2%,占总进口增量的近三成;对鳕鱼进口额 19.7 亿美元,增长 54.3%,占总进口增量的 9.2%;对鲑鱼进口额 7.4 亿美元,增长 25.4%;对鲇鱼进口额 6.1 亿美元,增加 1.1 倍。

---

① 　如无特殊说明,本文数据均来自中国海关总署。

◆ 部分优势出口水产品遇冷导致出口增速放缓

墨鱼及鱿鱼、鳕鱼、罗非鱼、虾类和鳗鱼是主要出口品种，2022 年上述主要出口品种合计出口额占水产品出口总额近一半。罗非鱼、虾类和鳗鱼出口遇冷，量额双减，鳗鱼、虾类和罗非鱼出口额分别为 12.6 亿美元、20.4 亿美元、14.0 亿美元，同比下降 8.0%、8.5%、8.7%；墨鱼及鱿鱼、鳕鱼出口实现稳定增长，墨鱼及鱿鱼、鳕鱼出口额分别为 45.5 亿美元、19.9 亿美元，同比增长 12.2%、37.9%。

◆ 2023 年水产品贸易情况展望

综合考虑国际和国内水产品供需形势，预计 2023 年我国水产品贸易总额将较快增长。一是水产品进口将释放更多潜力。2023 年，随着我国进口冷链食品疫情防控措施调整优化，下调鲑鱼等优质水产品进口暂定税率，顺应消费升级趋势。同时，我国居民对优质绿色水产品需求不断增加，在巨大市场需求潜力驱动下，预计 2023 年我国水产品进口将持续保持快速增长势头。二是优势特色水产品出口将延续增长态势。近期，国务院部署多项举措促进外贸保稳提质，各省份也多措并举助企纾困稳定水产品贸易发展；我国进一步优化防疫措施，有助于我国优质水产品企业利用国内外贸易促进平台推介我国优势特色水产品。不过，仍需考虑到 2023 年全球经济增速放缓和通货膨胀对水产品需求端的影响。

我国预制菜国际贸易面临哪些问题？

李　楠

随着 2023 年中央 1 号文件首提"培育发展预制菜产业"，全国各地正在积极推动预制菜产业发展。同时，不少预制菜企业已在开展对外贸易，一些地方政府部门也开始着力为地方预制菜"走出去"创造条件。预制菜贸易是"小农户"对接"大市场"的桥梁纽带，是实现农产品价值增值的新渠道，更是助力乡村振兴和农业农村现代化的新引擎。预制菜贸易中可能面临的问题需要高度关注和积极解决。

◆ 预制菜贸易为什么有必然性？

推动预制菜贸易是用好"两个市场，两种资源"的题中之义，预制菜贸易具有必然性且潜力巨大，是农业贸易新趋势。

第一，预制菜贸易是国际市场资源要素优化配置的要求。从贸易理论上看，我国在中式预制菜的研发生产上具有显著国际优势，开展中式预制菜贸易符合国际资源配置优化的导向，具有经济上的可行性。同时，预制菜将有效降低烹饪服务贸易的成本，提高国外消费者和我国预制菜生产企业双方的福利水平。

第二，预制菜贸易是农业贸易高质量发展的要求。发展预制菜出口贸易有助于提高加工农产品出口比重，丰富我国农产品出口品类，改善农产品出口结构；加工价值、文化价值、品牌价值"三合一"于预制菜，有助于有效提升农产品出口价值；此外，还有助于推动同质化农产品向差异化加工品转化，挖掘农产品出口细分市场潜力，培育国际竞争新优势，一定程度减轻农业出口产业内竞争。

第三，预制菜贸易是构建"双循环"格局的要求。受餐饮市场平稳增长、传统饮食观念、国内容易吃到现做菜品等因素影响，国内预制菜需求市场短期增长有限。而随着我国国际影响力不断提升，中餐和中华饮食文化也在全球广泛传播，为中式预制菜开拓海外市场奠定文化基础。海外美食爱好者、华人华侨等对正宗中餐兴趣浓厚，又为中式预制菜开拓海外市场奠定需求基础。海外预制菜产业起步较早、市场较成熟，消费者对预制菜的接受程度较高，中式预制菜凭借其独特的国际竞争优势，有望挖掘出海外市场的巨大潜力。

◆ 预制菜贸易可能面临什么问题？

现阶段我国预制菜贸易还不够成熟，推动预制菜贸易进一步发展还将面临一系列问题。

从生产环节看，预制菜产业集中度较低、行业标准体系建设滞后、预制菜产品综合品质不高等问题直接削弱预制菜贸易的产业基础。

从贸易环节看，由于预制菜产品多元化且包含多种原料，可能在贸易中引发关联问题，导致进口国对预制菜贸易进行干预，贸易风险相对提高。此外，预制菜保藏技术也限制着预制菜贸易的广度和深度，提升预制菜保藏技术既有助于降低全程冷链的高成本，还可以延长预制菜最佳赏味期、保障预制菜的长期运输和货架期，更可以丰富可供出口的预制菜品种，对预制菜贸易影响较大。

从消费环节看，主要有以下方面。一是开拓预制菜海外市场难度不小。一方面是开拓海外市场的常见问题，如品牌海外认知度较低、与海外商超合作难度大等；另一方面是中式预制菜作为新产品需要培育海外消费市场，虽然海外美食爱好者、华人华侨等可能是中式预制菜的主要消费群体，但如何进一步拓展消费群体，将尝鲜式消费发展为日常式消费，形成稳定的需求市场，需要持续探索推进。二是预制菜消费模式带来的挑战。海外预制菜市场 C 端比重远高于国内，开拓海外市场过程中将面临系列适应性调整。预制菜 C 端需求更多元、销售位置更分散、单笔订单金额小、购买频次高，盈利模式与 B 端显著不同，对产品研发、上新周期、分销渠道、包装设计、冷链仓储、客户服务等环节提出新要求，对企业的成本把控和吸引消费能力提出新挑战。

◆ 如何推动预制菜贸易高质量发展？

预制菜贸易意义重大，应从服务国家农业对外贸易大局的高度，从推进乡村产业兴旺、农民增收致富的深度，从促进预制菜全产业链发展的广度，推动预制菜贸易高质量发展。

一是出台预制菜产业发展支持政策。各地政府部门应高度重视预制菜产业，积极出台产业支持政策，进一步支持和引导产业健康发展，夯实预制菜产业基础，为贸易创造条件。

二是加大科研创新力度及成果商业化应用。中餐工业转换水平直接决定预制菜产业发展水平，高还原度的预制菜是高质量预制菜贸易的基础。应引导科研院所和企业加大预制菜科研投入，集中开展技术攻关和产品研发。搭建预制菜相关科研成果交流展示平台，助力产研精准对接。

三是加快制定预制菜产业标准。中餐菜式多样性和预制菜产业链环节众多要求预制菜产业标准多元化、体系化，健全的标准体系才能规范预制菜贸易高质量发展。应指导地方政府、行业商协会或企业牵头制定预制菜地方标准、团体标准，推动上升为国家标准、行业标准，完善预制菜产业标准体系。

四是加快构建预制菜数据统计体系。当前预制菜相关数据主要来自研究咨询机构、销售平台等，缺乏官方统计数据，缺乏对预制菜生产、流通、贸易等全产业链的统计。应推动有关部门开展预制菜相关数据统计工作，准确掌握预制菜产业态势，有效推动预制菜产业健康有序发展。

五是推动建设预制菜出口产业园区。应鼓励支持有条件的地方建设预制菜出口产业园区，发挥园区集聚资源优势，打通预制菜产业链，形成合力，培育一批预制菜出口龙头企业。

六是助力预制菜产业开拓海外市场。应指导预制菜企业开展海外营销，加大官方宣传推广力度，合力打造预制菜国际知名品牌。帮助预制菜企业用好RCEP等多双边自贸协定的政策红利，更好地进行生产贸易全球布局。加强预制菜贸易研究，科学研判全球预制菜市场态势，帮助企业发掘市场机遇、应对市场风险。

沙特阿拉伯与我国的农产品贸易如何？[①]

赵可轩　张钟元

沙特阿拉伯（简称沙特）位于阿拉伯半岛，大部分属于热带沙漠气候，夏季炎热干燥。沙特70％的面积为半干旱荒地或低级草场，可耕地面积只占土地面积的1.5％。由于大部分地区降水稀少，沙特农业发展受到极大限制，谷物自给率较低，需要大量进口才能满足国内需求。那么中国与沙特（简称中沙）农产品贸易情况怎样？有什么样的发展前景呢？

◆ 我国与沙特农产品贸易情况

（一）贸易额波动较大

近5年两国农产品贸易额呈波动态势且变化幅度极大，从2018年的3.1亿美元增至2022年的5.6亿美元，其中2020年和2021年下降，其余年份增长。进口额从2018年的0.1亿美元增长至2022年的1.2亿美元，其中在2019年进口达到1.9亿美元；出口额从2018年的3.0亿美元增长至2022年的4.4亿美元，除2021年出现下降外均保持增长（图1）。

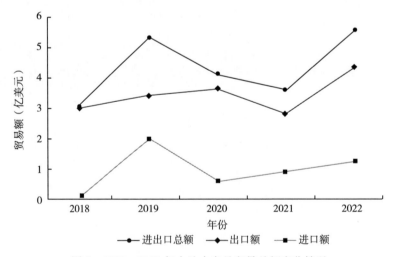

图1　2018—2022年中沙农产品贸易总额变化情况

---

① 如无特殊说明，本文数据均来自中国海关总署、联合国商品贸易统计数据库。

（二）我国自沙特进口农产品以对虾为主

2019—2022 年，对虾占我国自沙特农产品进口总额的比例均保持在 80％ 以上，2019 年和 2022 年甚至超过 90％。2019 年对虾进口额为 1.8 亿美元，是近 5 年最多的一年。

2022 年进口额第二至第四的农产品分别是糖料及糖、粮食制品和水果，但占比较小，分别为 4.1％、0.9％、0.9％（表 1）。

表 1　我国自沙特进口主要农产品

产品类别	2018 年（万美元）	2019 年（万美元）	2020 年（万美元）	2021 年（万美元）	2022 年（万美元）
对虾	43.0	18 063.5	3 727.1	6 641.4	10 941.5
糖料及糖	0.1	0.0	0.3	154.4	480.3
粮食制品	76.6	68.7	77.2	54.4	107.8
水果	152.0	257.0	136.2	259.8	106.5
农产品合计	626.6	19 043.6	4 517.2	7 543.1	11 653.0

（三）我国对沙特农产品出口集中

我国出口沙特农产品以蔬菜、水果、糖料及糖、油籽和粮食制品为主，2022 年出口额分别为 11 820.9 万美元、3 317.9 万美元、3 007.1 万美元、2 836.6 万美元和 2 699.6 万美元，分别占出口总额的 26.8％、7.5％、6.8％、6.4％和 6.1％（表 2）。

表 2　我国对沙特出口主要农产品（大类）

产品类别	2018 年（万美元）	2019 年（万美元）	2020 年（万美元）	2021 年（万美元）	2022 年（万美元）
蔬菜	9 213.5	12 139.2	14 322.5	11 136.7	11 820.9
水果	3 033.9	2 937.7	4 001.1	3 589.2	3 317.9
糖料及糖	2 174.8	2 117.7	1 624.0	1 662.9	3 007.1
油籽	2 718.6	3 146.6	2 616.8	2 350.1	2 836.6
粮食制品	1 503.2	1 694.6	1 349.0	1 590.4	2 699.6
农产品合计	29 977.7	34 385.3	36 265.5	28 359.2	44 045.5

在 2022 年我国对沙特出口的农产品中，排名前五的农产品分别为番茄（加工）、大蒜、葵花籽、生姜、蜂产品，出口额分别为 3 985.4 万美元、3 770.4 万美元、1 786.5 万美元、1 540.5 万美元和 1 540.3 万美元，且各项产品出口在过去 5 年中都出现明显波动（表 3）。

表 3　我国对沙特出口主要农产品（细类）

产品类别	2018 年 （万美元）	2019 年 （万美元）	2020 年 （万美元）	2021 年 （万美元）	2022 年 （万美元）
番茄（加工）	2 222.3	2 287.5	2 717.9	2 219.2	3 985.4
大蒜	3 116.4	5 248.9	5 099.7	4 662.6	3 770.4
葵花籽	1 628.5	2 100.9	1 554.3	1 219.1	1 786.5
生姜	2 069.3	2 458.6	3 623.3	2 357.5	1 540.5
蜂产品	332.2	743.8	1 324.6	634.7	1 540.3

◆ 存在问题和农产品贸易前景

（一）中沙两国农产品贸易存在的问题

一是中沙两国目前农产品贸易规模较小，两国农产品贸易总额仅占我国农产品贸易总额的 0.17%。

二是我国在沙特农产品市场占有率偏低。沙特作为一个农产品进口大国，其水果进口主要国家是埃及、爱尔兰、南非等国，我国水果出口占比远低于这些国家，2021 年占沙特进口排名为第十九名；蔬菜进口方面，2021 年中国虽然排名第一但占比仅为 11%。

三是两国农产品进出口品类也较少，且附加值偏低。我国进口对虾占很大比重，出口也以蔬菜、水果等初加工产品为主，贸易水平有待提升。

（二）中沙两国农产品贸易前景

中沙两国农产品贸易增长空间较大。2016 年沙特启动沙特"2030 愿景"计划，旨在推进经济多元化，改善商业环境，最终实现到 2030 年不再依赖石油的目标，为我国企业在沙特投资提供了便利。2019 年 2 月 22 日，我国与沙特围绕深入推进"一带一路"倡议与沙特"2030 愿景"进行了产业对接，两国均表示将有序推进贸易等传统合作，共同推动我国-海合会自由贸易区建设。随着中巴经济走廊的逐步建成，将有效增强我国与沙特的交流，两国农产品可以快速运输至对方。

我国与哈萨克斯坦农产品贸易情况如何？[①]

赵可轩　黄昕炎

哈萨克斯坦地处欧亚大陆中心地带，全国可耕地面积超过 2 000 万公顷，主要农作物有小麦（占粮食作物产量的 90% 左右）、玉米、大麦、燕麦、黑麦等。中国与哈萨克斯坦（简称中哈）农产品互补性强，那么近年贸易情况怎样呢？

◆ 哈萨克斯坦农产品贸易概况

哈萨克斯坦是中亚 5 国中最大的农产品贸易国，全球排名第六十一位。2020 年，哈萨克斯坦农产品贸易额 74.3 亿美元，其中出口额 33.5 亿美元、进口额 40.8 亿美元，主要出口谷物、油籽，进口畜产品、饮品、水果等（表1）。

表1　2020 年哈萨克斯坦主要进出口农产品（大类）

产品	出口额（亿美元）	同比增长（%）	产品	进口额（亿美元）	同比增长（%）
谷物	18.7	8.1	畜产品	8.0	2.3
油籽	3.6	−15.3	饮品	6.4	0.1
植物油	1.8	17.2	水果	5.8	−3.9
畜产品	1.5	−41.3	蔬菜	3.1	1.3
饮品	1.2	21.6	糖料及糖	2.6	11.3

2020 年，我国是哈萨克斯坦第三大出口市场和第四大进口来源地。哈萨克斯坦前两大出口市场分别是乌兹别克斯坦和阿富汗，前三大进口来源地分别是俄罗斯、乌兹别克斯坦和白俄罗斯。

◆ 近年中哈农产品贸易特点

（一）农产品贸易呈波动增长态势，进口增速高于出口

2018—2022 年，中哈农产品贸易额呈波动增长态势，从 6.0 亿美元上升至 9.3 亿美元，增长 55.2%。其中：进口额从 2018 年的 2.8 亿美元增长至

---

① 如无特殊说明，本文数据均来自中国海关总署、联合国商品贸易统计数据库。

2022 年的 5.7 亿美元，增长 1.0 倍；出口额从 2018 年的 3.2 亿美元增长至
2022 年的 3.5 亿美元，仅增长 11.5％（图 1）。

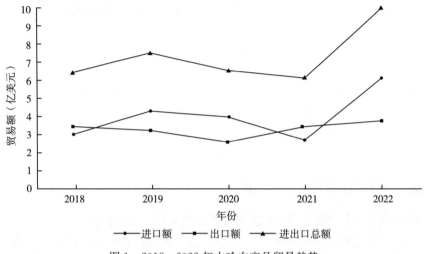

图 1　2018—2022 年中哈农产品贸易趋势

（二）油籽和植物油为我国主要进口产品

油籽和植物油进口增长较大，进口额分别从 2018 年的 5 832.4 万美元和
5 618.4 万美元增长至 2022 年的 2.1 亿美元和 1.5 亿美元，分别增长 2.5 倍和
1.7 倍。2022 年进口的前五大农产品为亚麻籽、葵花油和红花油、葵花籽、大
麦和菜油，进口额分别为 9 961.0 万美元、9 226.9 万美元、7 917.4 万美元、
5 343.8 万美元和 4 634.4 万美元，且增长迅速，合计进口额 3.7 亿美元，占
我国自哈萨克斯坦农产品进口总额的 64.7％，比重不断提升（表 2）。

表 2　我国自哈萨克斯坦进口主要农产品

产品	2018 年	2019 年	2020 年	2021 年	2022 年
亚麻子（万美元）		124.2	5 536.4	3 523.1	9 961.0
葵花油和红花油（万美元）	2 115.0	2 803.1	3 553.2	1 227.6	9 226.9
葵花籽（万美元）	4 376.3	8 114.7	3 922.4	2 600.8	7 917.4
大麦（万美元）		586.3	2 532.7	2 320.3	5 343.8
菜油（万美元）	1 814.4	4 459.8	2 961.4	500.4	4 634.4
农产品合计（万美元）	27 996.3	39 900.7	37 354.1	25 084.3	57 323.9
进口额合计占进口总额比重（％）	30.0	40.3	49.5	40.6	64.7

（三）蔬菜、干果为我国主要出口产品

蔬菜和干果为我国对哈萨克斯坦主要出口产品，2022 年出口额分别为
7 135.7 万美元和 6 515.7 万美元，占出口总额的 38.7%。2022 年主要出口农
产品为核桃、蘑菇（干）、番茄（加工）、花生和食糖，出口额分别为 4 335.3
万美元、3 275.4 万美元、1 954.4 万美元、1 088.9 万美元和 979.9 万美元，
合计出口额 1.2 亿美元，占我国对哈萨克斯坦农产品出口额的 33.0%，占比
较 2020 年和 2021 年出现下降（表3）。

表 3　我国对哈萨克斯坦出口主要农产品

产品	2018 年	2019 年	2020 年	2021 年	2022 年
核桃（万美元）	245.1	120.4	4 929.1	7 896.8	4 335.3
蘑菇（干）（万美元）	530.7	1 306.1	1 772.2	4 260.5	3 275.4
番茄（加工）（万美元）	1 471.6	1 338.6	1 761.5	1 468.0	1 954.4
花生（万美元）	527.4	614.3	585.1	705.6	1 088.9
食糖（万美元）					979.9
农产品合计（万美元）	31 671.4	30 249.9	23 999.9	32 339.1	35 256.3
进口额合计占进口总额比重（%）	8.8	11.2	37.7	44.3	33.0

◆ 中哈农产品贸易合作、问题及建议

"一带一路"倡议提出 10 年来，中哈农产品贸易合作不断深入。2013 年，
开启了中哈连云港国际物流合作基地项目，至今已经发出 5 000 多列中欧班
列。同时，随着阿拉山口口岸"绿色通道"的建立，标志着中哈之间"绿色通
道"陆路口岸的全面覆盖，口岸均设置专门窗口，优先办理农产品进出口相关
业务，大幅缩短海关通关时间，为中哈两国农产品贸易便利化提供了支持。

（一）中哈农产品贸易存在的问题

一是基础设施仍需完善。虽然中哈两国进行了一些交通建设，然而新冠疫
情期间建设停滞，边境基础设施仍无法满足快速增长的贸易需求。且我国与哈
萨克斯坦的铁路轨道宽度存在差异，铁路运输需要中转，增加了交易成本。中
哈两国在冷链运输方面的技术研发投入少，设备运用较少，影响了有保鲜需求
的农产品贸易。

二是出口农产品附加值偏低。我国对哈萨克斯坦出口的农产品大多为初加
工或未加工的农产品，产品附加值较低，技术水平较差，农产品竞争力弱。

（二）中哈农产品贸易建议

一是持续投入基础设施建设。中哈两国应加大对铁路、公路的投资力度，

统一双方的铁路标准，推动边境铁路融合，或建立现代化中转站，减少中转时间。同时加大对制冷设备和保温箱的投入，增加冷链运输车辆、铁路车厢的使用，减少物流损失。

二是打造知名品牌。建议借助国贸基地项目，培养西部龙头企业，打造西部农产品出口品牌。

三是推进农产品出口多元化。增加出口种类，改善出口结构，提升产品附加值，如茶油、预制菜等深加工产品。

我国与尼加拉瓜农产品贸易状况怎样?[①]

蒋丹婧　邹　慧

2021年12月10日中国与尼加拉瓜（简称中尼）复交。2022年7月12日中尼双方正式签署《中华人民共和国政府与尼加拉瓜共和国政府关于自由贸易协定早期收获的安排》（简称"早期收获"）。"早期收获"于2023年5月1日正式生效实施。农业是尼加拉瓜国民经济支柱产业，以农业为重点领域，推动双边农产品贸易发展，对于增强双边农业交流合作具有重要意义。

◆ 尼加拉瓜主要农产品出口量占产量的比重较高

尼加拉瓜位于中美洲地区中部，北靠洪都拉斯，南连哥斯达黎加，东临加勒比海，西濒太平洋，是中美洲面积最大的国家。尼加拉瓜主要生产甘蔗、生牛乳、大米、油棕果、玉米、香蕉和咖啡等。2021年，甘蔗产量710.6万吨，按照14%出糖率制成食糖约99.5万吨，出口40万吨，出口量占产量的40.2%；香蕉产量31.3万吨，出口22.1万吨，占比70.6%；咖啡产量16.8万吨，出口15.3万吨，占比91.1%；牛肉产量16.7万吨，出口13.3万吨，占比79.6%；油棕果产量45.8万吨，按照45%出油率制成棕榈油20.6万吨，出口9.5万吨，占比46.1%。

◆ 中尼农产品贸易情况

中尼双边农产品贸易规模较小，2022年我国在尼加拉瓜农产品贸易伙伴中列第二十九位。近年来，农产品贸易额先增后降，2017年仅1 519万美元，2018年增至7 269.3万美元，后逐步降至2022年的1 124.1万美元。其中：我国对尼加拉瓜出口额610.3万美元，同比增长7.9%，主要出口大蒜（220.7万美元，占36.2%）、糖类（67.1万美元，占11%）、洋葱（27.6万美元，占4.5%）、蘑菇（26.3万美元，占4.3%）和罗非鱼（12.9万美元，占2.1%）等；我国自尼加拉瓜进口额513.8万美元，下降19.5%，进口产品较为集中，主要是花生油（497.4万美元，占96.8%）和烟草（14.4万美元，占2.8%）。

---

① 如无特殊说明，本文数据均来自中国海关总署、联合国商品贸易统计数据库。

◆ 中尼"早期收获"农产品降税安排

中尼签署"早期收获"，旨在对双方较为关注的部分产品优先作出关税减让安排，自 2023 年 5 月 1 日起立即取消进口关税，帮助双方企业尽早享惠。

中国减让清单主要包括牛肉、部分水产品（虾类和海参等）、花生、朗姆酒等，涵盖 40 个农产品税目。

尼加拉瓜减让清单主要包括蔬菜幼苗、大蒜、甜玉米、制作或保藏的沙丁鱼、口香糖、其他含可可食品、甜饼干等，涵盖 36 个农产品税目。

◆ 中尼农产品贸易潜力

"早期收获"的签署为中尼农产品贸易快速发展奠定了良好基础。

一是提升农产品市场准入水平，稳步扩大贸易规模。一方面，我国扩大对尼加拉瓜农业领域开放，增加自尼加拉瓜特色优质农产品进口，满足国内多样化消费需求。另一方面，我国推动优势农产品出口，争取关税削减，降低市场准入门槛，提高我国农食产品在尼加拉瓜市场份额。

二是减少农产品服务贸易限制。服务贸易准入门槛降低，有利于农产品服务贸易向更深层次发展，扩大服务贸易规模。

三是提高信息透明度，减少非关税贸易壁垒。推动双方在自贸区联委会机制框架下，定期就国内农产品检验检疫政策调整进行告知和说明，提高政策信息透明度，降低企业贸易风险。

我国宠物食品贸易知多少？[①]

霍春悦　杨妙曦

《2021年中国宠物行业白皮书》数据显示，我国城镇饲养犬猫的人群达到了6 844万。随着养宠人士越来越多，我国宠物食品产量、进出口规模也在不断扩大。据中国饲料工业协会统计，2021年全国宠物饲料产量达到113万吨，全国宠物饲料生产企业357家。根据中国海关进出口数据，近10年（2013—2022年）我国犬猫粮进出口规模由7.4亿美元增至19.16亿美元、贸易总量由12.3万吨增至37.5万吨。

◆ 宠物食品有哪些？

宠物食品是介于人类食品与传统畜禽饲料之间的高档动物食品，按照用途分为宠物主食（猫粮、狗粮等）、宠物零食（罐头、鲜封包、肉条、肉干等）、宠物营养保健品（钙、维生素、蛋白等营养品）。本文所讨论的宠物食品主要是中国海关统计中的零售包装狗食或猫食（税目230910），包括饲料和罐头。

◆ 宠物食品的发展过程是什么？

你知道世界上第一款商业化宠物食品是什么时候诞生的吗？1860年，世界上第一款专门为宠物犬设计的食品由"宠物食品之父"詹姆斯·斯普拉特（James Spratt）制造。20世纪中后叶，宠物食品在美国和欧洲各地快速发展，但由于经济发展和传统观念等原因，直到进入21世纪宠物食品行业才在我国壮大起来。2018年6月1日，农业农村部出台了《宠物饲料管理办法》《宠物饲料生产企业许可条件》等6个规范性文件，这是国内首次出台针对宠物食品体系化管理规定，意味着我国宠物食品生产与销售进入规范化发展的新时代。

◆ 我国宠物食品主要进口来源地是哪里？

随着国内养宠人士越来越多，宠物食品进口增长迅猛，2013—2022年我国宠物食品进口额增长70多倍，年均增长率为61.0%。2022年进口额达6.7亿美元，其中罐头1.3亿美元（图1）。

---

① 如无特殊说明，本文数据均来自中国海关总署。

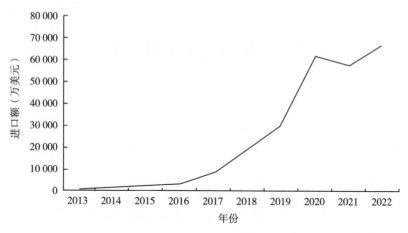

图 1　2013—2022 年我国宠物食品进口额

我国宠物食品进口来源地主要集中在美国、加拿大、泰国、新西兰、意大利等国家，2022 年从上述 5 国进口的宠物食品占进口总额的 96.81%，其中超过一半从美国进口（图 2）。

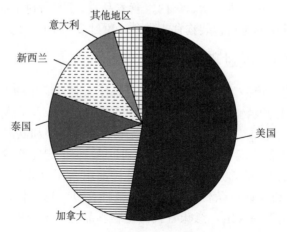

图 2　2022 年我国宠物食品进口来源地

◆ 我国宠物食品主要出口到哪里？

我国是宠物食品净出口国，虽然 2013—2022 年进口大幅增长，贸易顺差呈下降趋势，但出口年均增长率仍达 6.0%。2020—2022 年我国宠物食品出口均呈增长态势，出口额分别为 9.8 亿美元、12.2 亿美元、12.4 亿美元（图 3）。

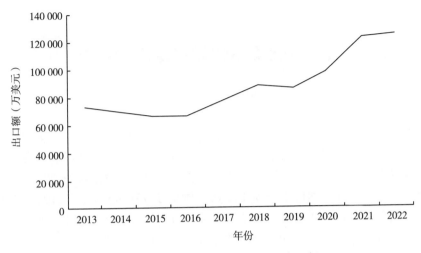

图 3   2013—2022 年我国宠物食品出口额

2022 年我国宠物食品前五大出口市场分别为美国、德国、日本、韩国、英国，总出口额为 7.7 亿美元，占我国宠物食品出口总额的比例为 62%（图 4）。

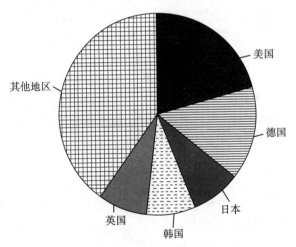

图 4   2022 年我国宠物食品主要出口市场

烟台预制菜品牌如何走出国门?[①]

韩　啸　龚　冰

烟台市是全国食品工业产业集群示范区、"中国鲁菜之都",是全国农产品国际贸易竞争力最强的地级市之一。烟台苹果、莱阳梨、大樱桃、海参等农特产品驰名中外,农产品出口居全国地级市首位;烟台苹果品牌连续13年蝉联中国果业第一品牌;烟台水产品出口占全国的1/15;全国5家白羽肉鸡上市企业,烟台占4席。在传统农产品出口海外的经验基础上,近几年烟台市通过"政府搭台,企业唱戏,农民参与"的模式,在预制菜国际贸易方面表现突出,其实践经验对于探索预制菜走出国门具有借鉴意义。

◆ 政府顶层设计,搭建产业平台

烟台市预制菜品牌能够远销海外,主要得益于政府的高度重视和引导。烟台市政府高度重视预制菜国际品牌培育,出台《关于加快推进烟台预制菜产业高质量发展的实施意见(2022—2025)》等指导性文件,将预制菜产业列入"9+N"产业集聚培育工程和16条重点产业链,实施链长、链办、链主企业联动推进机制,致力于打造"链主+骨干+园区+基地"的预制菜产业布局,实施品牌培育计划,做强企业国际品牌影响力。烟台市各区县也积极响应落实,如莱阳市(烟台县级市)通过组建莱阳市预制菜产业发展联盟、扩建1 000亩预制菜产业园区、举办预制菜产业政银企合作对接会等方式,为预制菜产业搭建起"软硬件"平台。

◆ 企业对接标准,打造国际品牌

品牌是预制菜企业最具价值的资产之一,也是核心竞争力的体现。烟台市以标准化优质产品为支撑,以优势龙头企业为依托,着力打造预制菜品牌,推动预制菜产业高质量发展。当地企业长期面对海外市场,企业从建立之初就严把品质标准,通过各类国际质量认证,与国际标准全面接轨,建立起较完善的食品安全生产体系,成功将中国加工农产品卖到全球。如喜旺通过学习国外技术、经验,依靠严格食品生产标准,在肉制品行业,成为第一家海外建厂的中国企业,其中喜旺烤肠已连续多年在Costco等主流超市稳居同类产品销量第

---

①　如无特殊说明,本文数据均来自中国海关总署、作者调研数据。

一，成为进军加拿大等发达国家建工厂、拓市场、学技术、创品牌的典例。

再如莱阳市依托"莱阳梨""莱阳芋头"等国家地理标志保护产品，以及特色优质农产品区域品牌集群，高标准打造了一批预制菜产业高地和产业集群。仅莱阳市预制菜产品就已出口至亚洲、欧洲、非洲30多个国家和地区，2022年出口额6.4亿美元。目前，莱阳预制菜企业正逐步将自有生产基地和"订单式"标准化基地拓展到全国，并通过订单基地将"莱阳标准"输送到其他省市。

◆ 农民深度参与，构建利益联结

农民深度参与预制菜产业链全程，与"政企"构建起稳定的利益联结机制，形成三方共创共享、共荣共生良性生态圈。预制菜出口有效带动农民增收，农民增收则激励其增加优质农产品供给的积极性和主动性，并促进劳动力等生产要素向预制菜出口企业和生产领域流动，极大优化了农业资源的重新分配和对产业结构的优化。农民增收和预制菜提质同频共振，互促互进，进而助力农业产业转型升级，为共同富裕提供坚实基础。

烟台市蓝白、春雪、仙坛等公司，均是国家重点农业产业化龙头企业、预制菜出口企业，业务涵盖种养到深加工全产业链条，和农户、合作社形成了稳定利益联结，在产业链上实现优势互补、分工合作，预制菜成功出口海外，进而让农民更多分享到预制菜增值收益，实现了"小农户"与国际"大市场"有效对接。如莱阳企业龙大集团在政府引导下，通过"龙头企业＋农民专业合作社＋农户""龙头企业＋村集体经济组织＋农户"等模式，采用"五统一"管理模式，形成产业化联合体，将政府、企业、农户联结成为风险共担、利益共享的经济体，实现政府、企业和农户"三富"。调研数据显示，莱阳市10万多名农民通过在产业链企业务工、田间基地生产等方式分享产业增值，平均每人每年增加工资性收入3万多元，实现政府、企业和农户共同分享预制菜出口红利。

首届中非农业合作论坛召开以来
中非农产品贸易情况如何？[①]

龚　冰　赵　政

中国与非洲（简称中非）农产品贸易具有较强的互补性，近年来中非农产品贸易往来日渐紧密，特别是中国自非洲农产品进口增长显著。2019年12月，首届中非农业合作论坛在海南三亚举办，这是中非农业合作领域最大规模会议。此次会议召开以来，中非农产品贸易进一步发展。

◆ 中非农产品贸易概况如何？

中非农产品贸易稳定增长，我国进口增速快于出口。2020—2022年，中非农产品贸易额由76.7亿美元增长至89.2亿美元，年均增长7.8%。其中，出口额年均增长4.4%，进口额年均增长10.4%。但是从总量上看，中非农产品贸易规模较小，贸易额仅占我国农产品贸易总额的3%左右。

我国自非洲进口前五大农产品是芝麻、烟草、花生、原棉和柑橘，合计占自非洲农产品进口总额的61.3%。其中，芝麻和原棉进口来源分散，烟草全部来自津巴布韦和赞比亚，花生全部来自苏丹和塞内加尔，柑橘基本来自南非和埃及。目前，我国已成为非洲农产品出口的第二大目的国。

我国对非洲出口前五大农产品是绿茶、大米、罗非鱼、番茄和其他糖，合计占对非洲农产品出口总额的44.4%。前五大出口市场是南非、加纳、摩洛哥、埃及和尼日利亚，合计占对非洲农产品出口总额的47.5%。

◆ 中非农产品贸易取得了哪些进展？

一是我国自非洲进口农产品快速增长。2020年以来，我国自非洲进口农产品年均增长10.4%，除上述进口量居前五的农产品之外，咖啡、大豆、夏威夷果、生牛马皮、草莓、亚麻、苹果等农产品的进口年均增速超过50%。苹果和夏威夷果主要来自南非，草莓和亚麻主要来自埃及，大豆主要来自贝宁，咖啡主要来自埃塞俄比亚，生牛马皮主要来自尼日利亚和加纳。

二是关税优惠力度逐步扩大。我国积极落实中非合作论坛农业领域合作举措，为农业经贸合作提供助力。就进口来看，我国逐步扩大非洲相关国家输华

[①] 如无特殊说明，本文数据均来自中国海关总署。

商品零关税待遇范围，2022年9月和12月，我国分别给予多哥等17个非洲最不发达国家98%税目产品零关税待遇。

三是中非农产品贸易便利化水平不断提高。我国为非洲农产品输华建立"绿色通道"，并制定了切实可行的准入便利举措，对非洲国家提出的农产品准入申请予以优先考虑，加快准入流程、评估和注册等。即使在新冠疫情之下，中非农产品贸易也继续保持了强劲的增长势头，非洲农产品输华"绿色通道"运转顺利，7个国家的9项产品输华协议签署生效，非洲输华农产品食品种类超过300多种。

◆ 中非农产品贸易潜力如何释放？

非洲农业资源丰富，是油籽、棉麻丝等土地密集型农产品的主要产区之一，饮品、坚果、糖料及糖、干豆、水产品等都是非洲的优势农产品。我国与非洲农产品的贸易互补性较强，但由于非洲产能、基础设施等方面限制，中非农产品贸易潜力未能充分释放，还需在以下几方面进一步推动深度合作。

一是持续提升贸易便利化水平。加快市场准入，简化通关程序，优化农产品检疫准入流程，改善贸易基础设施，加强标准领域合作，推进对非洲认证认可、合格评定结果国际互认工作，为非洲对我国出口提供培训指导，开展中非自贸合作。

二是持续优化贸易平台建设。搭建贸易合作平台，发布中国市场准入要求、进口需求，发挥数字贸易和跨境电商优势。用好中非经贸博览会、中国国际进口博览会等展会平台，实施"贸易畅通"项目，提供展位补贴，紧密对接非洲农产品供给与中国市场需求。

三是持续深化中非经贸合作。升级中非经贸合作区，鼓励中国企业对非洲农产品生产、仓储、物流等环节投资，打造稳定、畅通的供应链。向非洲持续提供农业技术援助，提升农业生产效率，增加农作物产量，实现非洲农产品稳定供给。

近年我国与阿根廷农产品贸易情况如何？[①]

马景源　李子晔　四方旸

阿根廷是拉丁美洲第三大经济体，农牧业发达，也是我国重要的农产品进口来源地之一。2022年2月，中国与阿根廷（简称中阿）两国签署共建"一带一路"谅解备忘录，共同推进"一带一路"建设。在两国不断推进合作的过程中，中阿的农产品贸易情况如何？除了牛肉和大豆外，还有哪些值得关注的农产品？未来又将如何发展？

◆ 阿根廷农业及农产品贸易概况

阿根廷农业资源条件良好，耕地面积约6.1亿亩，占国土面积的14.3%，人均耕地面积居世界前列；大豆、玉米、牛肉产量分别排名全球第三、第四、第五位，同时还是全球最大的马黛茶生产国。2021年，阿根廷农产品贸易额444.7亿美元，较2017年增长15.1%，其中出口额393.8亿美元、进口额50.9亿美元。2017年以来一直保持贸易顺差（图1）。

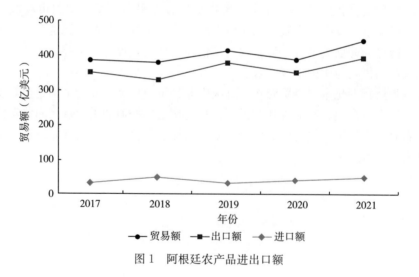

图1　阿根廷农产品进出口额

2021年，阿根廷主要出口农产品为谷物、饼粕、植物油、畜产品和油籽，

出口额分别占农产品出口总额的 31.2％、18.6％、14.7％、11.6％和 7.9％；主要进口农产品为油籽、水果、饮品、畜产品和水产品，进口额分别占 50.1％、11.1％、8.8％、5.0％和 4.3％（图 2）。

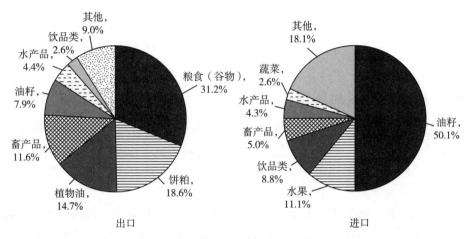

图 2　阿根廷主要农产品进出口额占比

2021 年，阿根廷主要农产品前五大出口市场分别为中国、巴西、印度、越南和巴拉圭，主要进口来源地为巴拉圭、巴西、厄瓜多尔、智利和美国。

◆ 近年我国与阿根廷农产品贸易特点

中阿农产品贸易额呈波动增长态势，2022 年贸易额 77.9 亿美元，其中我国自阿根廷进口额 77.2 亿美元，对阿根廷出口额 0.7 亿美元。阿根廷是我国第七大农产品进口来源地。

（一）牛肉、大豆大量进口

近 5 年来，我国自阿根廷畜产品进口额迅速增长，自 2017 年的 5.7 亿美元增长至 2022 年的 31.1 亿美元，增长 4.5 倍。其中，牛肉增幅最大，自 2017 年的 3.7 亿美元增长至 2022 年的 27.2 亿美元，增长 6.3 倍。

自阿根廷大豆进口则有较大波动，2017—2020 年年均进口 607 万吨，但随后连年下降。2022 年进口 364.8 万吨，比 2017 年下降 44.6％，占我国大豆进口总量的 4％。

（二）谷物进口迅速增长

2019 年以前，我国自阿根廷谷物进口量较少。随着国内供应趋紧，自阿根廷进口连年迅速增长，由 2019 年的 20.6 万吨增至 2022 年的 437.7 万吨，年均增长 1.8 倍，其中大麦、高粱分别进口 238.9 万吨、198.8 万吨。

在我国谷物进口来源地中，阿根廷自 2018 年的第十二位上升至 2022 年的第四位，并成为最大的大麦、第二大高粱进口来源地。

（三）对阿根廷农产品出口较少

我国对阿根廷农产品出口额保持增长，自 2019 年的 4 888.9 万美元增至 2022 年 7 003.1 万美元，但与进口额相比仍然较少。主要出口蘑菇、大蒜、木耳、辣椒等产品，出口额分别为 722.4 万美元、317.0 万美元、196.8 万美元、193.9 万美元。另外，2022 年对阿根廷茶叶出口额 22.6 万美元，同比下降 91.3%。

◆ 中阿农产品贸易展望

短期来看，当前阿根廷深陷经济危机。截至 2023 年 3 月，阿根廷年累计通胀率达 104.3%，成为全球通胀率最高的国家之一。另外，2022 年起阿根廷遭遇历史性干旱，预计 2022—2023 年大豆和谷物产量将大幅下降，相关农产品出口能力受到影响，中阿农产品仍将面临波动风险。

长期来看，阿根廷自然条件优越，多种农产品出口量大，加强与阿根廷农产品贸易可以帮助我国实现农产品进口多元化策略。2021 年，阿根廷玉米出口 3 745.5 万吨，为全球的第二大出口国；豆粕出口 1 739.6 万吨，为全球第一大出口国；豆油出口 466.1 万吨，为全球第一大出口国；大豆出口 428.4 万吨，位列巴西、美国、巴拉圭、加拿大之后，为全球第五大出口国。而 2022 年，我国自阿根廷玉米、豆粕、豆油都仅有少量进口，存在较大增长空间。

中国-东盟水产品贸易知多少?[①]

陈宁　陆　米　加　董　程

东盟目前有文莱、柬埔寨、印度尼西亚、老挝、马来西亚、缅甸、菲律宾、新加坡、泰国、越南 10 个成员，是我国重要的水产品贸易伙伴。

那么，近年来我国和东盟水产品贸易总体变化趋势如何？我国自东盟哪些成员进口哪些产品？对东盟哪些成员出口哪些产品？我国和东盟在贸易方式上又有什么特点呢？

◆ 东盟是我国最大的水产品贸易伙伴

近年来，我国和东盟水产品贸易额不断增长，东盟已成为我国第一大水产品贸易伙伴。2022 年，双边贸易总额站上 100 亿美元新台阶，达到 100.1 亿美元，超过我国水产品贸易总额的 1/5。2002 年，我国与东盟签订了《中国-东盟全面经济合作框架协定》，正式启动自由贸易区建设；2004 年，双方签订了"早期收获计划"，包括水产品在内的几百种农产品关税降为零。自 2012 年以来，受自贸区降税和需求拉动，我国与东盟的水产品贸易总额年均增长 13.3%，远高于对全球 5.6% 的增速。

◆ 我国对东盟水产品出口额创历史新高

2022 年，我国对东盟水产品出口额 54.9 亿美元，同比增长 14.6%，占我国水产品出口总额的 23.9%。东盟是我国第一大水产品出口市场。其中：对泰国水产品出口额 17.1 亿美元，增长 10.1%；对马来西亚水产品出口额 16.5 亿美元，增长 25.3%。

我国对东盟出口以墨鱼及鱿鱼、鲭鱼、鳗鱼、鲍鱼和章鱼为主，出口额分别为 21.6 亿美元、4.1 亿美元、2.4 亿美元、1.8 亿美元、1.4 亿美元；除鳗鱼出口额下降 7.2% 外，其余 4 种水产品出口额分别增长 14.7%、55.5%、44.7%、1.5 倍；5 种水产品出口额分别占我国对东盟水产品出口总额的 39.3%、7.5%、4.4%、3.3% 和 2.6%。

---

① 如无特殊说明，本文数据均来自中国海关总署。

◆ 我国自东盟水产品进口额同比增长近五成

2022 年，我国自东盟水产品进口额 45.2 亿美元，增长 48.8%，占我国水产品进口总额近 1/5。东盟是我国第一大水产品进口来源地。其中：自越南进口额 19.9 亿美元，增长超过 1 倍；自印度尼西亚进口额 11.3 亿美元，同比增长 23.4%。

我国自东盟进口水产品以对虾、鲇鱼、饲料用鱼粉、墨鱼及鱿鱼、麒麟菜为主，进口额分别为 7.6 亿美元、6.1 亿美元、4.9 亿美元、4.5 亿美元、3.0 亿美元，同比分别增长 44.1%、110%、36.5%、28.3% 和 82.2%；5 种水产品进口额分别占我国自东盟水产品进口总额的 16.8%、13.5%、10.9%、10.1% 和 6.6%。

◆ 水产品贸易方式以一般贸易为主

2022 年，我国以一般贸易方式向东盟出口水产品 53.0 亿美元，同比增长 15.8%，占向东盟出口水产品总额的 95% 以上。以进料加工贸易方式出口额 6 569.1 万美元，增长 20.7%；以保税监管场所进出境货物方式出口额 5 818.5 万美元，下降近一半；以边境小额贸易方式出口额 4 258.2 万美元，大幅增长近 1.8 倍。

我国以一般贸易方式自东盟进口水产品 44.1 亿美元，占我国自东盟水产品进口总额的 97.6%。以边境小额贸易方式进口额 6 411.2 万美元，大幅增长近 20 倍；以进料加工贸易方式进口额 2 358.6 万美元，增长近一半。

泰国榴莲何以快速走进我国消费者的视野？^①

刘文泽　　刘　岩

闻着臭、吃着香、口感绵密而独特的榴莲在国内相当长时间里都是一种小众水果，而如今正受到越来越多消费者的欢迎。泰国榴莲凭借好的品质和口感，尤其深受国内消费者喜爱。4月中下旬正值泰国东部产区高峰采摘期，进入5月后南部产区逐渐开始供应，7月正是泰国榴莲在国内市场上市的季节。泰国榴莲为何能在我国市场如此火热？世界范围内的榴莲贸易情况又如何呢？下面让我们一探究竟。

◆ 世界榴莲贸易情况怎样？

马来西亚、印度尼西亚、泰国等东南亚国家是世界榴莲主产国。泰国是世界上最大的榴莲出口国，马来西亚本国需求巨大且过去不允许未成熟的榴莲出口，印度尼西亚榴莲也主要在本国消费，因此在全球榴莲贸易市场主要以泰国榴莲为主。中国是全球榴莲最大进口国，目前全球97％的榴莲销往中国（图1），由于印度尼西亚、菲律宾等国未取得我国检验检疫准入资格，目前我国进口榴莲主要来自泰国。据海关统计数据，2018年前，我国每年榴莲进口额仅5亿～6亿美元，此后快速增长并于2022年达到40亿美元，增长近7倍。

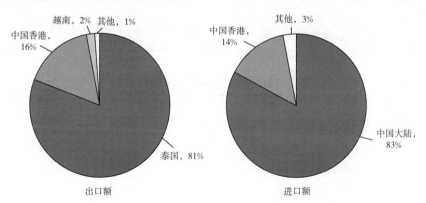

图1　2021年全球榴莲进出口情况

---

① 如无特殊说明，本文数据均来自中国海关总署、国家统计局、联合国商品贸易统计数据库。

◆ 我国榴莲进口增长原因是什么?

近年我国榴莲进口快速增长的原因主要有以下方面。

一是贸易便利化措施的生效实施。2020 年底，RCEP 正式签署，进一步推动了贸易投资自由化和便利化。通关便利和运输高效大大缩短泰国榴莲在途时间，并显著降低损耗。据了解，2023 年首批大批量搭载进口榴莲的外贸货轮卸船后仅需 2 个小时即可抵达广东市场，并配送到粤港澳大湾区内外各大商超和水果市场，最大限度地保留了榴莲的新鲜口感与品质。

二是国内市场对水果的需求量增长。随着我国全面建成小康社会，居民消费水平不断提升，国内市场对水果的多样化需求明显增加（表 1）。加之商超、电商、物流的快速发展，拓宽了水果流通渠道，有效提升了销售量。其中，对包括榴莲在内的国外优质水果的需求增长尤为明显，2018—2022 年，我国各类水果进口总额增长 91.7%（表 2），已成为世界第二大水果进口国。

表 1 2013—2021 年我国居民人均干鲜瓜果类消费量

年份	消费量（千克）
2013 年	40.7
2014 年	42.2
2015 年	44.5
2016 年	48.3
2017 年	50.1
2018 年	52.1
2019 年	56.4
2020 年	56.3
2021 年	61.0

表 2 2015—2022 年我国水果进口总额

年份	水果进口总额（亿美元）
2015 年	59.9
2016 年	58.6
2017 年	64.0
2018 年	86.8
2019 年	116.7
2020 年	121.0
2021 年	159.2
2022 年	166.5

统计范围：海关商品第 08 章税目。

三是国内外对榴莲的多形式宣传影响。一方面，泰国为推广榴莲等水果，近年来多次在我国举办"泰国水果节""泰国榴莲嘉年华"等活动，泰国驻华大使阿塔育·习萨目亲自登台致辞，向我国消费者介绍泰国榴莲，拉动榴莲热度。另一方面，近年国内电商加大对榴莲等进口水果宣传力度，使其市场热度迅速上升，也推动了榴莲进口大幅攀升。其实不只是榴莲，在互联网的宣传带动下，部分国内非主产区或不生产的"洋水果"，也纷纷取得了优异的销售"成绩"，以过去5年间的进口额为例，车厘子（即樱桃）增长了1.1倍、鲜莓增长了1.3倍、鲜椰子增长了1.8倍。

◆ 榴莲贸易的未来展望

中国海关总署2022年7月27日发布公告，允许符合要求的越南鲜食榴莲进口，越南成为继泰国之后新鲜榴莲获得中国官方市场准入的第二个国家，据悉越南已有123个榴莲种植区和57家包装厂注册参与榴莲输华计划。该公告发布以来，越南对中国出口榴莲猛增，2022年出口总量达4.1万吨，出口额1.9亿美元（图2）。2023年4月，菲律宾榴莲首次进入中国，未来菲律宾、印度尼西亚等国都将加大榴莲出口，势必将与泰国榴莲展开竞争，对我国榴莲贸易市场结构形成新的影响。

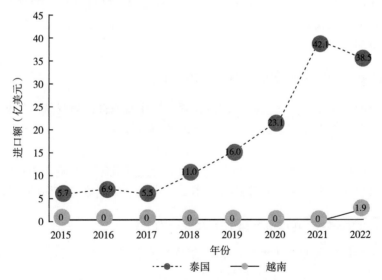

图2　2015—2022年我国自泰国、越南榴莲进口情况

我国与意大利农产品贸易形势如何？[①]

田江帅

2019 年中国与意大利（简称中意）签署"一带一路"谅解备忘录，意大利成为七国集团（G7）国家中第一个也是目前唯一一个同我国签署"一带一路"谅解备忘录的国家。2020—2022 年，中意双边贸易额屡创新高。中国海关总署数据显示，2022 年中意双边贸易额达 778.8 亿美元，同比增长 5.4%，增速位居我国同欧洲国家贸易额前列。我国是意大利在亚洲第一大贸易伙伴，意大利是与我国签署农产品输华协议最多的欧盟国家。在此背景下，中意双边农产品贸易形势如何？

◆ 中意农产品贸易概况

中意农产品贸易额在疫情影响下逆势上扬，2022 年达 17 亿美元，在欧盟国家中位列第五位，同比增长 3%。其中：我国自意大利农产品进口额 8.3 亿美元，同比下降 16.1%，进口产品主要为葡萄酒、可可制品、咖啡制品和乳制品；我国对意大利农产品出口额 8.7 亿美元，同比增长 32.2%，出口产品主要为番茄制品、烟草制品、动物油脂和水产品。

◆ 中意农产品贸易面临的机遇和挑战

一方面，基于"一带一路"的合作背景，中意农产品贸易快速增长，在国际经贸形势整体低迷的情况下，双边贸易额节节攀升。同时，两国具有比较优势的农产品在类别上并不一致，在农产品贸易上的竞争性较弱而互补性较强，合作潜力巨大。另一方面，受当前国际形势及贸易政策的影响，中意农产品贸易也面临贸易壁垒增多、物流运输成本高、市场推广困难等方面的挑战。

◆ 未来中意农产品贸易合作的主要方向

意大利作为欧洲农业大国，农业食品产值占意大利 GDP 的 1/4。欧洲统计局 2022 年数据显示，意大利是世界第一大葡萄酒生产国，橄榄油产量居世界第二位，仅次于西班牙。此外，意大利是欧洲第一大稻米生产国、第二大水果生产国、第三大蔬菜生产国。意大利农产品产量大、品质优，与我国农产品

贸易互补性强，贸易前景广阔，未来可从以下方面深化中意农产品贸易合作。

一是进一步加强两国农产品贸易主管部门间的沟通与合作。以两国元首外交为引领，依托中意政府委员会、经济合作混委会和企业家委员会等成熟机制，推动两国农业经贸合作走深走实。

二是进一步降低贸易壁垒、推动农食产品市场准入。近年来，意大利已成为欧盟内签署农产品输华协议最多的国家，中国海关总署先后发布苜蓿草、榛子、鲜食柑橘、大米、牛肉、猕猴桃等多项意大利农产品输华公告。此外，针对我国涉农出口企业对意大利农产品检验检疫制度和有关法律、法规仍然缺乏了解，对意大利和欧盟严苛的贸易壁垒缺乏对策等情况，应进一步加大对意大利农产品检验检疫制度、有关执行机构情况的通报和宣传力度。

三是进一步拓展中意涉农企业间的交流与合作。鼓励企业"走出去"，加强各类展会对接，推动两国涉农企业在农产品生产、加工、仓储、物流、市场推广等领域全方位深入合作，实现互利共赢。

我国出口农产品中有哪些拳头产品？[①]

杨海成

目前，我国是全球第五大农产品出口国，出口种类十分丰富，其中一些产品国际市场占有率名列前茅，同时占我国出口农产品较大份额，是名副其实的"拳头产品"。下面就为大家做简要介绍[②]。

◆ 墨鱼及鱿鱼

墨鱼及鱿鱼是我国出口额最大的一类农产品（墨鱼和鱿鱼实际上是两种产品，因二者自然属性相近，在海关统计中一般归为一类），2022 年出口额 45.5 亿美元，占农产品出口总额的 4.6%。墨鱼及鱿鱼出口省份以福建（64.3%）和山东（20.0%）为主。我国是全球最大的墨鱼及鱿鱼出口国，出口额占全球四成左右，主要出口市场集中在泰国（21.9%）、日本（13.2%）、马来西亚（12.1%）等亚洲国家。

◆ 蘑菇

蘑菇是我国第二大优势特色出口农产品，2022 年出口额 27.6 亿美元，占农产品出口总额的 2.8%。蘑菇出口省份主要包括河南（36.5%）、湖北（25.0%）、福建（12.5%）等主产省份。我国是全球最大蘑菇出口国，出口额约占全球一半，在国际市场具有较强竞争优势，主要出口市场为中国香港（30.5%）、越南（11.9%）、马来西亚（7.5%）等。

◆ 大蒜

大蒜是我国传统优势出口农产品，曾长期位居出口榜首，2022 年出口额 24.6 亿美元，占农产品出口总额的 2.5%，位居第三。我国大蒜出口省份高度集中，山东作为我国产蒜大省，出口占比高达 68.2%，其次为江苏（9.5%）、河南（8.4%）。我国也是全球最大的大蒜出口国，出口额约占全球 2/3，主要出口市场为印度尼西亚（16.5%）、美国（14.2%）、越南（9.4%）等。

---

① 如无特殊说明，本文数据均来自中国海关总署、国际贸易中心。
② 本文中各类农产品包括其初级产品及制成品，如蘑菇包括鲜蘑菇、干蘑菇、蘑菇罐头等。

◆ 茶叶

我国是茶叶的发祥地，也是全球最大的茶叶生产、消费和出口国，2022年茶叶出口额22.7亿美元，占农产品出口总额的2.3%。茶叶出口省份集中在福建（25.4%）、浙江（23.3%）、安徽（10.9%）等主产省份。我国茶叶出口额约占全球1/4，其中绿茶出口额约占全球2/3，主要出口市场为中国香港（19.6%）、马来西亚（13.4%）、摩洛哥（10.6%）等。

◆ 罗非鱼

罗非鱼是我国养殖水产品中出口规模最大的一类产品，2022年出口额14.0亿美元，占农产品出口总额的1.4%。罗非鱼养殖区域集中在华南地区，主要出口省份为广东（59.0%）和海南（31.0%）。我国是全球最大罗非鱼出口国，其中鲜冷冻产品出口额约占全球1/3，主要出口市场为美国（30.7%）、墨西哥（26.3%）、科特迪瓦（8.2%）等北美和非洲国家。

近年我国葡萄酒进出口表现如何？[①]

张菱健

"葡萄美酒夜光杯，欲饮琵琶马上催。"从古至今，葡萄酒深受我国消费者喜爱。2023 年 6 月 9—10 日，国际葡萄与葡萄酒产业大会、第三届中国（宁夏）国际葡萄酒文化旅游博览会在宁夏银川举行。该会是我国首个以葡萄酒为主题的国家级、国际化综合性展会。近年我国葡萄酒的进出口有何表现呢？

◆ 我国葡萄酒生产概况

国际葡萄与葡萄酒组织（OIV）公布的最新数据显示，2022 年，我国葡萄园面积达 78.5 万公顷，位列全球第三，仅次于西班牙和法国；我国葡萄酒产量位列全球第十二位，达 4.2 亿升，同比下降 29.2％。

我国葡萄种植区分布广泛，主要包括：东北黑龙江、吉林的寒冷半湿润气候种植区，新疆、甘肃、青海、宁夏、内蒙古等西部干旱和半干旱气候种植区，陕西、山西两省的黄土高原种植区，辽宁、河北、山东、北京、天津环渤海湾种植区，河南、山东西南部、江苏北部和安徽北部的黄河故道暖温带半湿润种植区，浙江、福建、广东、广西等亚热带、热带湿润种植区，云贵高原与川西部分高海拔葡萄种植区。

目前，我国葡萄酒主要有 10 个产区，分别为胶东半岛产区、河北产区、天津产区、黄河故道产区、宁夏产区、甘肃产区、东北产区、新疆产区、西南产区和山西产区。

◆ 近 10 年我国葡萄酒进出口基本呈先升后降态势

从进口量看，2013—2017 年，我国葡萄酒进口量呈逐年上升趋势，年均增长 18.0％。2018—2022 年，受反倾销调查和新冠疫情等因素影响，我国葡萄酒进口量呈逐年减少趋势，由 2018 年的 7.27 亿升减至 2022 年的 3.73 亿升。

从进口额看，2013 年我国葡萄酒进口额为 23.9 亿美元。2014—2018 年，我国葡萄酒进口额呈逐年增长态势，年均增长 15.3％；2019—2022 年，我国葡萄酒进口额总体呈波动下降趋势。2022 年我国葡萄酒进口额 28.5 亿美元，

---

① 如无特殊说明，本文数据均来自中国海关总署、国际葡萄及葡萄酒组织。

同比下降 15.5%（图 1）。

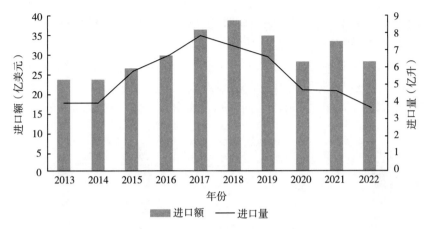

图 1 2013—2022 年我国葡萄酒进口情况

从出口看，2013—2016 年，我国葡萄酒出口量额呈逐年增长态势；出口量由 0.03 亿升增至 0.12 亿升，年均增长 50.0%。2017—2020 年，我国葡萄酒出口连续 3 年量额双减，出口量由 0.11 亿升减至 0.03 亿升，出口额由 4.9 亿美元减至 0.6 亿美元。2021 年，我国葡萄酒出口量额有所回升，分别达 0.05 亿升和 1.3 亿美元。2022 年，出口量 0.04 亿升，同比减少 17.5%；出口额 1.0 亿美元，下降 24.2%（图 2）。

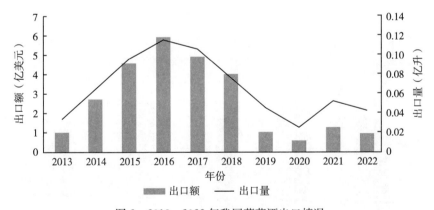

图 2 2013—2022 年我国葡萄酒出口情况

◆ 我国葡萄酒贸易伙伴集中度较高

从进口看，近 5 年我国葡萄酒进口来源国主要为法国、智利、意大利、西班牙和澳大利亚。法国始终位居我国葡萄酒进口来源地首位。2018—2020 年，因新冠疫情、市场需求下降等多因素影响，我国自法国进口的葡萄酒整体规模呈下降态势。同期，澳大利亚是我国第二大进口葡萄酒贸易伙伴国。2019年是澳大利亚葡萄酒出口我国的"黄金年"，这得益于"中澳自贸协定"对澳大利亚葡萄酒实行零关税政策。但从2021年起，澳大利亚进口葡萄酒量额不再稳居第二位，甚至在2022年退居第十二位。这主要源于2020年8月我国商务部对原产于澳大利亚的进口相关葡萄酒进行反倾销立案调查，并于2021年3月宣布加征关税。2021年，澳大利亚全年对华葡萄酒出口完全"归零"（图3、图4）。

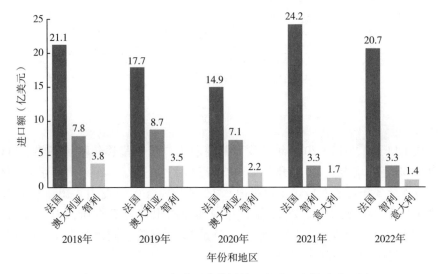

图3 2018—2022年我国葡萄酒前三大进口来源地进口额

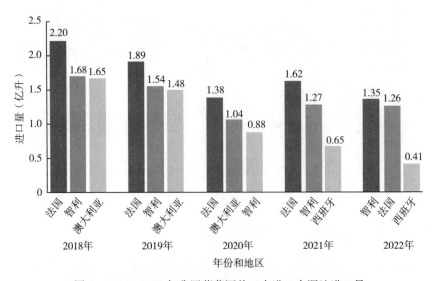

图4 2018—2022年我国葡萄酒前三大进口来源地进口量

2022 年，我国葡萄酒前五大进口来源地分别为法国、智利、意大利、西班牙和美国。其中：自法国进口额 20.7 亿美元，占 72.5%；自智利进口额 3.3 亿美元，占 11.5%；自意大利进口额 1.4 亿美元，占 4.8%（图 5）。

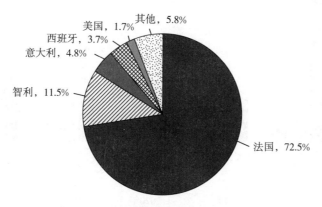

图 5　2022 年我国葡萄酒进口来源地占比

从出口看，我国葡萄酒出口市场高度集中，主要是中国香港、中国澳门、缅甸等目的地。近 5 年，中国香港始终为第一大出口市场。自 2018 年起，出口中国香港的规模连续 3 年大幅下降，直到 2021 年开始回升（图 6、图 7）。

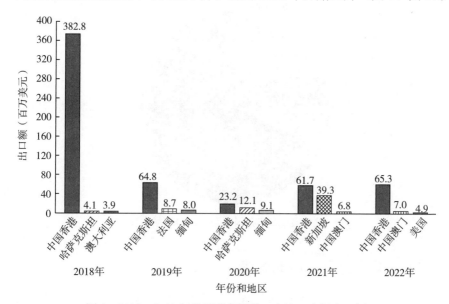

图 6　2018—2022 年我国葡萄酒前三大出口市场出口额

2022 年，我国葡萄酒前五大出口市场为中国香港、中国澳门、美国、新加坡和澳大利亚。其中：出口中国香港 6 531.6 万美元，占 68.3%；出口中国

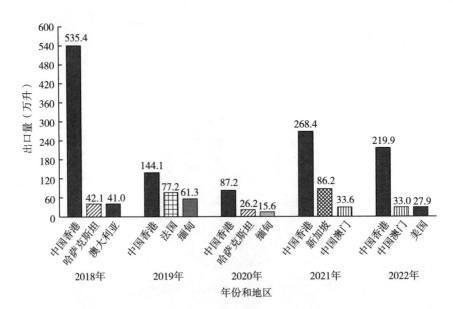

图 7　2018—2022 年我国葡萄酒前三大出口市场出口量

澳门 695.9 万美元，占 7.3％；出口美国 487.6 万美元，占 5.1％（图 8）。

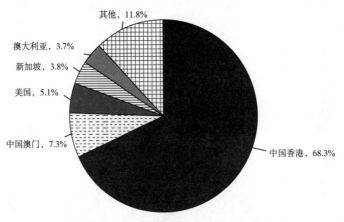

图 8　2022 年我国葡萄酒出口市场占比

◆ 促进我国葡萄酒出口的思考

一是加强顶层设计，促进葡萄酒产业健康发展。建议出台相关政策，加强葡萄与葡萄酒产业的国内国际标准互认、信息共享、市场共建，尊重和保护传统工艺与知识产权。

二是讲好酒庄故事，提升我国葡萄酒品牌价值。打造具有我国特色、我国气派的葡萄酒系列品牌，弘扬带有我国传统风韵的葡萄酒文化。

三是放大产区优势，以产区溯源构建"双循环"新引擎。抓住葡萄酒数字化转型风口，综合应用5G、大数据、云计算、区块链等技术，实现种植、生产、销售、产品溯源等数字化转型。

四是创新搭建平台，助力我国葡萄酒品牌走向国际。举办国际葡萄与葡萄酒产业大会等活动，不断提升我国葡萄酒的国际影响力和话语权。

地方贸易促进

你对浙江农产品贸易了解多少?[①]

刘景淼

浙江拥有"七山一水二分田"的自然环境特点,素有"鱼米之乡、丝茶之府"之称。近年来,浙江走"小而精、小而美、小而特"的精致农产品发展之路,孕育了众多极具地方特色的名特优产品,形成了一批特色农产品产区。目前,浙江已成为全国食用菌、榨菜、花菜、西兰花和杨梅等生产的重点产区,也是全国农产品出口重点省份,茶叶、蚕桑、食用菌和蜂产品等出口位居全国前列。

◆ 浙江农产品贸易地位

浙江是全国农产品贸易重点省份,与全球 200 多个国家和地区有农产品贸易往来。近 10 年来,浙江农产品出口平稳发展,进口快速增长,均稳居全国前十。2021 年浙江农产品出口额为 53 亿美元,同比增长 7.3%,位居全国第五;进口额 124 亿美元,增长 35.4%,位居全国第八。

◆ 浙江农产品贸易结构

从贸易产品看,浙江主要出口水产品、饮品和畜产品,2021 年出口额分别为 18 亿美元、7.1 亿美元和 6 亿美元,均居全国前五,出口额合计近浙江农产品出口额的六成。水产品方面,无论是淡水养殖还是远洋捕捞,浙江均具有优势。杭嘉湖平原是中国三大淡水养鱼中心之一,中国最早的四大中心渔港中,浙江就有 2 个,分别是石浦渔港和沈家门渔港,因此远洋捕捞量居全国之首。进一步看,绿茶、金枪鱼、水果罐头、蜂产品和蚕丝 2021 年

出口额均居全国首位，分别为 4.5 亿美元、3.7 亿美元、2.6 亿美元、0.9
亿美元和 0.3 亿美元，分别占上述产品全国出口额的 30％、52％、46.1％、
27.8％和 22.1％。进口则以水果、水产品、大豆、奶粉和猪肉等为主，进口
额分别为 15.5 亿美元、12.9 亿美元、9.9 亿美元、6.5 亿美元和 5.8 亿美元
（图 1）。

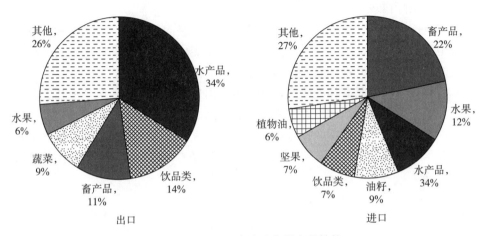

图 1　浙江进出口农产品贸易产品结构

从农产品贸易伙伴看，浙江主要出口市场相对集中，依次为日本、欧
盟、东盟、美国和韩国，合计约占全省农产品出口额的 2/3。主要进口来源
地为东盟、欧盟、美国、澳大利亚和巴西，也约为浙江农产品进口额的 2/3
（图 2）。

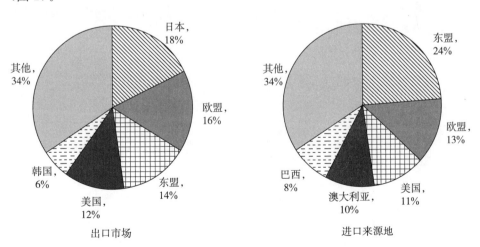

图 2　浙江农产品贸易伙伴结构

◆ 浙江农产品贸易促进举措

近年来，浙江多措并举，推动浙江农产品国际贸易高质量发展。

一是注重立体化搭台，积极参与线上线下交易会展，组织参加上海国际食品展、意大利线上果蔬展、中国国际渔业博览会和中国国际食品及配料博览会等，开拓国际市场。

二是注重电商优势利用，引导企业利用"互联网＋农业"营销方式，通过跨境电商优势，创建境外展示展销平台，走小而精、有特色的高质量农产品可持续发展之路，提升浙江农产品的市场竞争力。

三是注重农产品高标准建设，推进浙江出口农产品生产示范基地和农业国际贸易高质量发展基地建设，促进出口农产品提质增效。

四是注重多元化拓展，在深耕欧美发达国家、日本、韩国和俄罗斯等传统市场的基础上，积极开拓东盟、中亚、中东非等"一带一路"合作伙伴的新兴市场。

你对农产品贸易大省山东了解多少？[①]

张翼鹏

2021 年 9 月 10 日，国际粮食减损大会在山东济南成功召开，会上同期发布了《国际粮食减损大会济南倡议》，让世界目光聚焦山东。山东一直是农业大省，2020 年成为中国首个农业总产值超过万亿元的省份，也是农产品出口强省，农产品出口多年蝉联全国首位。

◆ 农产品出口连续多年国内称王

山东位于我国华北地区，三面环海，拥有我国最大的半岛——山东半岛，自然气候适宜农作物种植，是我国农产品产值最高的省份。2020 年山东农林牧渔业总产值 10 191 亿元，位居全国第一；农作物种植面积 1 100 万公顷左右，粮食总产量接近 5 500 万吨，均居全国第三。山东生产的农产品种类丰富，烟台苹果、莱阳梨、寿光蔬菜、金乡大蒜、章丘大葱、日照绿茶、黄河鲤鱼和利津刀鱼等享誉全国甚至全球。

截至 2021 年，山东农产品出口额连续 22 年位于全国首位。2019 年山东农产品进出口额均约 190 亿美元，出口接近全国的 1/4，位居第一；进口额占全国的 13%，位居第三。受新冠疫情影响，2020 年出口额和进口额双降，分别为 105 亿美元和 120 亿美元，占比均与 2019 年基本持平，排位不变。疫情对山东农产品贸易造成了严重影响，但山东与国内其他省份相比，农产品出口依然保持着强大的竞争力。

◆ 农产品贸易实力具有全球影响

山东是当之无愧的"菜篮子"和"果篮子"，是全世界的"果蔬基地"。从贸易品种看，山东主要出口蔬菜、水果及水产品。2020 年山东蔬菜出口额 33 亿美元，接近我国蔬菜出口总额的 2/5，位居全国第一；水产品出口额 24 亿美元，接近我国水产品出口额的 1/4，仅次于福建；水果出口额 10 亿美元，略超我国水果出口总额的 1/4，仅次于云南。山东主要进口大豆、水产品和棉花：2020 年大豆进口额超过 40 亿美元，接近我国大豆进口总额的 1/5，仅次于江苏；水产品进口额 17 亿美元，接近我国水产品进口总额的 1/5，位居全

---

① 如无特殊说明，本文数据均来自中国海关总署。

国第一；棉花进口额 9 亿美元，超过我国棉花进口总额的一半。

从农产品贸易伙伴看，山东主要出口市场为日本、东盟和欧盟，2020 年山东对上述国家和地区出口额分别为 24 亿美元、20 亿美元和 13 亿美元，合计超过当年山东农产品出口总额的一半；主要进口来源为巴西、美国和东盟，自上述国家和地区进口额分别为 34 亿美元、20 亿美元和 9 亿美元，合计也超过当年山东农产品进口总额的一半。

◆ 国际性农业展会好戏连场

山东是我国农业对外贸易的重要窗口之一，多次举办具有全球影响的农业展会，为推动优质农产品出口、促进农业贸易高质量发展做出了巨大贡献。据中国农业展览网数据，2019 年山东举办的农业展会数量位居全国第四，仅次于北京、上海和广东。以 2021 年为例，山东有多场重要的农展活动。一是 2021 山东（安丘）出口农产品博览会于 2021 年 9 月 26—28 日在山东安丘举办，旨在打造出口农产品信息交流、市场对接、品牌推广的服务平台，打造乡村振兴的"齐鲁样板"。二是第 25 届"中国国际渔业博览会"于 2021 年 10 月 27—29 日在青岛举办，这是全球规模最大的专业水产展，是全球水产行业发展的风向标，由中国贸促会农业行业分会主办，已是第 15 年在青岛举办。三是首届"国际农业服务贸易大会"于 2021 年 11 月中下旬在潍坊举办，大会现场展示国内外行业"头部"企业的先进做法，宣传推广农业服务贸易理念，打造农业服务"引进来"和"走出去"新平台，促进农业服务贸易展示和合作对接。

农业贸易大省山东，值得期待！

山东农产品出口情况及促进措施怎样？[①]

陈秋玲　赵　晖　吉　明

◆ 山东概况

山东简称"鲁"，地处华东沿海、黄河下游，是华东地域的最北端省份。其有黄河贯穿腹地，自东营汇入渤海，陆地面积 15.8 万平方千米，海域面积 15.95 万平方千米，海岸线长 3 345 千米，其中近海海域占渤海和黄海总面积的 37%，滩涂面积占全国的 15%。山东拥有得天独厚的地理条件、历史悠久的农耕文明和丰富多样的物种资源，是我国粮食作物和经济作物重点产区，是名副其实的"农业大省"，素有"粮棉油之库，水果水产之乡"之美称。

◆ 农业贸易情况

山东牢记习近平总书记嘱托，锚定"走在前、开新局"，粮食总产连续 8 年稳定在 500 亿千克以上，蔬菜、肉蛋奶等产量均居全国首位，为全国农业稳产保供做出突出贡献。山东目前是我国最大的农产品生产、加工和外贸省份，也是我国首个农业总产值突破万亿元的省份，农产品出口遍布世界 150 多个国家和地区。截至 2022 年，山东农产品出口额 23 年蝉联全国第一。

2021 年，受疫情影响，山东农产品出口额 1 238.7 亿元，小幅下降 1.5%；进口保持增长态势，进口额 1 415.6 亿元，增长 19.7%。山东前五大出口市场是日本、东盟、欧盟、韩国和美国。2022 年 1—10 月，山东农产品进出口实现双增长。其中：出口额 1 138.8 亿元，增长 13.7%；进口额 1 261.9 亿元，增长 4.7%。日本、东盟、欧盟、韩国和美国仍是主要出口市场。

◆ 农产品贸易结构

一般贸易为农产品出口主导方式。2021 年，山东以一般贸易方式出口农产品 999.8 亿元，与 2020 年基本持平，占年出口总额的 80.7%；以加工贸易方式出口农产品 227.3 亿元，下降 7.9%，占比为 18.4%。

民营企业是出口主力军。2021 年，山东民营企业出口农产品 960.8 亿元，占出口总额的 77.6%；外商投资企业出口 267.3 亿元，占 21.6%；国有企业

---

① 如无特殊说明，本文数据均来自中国海关总署、山东省农业农村厅。

出口 10.3 亿元。

日本、东盟和欧盟是主要出口市场。2021 年，山东对日本、东盟和欧盟（不含英国）分别出口农产品 284 亿元、234.4 亿元和 152.4 亿元，三者合计占出口总值的 54.2%。

水产品、蔬菜及食用菌、干鲜瓜果及坚果为优势出口产品。2021 年，山东出口水产品 285.9 亿元，出口蔬菜及食用菌 276 亿元，出口干鲜瓜果及坚果 107 亿元，三者合计占出口总值的 54%。此外，出口酒类及饮料 18.6 亿元，增长 23.1%（图 1）。

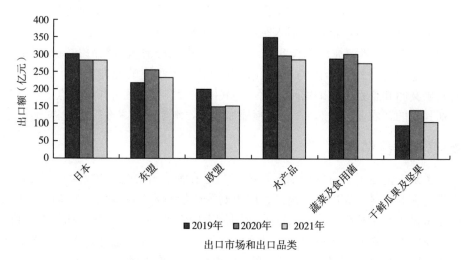

图 1 2019—2021 年山东农产品出口情况

◆ 农业贸易促进措施

一是出好政策引导"组合拳"。山东省政府、农业农村厅等相关部门密集出台了《落实〈区域全面经济伙伴关系协定〉先期行动计划》《山东省推进农业全产业链高质量发展五年行动方案》《关于推动农业农村领域服务融入新发展格局的指导意见》等多个计划方案，将具体任务分解落实到厅局相关部门，发布"RCEP 鲁贸通"国际版，构建全方位农业贸易服务体系。

二是下好农业国际贸易高质量发展"先手棋"。山东率先出台《山东省农产品出口产业聚集区认定管理办法》《山东省农产品出口示范企业认定管理办法》，围绕国贸基地项目，积极组织认定出口产业集聚区和出口示范企业，集聚优势资源、打造国际品牌，营造农产品出口国际竞争优势，连续两年入选国贸基地企业数量居全国第一。2021 年，山东 8 家企业获批，5 家企业被纳入基地管理体系；2022 年，14 家企业获批，4 家企业被纳入管理体系。

三是用好品牌引领"连环招"。"好品山东"是山东大力实施质量强省和品牌战略的另一套连环招，截至 2022 年，已有 43 个农产品品牌入选，均是山东知名农产品区域公用品牌的代表。山东利用"买全球、卖全球"平台宣传，通过"山东品牌中华行"活动推广，开展一系列经贸洽谈活动和国际展会助力农产品"走出去"。例如，2021 年在济南举办国际粮食减损大会，在北京举办"觅·茶"世界蜜蜂日和国际茶日联合活动；2022 年举办盐碱地综合利用国际大会、中国农民丰收节、"区块链＋蔬菜"综合试点工作推进会，组织 67 家山东涉农企业参加第 19 届中国-东盟博览会农业国际合作展，组织 126 家企业 169 种农产品参加澳门国际贸易投资展览会并同期举办"好品山东·茶和天下"山东农产品推介会，组织举办中国-东盟市长论坛暨协同创新发展大会、RCEP 经贸合作高层论坛，连续 3 年举办农业贸易洽谈云展会，承办 2022 中国水产品预制菜及新零售大会等。通过开展一系列活动帮助更多"好品山东"企业开拓市场销售渠道、树立国际品牌形象。

四是打好融入粤港澳大湾区国家战略"主动仗"。2019 年山东与广东签订了《粤港澳大湾区"菜篮子"建设合作框架协议》，坚持"安全为本，品质优先"的理念，推动鲁粤现代农业高质量发展，提升山东对粤港澳食用农产品的供给能力。截至 2022 年，已建立潍坊和聊城两个大湾区"菜篮子"配送中心山东分中心，184 家农业企业获得粤港澳大湾区"菜篮子"生产基地和加工企业牌证。

五是绘出潍坊国家农综区"新画卷"。潍坊国家农业开放发展综合试验区（简称潍坊国家农综区）是 2018 年经国务院批准设立的、由农业农村部和山东省人民政府共同建设的、全国唯一的农业开放发展综合试验区。2018—2022 年，潍坊国家农综区坚持科技创新和模式创新双向驱动，坚持"引进来""走出去"双向开放，坚持世界眼光、国际标准，积极拓展"三个模式"，打造山东省乃至全国农业对外开放新高地，农产品出口在疫情形势下逆势增长，成为推动乡村全面振兴的"头号工程"。

六是增强"两区"建设"支撑力"。通过积极开展境外农业合作示范区和农业对外开放合作试验区建设（简称"两区"建设），探索以外带内、以内促外，国内资源集聚和优势输出、国外产业链延伸和园区建设的新路子、新模式，融入"一带一路"建设，推动更多企业"走出去"，取得积极成效。截至 2022 年，山东有国家级和省级农业对外合作"两区"试点 15 个，其中国家级 5 个（数量全国第一，占全国 1/4）、省级 10 个。截至 2021 年底，山东有 61 家企业在境外投资设立 89 个农业企业，境外资产总额 14.39 亿美元，投资流量为 21.4 亿美元，投资存量 20.53 亿美元，较 2020 年逆势增长 9.5%。投资领域涉及农、林、牧、渔、仓储、物流等多个行业和领域，遍及亚洲、非洲、欧洲、南美洲、北美洲和大洋洲等六大洲（除南极洲）39 个国家和地区。

2022 年广东农产品出口首破千亿元①

黄维华　林　爽

◆ 广东农业贸易概况

广东是我国重要的农业产区，也是主要的农产品出口贸易大省。其农产品出口市场遍及全球六大洲 100 多个国家和地区，农产品出口额常年位居全国前三。

据广东海关统计，2022 年广东农产品贸易总额 3 301.3 亿元，比 2021 年（下同）增长 28.1%，占同期全国农产品进出口总值的 14.8%。其中：出口 1 157.7 亿元，增长 69.1%；进口 2 143.6 亿元，增长 13.3%。广东农产品贸易额居全国首位，出口额位居第二，出口增速位居第一。

广东农产品主要出口市场为中国香港、美国、东盟、欧盟，2022 年对上述出口市场出口额均有增长，共计出口 769.4 亿元，占出口总值 66.4%。RCEP 生效实施以来，广东对 RCEP 成员农产品出口呈大幅增长，2022 年出口 233.8 亿元，增长 50.7%。

◆ 农产品出口结构

2022 年，广东主要出口农产品情况如下：出口烟草及其制品（含电子烟液）419.4 亿元，水产品 191.6 亿元，不含可可的糖食 52.1 亿元，蔬菜及食用菌 46.3 亿元，干鲜瓜果及坚果 40.0 亿元，肉类（含杂碎）38.6 亿元，调味品 27.5 亿元，罐头 5.0 亿元，茶叶 4.7 亿元等。

◆ 农产品贸易促进措施

（一）加强农业对外合作工作部门联动

广东省农业农村厅不断强化与海关总署广东分署的联动合作，2022 年双方共同出台促进农产品出口指导性文件。与广东省委外办、省商务厅、贸促会、海关总署广东分署联合举办"广东荔枝丝路行"活动，与贸促会加强合作，在加拿大、法国、阿联酋等国家开展广东荔枝全球品鉴交流活动，讲好广东农产品品牌故事，共同提升广东荔枝等特色优势农产品国际知名度和影响力。

---

① 如无特殊说明，本文数据均来自中国海关总署广东分署。

（二）积极培育农产品出口和农业对外合作主体

广东省农业农村厅与海关总署广东分署联合发力服务乡村振兴大局，积极培育省级农产品出口示范基地、国家级农业国际贸易高质量发展基地，引导支持龙头企业积极开拓出口市场。截至 2022 年，广东共有国家级农业国际贸易高质量发展基地及纳入管理体系基地 14 家、广东省农产品出口示范基地 195 家，新一批出口示范基地复审认定工作正在开展中。创建国家级农业对外开放试验园区和境外农业对外合作示范区 2 个、省级 6 个。

（三）多措并举推介"粤字号"农产品出口

近年来，依托农产品"12221"市场体系建设，创新开展广东特色优势农产品海外宣传推广工作。联动广东荔枝主产区和国内外销区市场，立体化、高频次强化宣传推介，广东荔枝、柚子、菠萝、茶叶、兰花等特色优势农产品亮相国内外地标屏幕；在美国、加拿大、法国、阿联酋等国家举办中国广东荔枝全球品鉴活动；打造"广东喊全球吃荔枝"等话题，邀请外国驻华使领馆官员、海外友人等为广东荔枝录制视频代言；搭建"网络节＋云展会"线上线下交流平台，策划一系列品牌营销主题活动。通过这些活动，极大提高了广东特色优势农产品的国际影响力和知名度。

（四）大力推动农业领域高质量对接 RCEP

积极谋划农业领域对接 RCEP 工作，发布了《广东省农业农村厅推动对接 RCEP 十项行动》，印发了《关于加大力度推进广东农业领域对接 RCEP 促进农业国际合作与农产品贸易的通知》等文件。推动各地积极探索创建 RCEP 农业合作园区，德庆县、高州市、徐闻县、遂溪县、韶关市创建了 RCEP 农产品（国际）采购交易中心，惠州市在惠阳区镇隆镇建设"省级荔枝 RCEP 国际合作先行试验区"。广东水海产品、菠萝、荔枝、贡柑、食用菌、预制菜、富贵竹、蝴蝶兰等特色优势农产品出口 RCEP 成员，呈现"多点开花"喜人局面。

（五）积极拓宽农业国际合作平台

组织邀请外国驻华使领馆官员及商会代表参加"广东荔枝丝路行"、广东茶叶产业大会、广东荔枝产业大会、广东省现代农业博览会、世界数字农业大会等农业会展活动。积极争取国家级国际性农业盛会落户广东。2021 年 12 月，首届中国-太平洋岛国渔业合作发展论坛在广州成功召开，通过了《首届中国-太平洋岛国渔业合作发展论坛广州共识》。2022 年 5 月，"国际茶日"中国主场活动在广东潮州成功举办。组织出口龙头企业参加农业国际性展会，如中国国际农产品交易会、中国国际渔业博览会、中国国际食品及配料博览会、中国-东盟农业合作展、意大利果蔬展等，整合境内外展会参展资源，加快广东特色优势农产品"走出去"步伐，提升广东农产品的国际知名度和影响力。

新形势下辽宁水产品贸促措施如何?[①]

武 建 孙 玥 赵 贞

辽宁是我国东北地区唯一沿海省份,渔业是辽宁农业经济的支柱产业,水产品出口占辽宁全省农产品出口的50%以上,杂色蛤、裙带菜等特色水产品出口规模居国内首位。近年来,由于新冠疫情蔓延等多重因素影响,辽宁水产品出口下滑。为推动水产业及水产品贸易稳步复苏,辽宁农业行业贸促支会围绕《辽宁省"十四五"农业农村现代化规划》《辽宁省"十四五"渔业发展规划》,在辽宁省农业农村厅、省贸促会和省农业生产工程中心的指导下,积极探索贸易促进新措施新手段,着眼当地优势产业,从创建平台、强化对接、加强建设、积极拓展、做强产业等方面发力,切实取得良好成效。

◆ 全面打造农业贸促服务平台

精心打造"辽宁农产品贸易促进服务平台"和"农业国际贸易大数据中心"平台,开展信息发布、市场开拓、展览展示、政策咨询及业务培训等丰富多样的服务。平台还定期发布贸易数据、价格走势、市场动态和产业预警等信息,特别针对水产企业专门发布养殖技术要点、供应链情况及国际贸易新政等关键信息,为当地水产品出口企业提供便捷服务,引导企业合理有序开展国际贸易业务。

◆ 积极探索实施延链强链行动

推动出台《农产品出口企业延伸产业链提升价值链助力行动实施方案》,实现研发机构与企业、种养基地与企业、新渠道与企业、境外合作单位与企业、金融保险机构与企业的"五个对接",助力农产品出口。通过对接活动,大连海洋大学闫喜武教授团队的蛤仔新品种已在重点水产品出口企业中试验示范,大连育明食品有限公司已在英国找到了品牌推广的贸易合作伙伴,"红梅"品牌的虾片等系列产品陆续登陆英国。对接活动的持续开展,将提升辽宁渔业产业国际竞争力,促进产业升级、市场畅通、贸易发展和效益提升。

[①] 如无特殊说明,本文数据均来自中国海关总署、辽宁省农业生产工程中心。

◆ 国贸基地驱动产业高质量发展

自 2021 年起，全力推荐出口实力强、有行业代表性的企业参加农业农村部农业国际贸易高质量发展基地认定，已有 8 家获批，其中 5 家为水产企业，主营贝类、鱼类、藻类等水产精深加工。通过参与国贸基地建设，这些已认定企业将聚焦国际标准、国际认证、国际品牌、国际供应链及国际营销服务，练好"内功"，不断提升国际影响力，引领辽宁水产品出口高质量发展。

◆ 拓展国际市场强化资源配置作用

多方争取支持政策，积极鼓励并组织水产企业参加中国国际渔业博览会等境内外专业展会，不断提升辽宁渔业影响力。大力推动水产企业参与出口商品品牌认证及国际认证，大连盖世健康食品有限公司、辽宁安德食品有限公司等水产企业积极参与认证，获得多个出口商品品牌证书和国际认证补贴。积极开展国际协定信息服务，研究分析水产品出口市场及竞争格局，帮助企业充分利用 RCEP 政策红利拓展国际市场。2022 年 5 月 7 日，在大连旅顺海关的支持下，大连盖世健康食品有限公司的芥末章鱼及梅子海蜇产品首次获签 RCEP 原产地证书，发往日本。

◆ 做大做强地区优势特色产业

中国是世界第一大菲律宾蛤仔（简称蛤仔）生产国，辽宁是我国蛤仔养殖加工出口的主要省份，蛤仔的养殖和出口规模分别占全国的 50% 和 70% 以上。辽宁蛤仔已成为拉动地方经济的优势特色产业，受到全球市场高度认可。为做大做强该特色产业，辽宁农业行业贸促支会已推出建立蛤仔国际交易中心的重大计划，即通过 3~5 年的努力，围绕"搭建蛤仔产业大数据中心、举办世界蛤仔产业高峰论坛及蛤仔产业博览会、打造蛤仔贸易服务平台、建立国际化蛤仔拍卖市场、构建产业创新及孵化中心"5 个方面，逐步构建起功能强大的蛤仔产业综合体，形成"国际蛤仔中心"。

辽宁不仅要为小蛤仔写下一篇大文章、创建一个大市场，更要以此为基础，努力探索出新形势下辽宁水产品贸易高质量发展之路。

2022 年河南农产品贸易情况①

张胜利　张艳君

◆ 2022 年河南农产品贸易概况

2022 年河南农产品贸易总额 286.6 亿元，同比增长 22.3%，其中：出口额 182.2 亿元，增长 27.6%，出口额位居全国第八；进口额 104.4 亿元，同比增长 14.9%；贸易顺差 77.9 亿元，同比扩大 51.4%。

河南主要出口农产品为蔬菜类产品（包括食用菌、蔬菜罐头等）、肉类、干鲜瓜果及坚果，在经历了 2020 年疫情影响下的农产品出口大幅下跌后，河南农产品在 2021—2022 年呈现恢复性增长，2022 年三大类产品出口额增长率均超过两位数。蔬菜类产品是河南第一大出口农产品，占全省农产品出口总额的 58.2%，2022 年出口额达 106.1 亿元，同比增长 18.7%。其中蔬菜罐头出口额增长 68.0%，是拉动出口增长的主要原因（表 1）。

表 1　2022 年河南主要出口农产品

主要出口产品类别	出口量（万吨）	出口量同比（%）	出口额（亿元）	出口额同比（%）
蔬菜类产品	35.2	6.3	106.1	18.7
肉类	1.5	31.3	3.9	17.5
干鲜瓜果及坚果	3.6	−2.2	3.1	14.3

注：数据来自郑州海关，统计口径为中国海关总署口径。

◆ 河南促进农业贸易发展的主要措施

（一）扎实推进农业国际贸易高质量发展基地建设

国贸基地建设是河南拓展农业对外贸易工作的重点。2021 年河南 5 家基地入围国贸基地名单，2022 年双汇投资发展、安阳金品达食品公司申报并入选。河南国贸基地企业具有出口额大、优势特色突出、带动农户广和示范作用强的特征。2022 年以来，河南通过落实出口品牌认定、优先参加国际贸易展、先期培训 RCEP 等措施，扎实推动国贸基地建设工作，基地农产品出口呈现

---

① 如无特殊说明，本文数据均来自中华人民共和国郑州海关。

快速增长，并在促进全省进出口双增长、带动全省农产品贸易形势好转中起到了极大的推动作用。

（二）积极培育农产品出口经营主体和出口品牌

近年来，河南以科技为先导、以市场需求为坐标，积极扶持农产品出口企业发展，培育了一批优秀的农产品出口龙头企业。河南农产品出口企业实力不断增强，思念食品、三利食品、华英农业、鸿丰果蔬等一批企业规模实力持续提升，科技创新和经营能力明显增强，让全省龙头企业队伍得到壮大。河南加大力度强化农产品出口品牌建设，推进出口商品品牌认证工作，截至 2022 年，思念速冻食品、华英禽肉、三利冻干蔬菜，以及西峡香菇、三门峡苹果、杞县大蒜、柘城辣椒、许昌蜂蜜、信阳茶叶等出口品牌获得市场高度认可。思念食品、河南三利和华英农业已获得由中国国际贸易促进委员会商事认证中心出具的"出口商品品牌证明书"，进一步帮助企业提升了国际品牌形象和知名度。

（三）全力促进农产品出口企业对外营销

河南在农产品国际市场开拓及营销方面有着成熟经验，虽然近年受疫情影响无法开展国际市场深度对接，但河南省农业农村厅及农业贸易促进管理部门努力为企业搭建对外交流与合作平台，引导企业用好线上线下平台开拓国内外市场。如组织企业参加中国国际薯业博会、中国国际食品及配料博览会、意大利果蔬展、国际茶日等国际性展览展会活动，在展会平台积极开展地区品牌推介及洽谈对接，协助企业维护市场渠道，组织农业贸易领域技术培训，为企业提供国际市场政策解读和市场营销策略，从而帮助提升企业国际市场竞争力。

（四）持续开展农业对外贸易培训

每年河南省农业农村厅举办的"农产品出口贸易形势及政策培训班"都有近百位农产品贸易企业经理人参加。培训邀请农业农村部以及海关、商务等部门人员授课，通过分析当前农业贸易形势，讲解海关实务、农业贸易进出口政策和程序规范，切实提高参训企业对农产品贸易形势的认识和贸促工作技能，既开拓了农业贸促从业者的眼界，也增强了企业出口信心，为更好地适应国际贸易新规则和克服疫情持续冲击提供内生动力。

近年海南农产品贸易变化如何？[①]

龚 冰 赵 政

海南是我国唯一的热带岛屿省份，热带农产品类多质优，是我国芒果、荔枝、椰子、胡椒的主要产区之一，有文昌鸡、屯昌黑猪、三亚芒果等特色农产品。大力发展外向型农业，既是海南自贸港建设的重要内容，也是拓宽农民增收致富渠道、推动海南农业高质量发展的重要途径。近年来海南农产品贸易情况发生一系列变化。

◆ 近年海南农产品贸易情况如何？

（一）农产品贸易逆差显著扩大

近年来海南在自贸港建设方面成效显著，并不断积极探索贸易便利化自由化新举措，持续发挥拉动贸易发展的强劲作用，促进了海南农产品进口的快速增长。2020 年，海南农产品贸易额 11.4 亿美元，首次由顺差转为逆差。2022 年，海南农产品贸易额 23.3 亿美元，同比增长 46.7%，其中进口额 17.2 亿美元、增长 72.3%，贸易逆差额 11.2 亿美元，扩大 1.7 倍（图 1）。

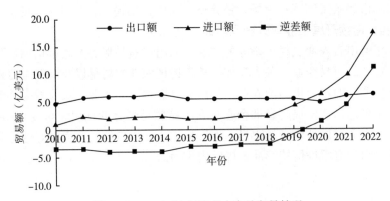

图 1　2010—2022 年海南农产品贸易情况

（二）农产品贸易品种日益丰富

从出口结构看，海南已形成以水产品为主的优势产业集群，水产品出口额常年占农产品出口总额的九成左右。2022 年，罗非鱼产品出口额 4.3 亿美元，

---

① 如无特殊说明，本文数据均来自中国海关总署。

占出口总额的71.1%。此外，蜜瓜、生猪、鲜鸡蛋等农产品也开始走出国门。从进口结构来看，随着自贸港政策相继落地，一批规模化的加工企业落户海南，发展特色农产品加工业，促进了农产品进口快速增长。2022年，海南前五大进口农产品是油菜籽、椰子、大豆、高粱、大麦，进口额合计8.0亿美元，占农产品进口总额的46.5%。近年新增进口油菜籽、葵花油、去骨牛肉、工业用脂肪醇等可用于食品加工的农产品。

（三）主要贸易产品的市场结构相对集中

2022年，海南前五大出口市场为美国、以色列、日本、墨西哥和中国香港，出口额4.1亿美元，占农产品出口总额的67.2%。其中，罗非鱼产品主要对美国出口，出口额2.4亿美元，占该产品出口总额的56.3%。海南前五大进口来源地为加拿大、新西兰、印度尼西亚、巴西和美国，进口额10.3亿美元，占农产品进口总额的59.9%。其中：油菜籽全部从加拿大进口，进口额2.6亿美元；椰子主要从印度尼西亚和越南进口，进口额1.5亿美元，占该产品进口总额的98.9%；大豆主要从巴西进口，进口额1.4亿美元，占该产品进口总额的97.1%；高粱主要从澳大利亚和美国进口，进口额1.1亿美元，占该产品进口总额的81.8%；大麦主要从加拿大和阿根廷进口，进口额1.1亿美元，占该产品进口总额的97.4%。

◆ 促进海南农产品贸易发展还有哪些着力点？

（一）用好用足政策红利，增强农产品加工业竞争力

充分运用RCEP项下高水平的贸易便利化安排、关税减让、原产地规则以及自贸港优惠政策，进口农产品加工企业所需的原辅料。构建跨境价值链，引进国内外先进加工保鲜技术，挖掘新兴食品饮料产业潜力，丰富消费市场选择，增强海南农产品加工业的国际竞争力。

（二）做优做强特色农产品品牌，加大开拓海外市场力度

以文昌鸡、兴隆咖啡等海南特色优质农产品为抓手，突出品牌特色，挖掘文化内涵，将特色资源优势转变成经济优势，形成产品特点突出、优质高效的特色农业产业结构。加快建设国贸基地，为企业提供快速有效的精准服务。针对海南农业主要产品和重点市场，组织企业参加国际性食品博览会，开展贸易对接、政策培训，帮助企业开拓出口贸易渠道。

河北水产品出口情况及促进措施，你了解吗？①

靳亚辉　郭飞腾

河北简称"冀"，地处华北平原，环京津、临渤海，拥有丰富的宜渔资源。河北拥有大陆海岸线 487 千米，岛屿海岸线 178 千米，内陆大小河流 47 条、湖淀 60 多处、水库 1 280 多座，宜渔总水面 200 多万亩，还有 200 多处山涧冷泉、260 多处地热、115 多万亩稻田以及大量的低洼盐碱荒地。河北渔业物种资源丰富，滩涂生物 163 种，海洋游泳生物 101 种，淡水鱼类 104 种。2021 年，河北水产品总产量（不含远洋）103.1 万吨，比 2020 年增长 8.2%，其中：海水养殖 54.6 万吨，增长 11.9%；淡水养殖 26.0 万吨，增长 0.06%；海洋捕捞 19.0 万吨，增长 11.0%；淡水捕捞 3.5 万吨，增长 4.2%。

◆ 河北出口水产品美味多

河北水产品出口主要以贝类、软体类为主，其中最具代表性的海湾扇贝柱、冻章鱼出口量位居全国前列，占全国同类产品出口的 70% 以上，渤海对虾、梭子蟹等海产品驰名中外。

近年来，河北涌现出许多具有代表性的特色出口水产品。秦皇岛美烨、沧州东源公司生产的调味章鱼，占据韩国相关市场的半壁江山；秦皇岛嘉辉、禄权、海东公司生产的海湾扇贝柱在全国同类水产品出口中占有重要位置。

◆ 河北出口水产品金额多

2021 年河北水产品出口额 2.3 亿美元，同比增长 24.5%，占全省农产品出口总额的 12.1%，均高于其他类出口农产品占比，出口额位居全国第八位。其中，贝类出口额 13 042 万美元，头足类出口额 4 797 万美元，水产加工品出口额 4 353 万美元，鱼类出口额 573 万美元，虾蟹出口额 80 万美元（图 1、图 2）。

河北水产品销往全球 30 多个国家和地区，出口额 1 000 万美元以上的市场有 7 个，主要为韩国、中国香港、美国等（图 3）。水产品出口贸易在带动河北农业高质高效、乡村宜居宜业、农民富裕富足等方面发挥了重要作用。

---

① 如无特殊说明，本文数据均来自中国海关总署、河北省农业农村厅。

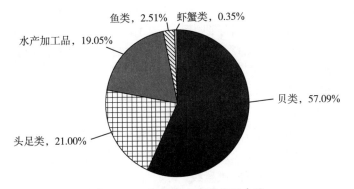

图 1　2021 年河北水产品出口占比

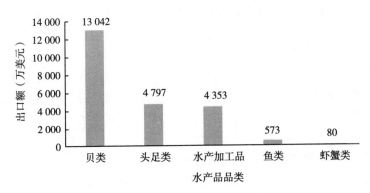

图 2　2021 年河北水产品出口额

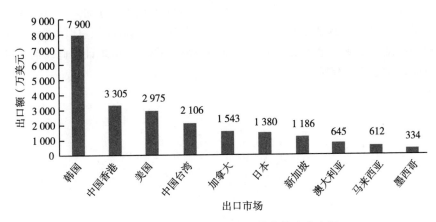

图 3　2021 年河北水产品出口排名前十大市场

◆ 河北出口水产品招数多

由于新冠疫情全球大流行，全球经济复苏乏力，贸易保护主义抬头，河北水产品出口受到严重影响，2018—2020 年连续 3 年出口额负增长。为扭转出口下降态势，河北省农业农村厅迎难而上、主动作为，为水产出口企业争取大批出口订单，多措并举、扭降为增，2021 年实现河北水产品出口"双位数"增长。

（一）积极推动河北水产品出口企业联盟成立

河北省农业农村厅引导全省 21 家水产品出口企业成立河北水产品出口企业联盟，联盟内企业在积极应对贸易壁垒、规范行业标准、共同搭建高质量交流平台等方面进行深度合作，进一步促进产业规模整合，提升出口创新能力，成为全国农产品出口一道靓丽风景线。

（二）成功举办河北水产品出口产销对接会

2021 年 9 月 27 日，在农业农村部农业贸易促进中心、中国食品土畜进出口商会等单位的大力支持下，河北首届水产品出口产销对接会在秦皇岛成功举办，21 家河北水产品出口企业联盟成员参加了对接会。此次对接会共吸引 18 家境外大型采购商，其中不乏韩国希杰商贸公司、日本有江株式会社、美国曼斯夫公司等国际知名采购集团。对接会通过供需意向宣讲、产品品鉴、企业互动、意向签约等环节，实现产销两端精准对接，其间产生意向订单约 1 000 万美元。

（三）组团亮相中国国际渔业博览会

河北组织来自秦皇岛、唐山、沧州、保定、邯郸和石家庄 6 个市 31 家企业组成河北展团，首次以省团形式参加第 25 届中国国际渔业博览会。展出产品包括水产品、腌渍菜、辣椒产品、预制菜等四大类 100 余种，展出面积 600 平方米，是全国参展企业最多的省份之一。其中，河豚饺子、休闲海鲜小零食和预制菜产品受到参会展商和专业观众的青睐。据不完全统计，此次展会共达成意向订单近 1.2 亿元。

浙江水产品缘何畅销全球？[①]

章 颖

浙江地处中国东南沿海、长江三角洲南翼，渔业历史悠远，是中国的海洋大省和渔业大省。10 余年来，浙江充分发挥资源优势，加快推进海洋强省建设，水产业及水产品贸易发展势头良好，海洋经济已成为浙江重要的经济增长极。

◆ 渔业发展基础较好，渔业资源丰富

浙江海域面积 26 万平方千米，海岸线长度和海岛数均居全国之首，拥有渔场 10 041 个和全球四大渔场之一"舟山渔场"。浙江建有 9 个国家级海洋牧场示范区、10 个产卵场保护区，规划建设 14 个国家级渔港经济区。2020 年，浙江渔业经济总产出 2 224.0 亿元，渔业产值 1 133.6 亿元，占农业产值 1/3。2021 年浙江水产品总产量 628.8 万吨，其中水产养殖产量 265.7 万吨、国内海洋捕捞产量 259.9 万吨。

◆ 远洋渔业起步早，在国内具有领先优势

浙江是远洋渔业创始省份之一，拥有农业农村部远洋渔业资格企业 43 家，企业数量和产业规模约占全国的 1/4。2021 年远洋捕捞产量 60 余万吨，其中鱿鱼产量约占 65%，居全国首位。浙江积极拓展远洋渔业合作，公海大洋作业优势明显，过洋作业分布在东南亚 10 个国家专属经济区。舟山市拥有全国首个获批的国家级远洋渔业基地，也是全国最大的远洋鱿鱼生产基地、产品集散地和产业集聚区。

◆ 水产品出口种类丰富，出口规模位居全国前列

浙江全省出口水产品 150 多种，金枪鱼罐头、速冻鱿鱼制品、鱼及鱼糜制品、虾制品、梭子蟹肉、鱼子酱等深受国际消费者喜爱。近年来浙江水产品贸易总额稳中趋升，2021 年水产品出口额 18.5 亿美元，位居全国第二。2021 年出口量 45.1 万吨，其中海水鱼出口最多，出口量达 32.8 万吨，约占总出口量的 73%（图 1、图 2）。

---

① 如无特殊说明，本文数据均自中国海关总署、浙江省农业对外合作中心。

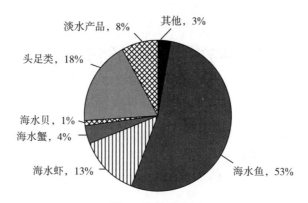

图 1　产品出口额

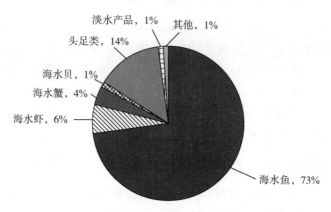

图 2　产品出口量

◆ 水产品出口市场多元，出口贸易覆盖面广

　　浙江水产品畅销全球，2021 年出口至 130 多个国家和地区，仅共建"一带一路"国家和地区就有 56 个。水产品出口额 1 000 万美元以上的国家和地区有 31 个，100 万～1 000 万美元的有 37 个，其中对日本、西班牙、韩国、美国等国家出口超 1 亿美元。出口前十的市场合计出口额占浙江出口总额的 73.1%（图 3）。

　　近年来，受新冠疫情全球暴发、贸易保护主义抬头等多种因素叠加影响，浙江水产品贸易面临前所未有的挑战。浙江省农业农村厅等行业主管部门主动搭台、多措并举，助力企业接订单、拓市场、保份额，推动水产品出口稳定发展。

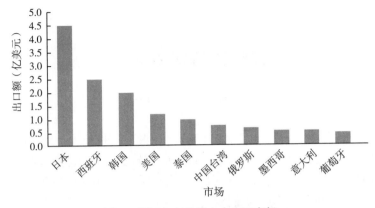

图 3　浙江水产品前十大出口市场

◆ 以展为媒，组织参加线上线下展会

2020—2021年，浙江成功举办15场出口农产品网上专场交易会，120多家水产企业与来自20多个国家和地区的采购商精准对接；组织近90家水产出口企业参加多个国际农产品线下展，在国际水产品市场形成良好声誉；浙江数十家水产企业连续多年参加全球第一大水产专业展——中国国际渔业博览会，2021年大洋世家等37家企业意向订单约3900万元，向世界传递浙江水产业复苏发展的积极信号。

◆ 共话合作，开展渔业对外"云交流"

新冠疫情期间，成功举行"跨越大洋·相约浙江"云交流系列活动，先后举办的浙江省·格林纳达渔业发展云上培训、浙江省·长崎县科技强农·渔业水产技术交流云会等活动进一步深化水产国际交流合作，我国驻格林纳达大使为此专致感谢信。

◆ 创新平台，培育外贸增长新动能

建成运行浙江国际农产品（水产品）贸易中心和实体市场，落地中国远洋鱿鱼交易中心。建设电商创新创业园，完善线上线下交易。建成"远洋云"供应链线上服务平台，持续发布中国远洋鱿鱼指数，提高行业的国际竞争力。

◆ 全力服务，帮助企业纾困解难

在浙江全省组织开展"三联三送三落实"活动和"369"行动，组织干部进港、进企、进基地，加强各级惠企政策宣传普及，帮助企业联系法律援助服务，沟通海关解决产品滞港，联系解决企业现金流困难等问题，千方百计为企业纾困解难。

河鲀贸易知多少？[①]

靳亚辉　郭飞腾

"蒌蒿满地芦芽短，正是河豚欲上时。"河鲀，泛指硬骨鱼纲、鲀形目、鲀科各个属的鱼类。河北称"腊头"、山东称"艇巴"、广东称"乖鱼"或"鸡抱"、广西称"龟鱼"等。因其外形似"豚"（古语，小猪的意思），又常在河口活动，故"河豚"之称广为流传。

◆ 河鲀是一条宝藏鱼

食用河鲀在中国、日本和韩国等亚洲国家有着悠久的历史。其因肉质细嫩、味道鲜美、营养丰富，被视为名贵水产品。河鲀体内富含蛋白质、维生素、氨基酸、不饱和脂肪酸及微量元素，蛋白质含量比一般鱼类高出 2%～3%，肌肉中富含硒和锌，而且是脂肪含量较少的一种鱼类，生食熟食皆宜。河鲀具有很高的药用价值，河鲀肝、精巢提取物及河鲀毒素在研制抗癌药物、抗生素和治疗神经系统疾病等方面具有重要作用，特别是河鲀毒素具有较高的药用、经济和科学研究价值。

◆ 河鲀是一条经济鱼

中国野生河鲀主要分布在近海及江河下游，而中国河鲀养殖始于二十世纪七八十年代，以红鳍东方鲀和暗纹东方鲀为主。我国养殖河鲀产品主要供国内食用、加工及出口。《2021 中国渔业统计年鉴》显示，2020 年中国河鲀养殖产量 2.7 万吨，其中淡水养殖产量 1.6 万吨、海水养殖产量 1.1 万吨。据海关统计，2020 年全国鲀鱼类产品（编码 03019992、03028940）出口 299.4 吨，出口额 460.5 万美元，平均每千克出口价格在 15 美元左右；2021 年鲀鱼出口 414.1 吨，较 2020 年增长 38.3%，出口额 575.2 万美元，增长 24.9%，凸显高端水产品出口创汇优势。河北是全国最早开始河鲀全人工亲鱼培育和苗种繁育的省份，主要养殖品种为红鳍东方鲀。红鳍东方鲀被誉为海产品中的贵族、河鲀鱼中的王者，深受日本市场欢迎。2021 年，河北河鲀产量 2 184 吨，与 2020 年基本持平，每千克出塘价约 100 多元，最高时可达 170 元。目前市场上加工成品居多，平均价格在 200 元/千克左右，具有较高的经济价值，河北

[①]　如无特殊说明，本文数据均来自中国海关总署、河北省农业农村厅。

仅河鲀单品的上下游产业链年产值超过 3 亿元。

◆ 河鲀是一条国际鱼

由于中国、日本和韩国逐渐形成特有的河鲀饮食文化，所以中国河鲀主要销往日本和韩国。海关数据显示，2021 年鲀鱼类产品（编码 03019992、03028940）出口日本 146.1 吨，出口额 169.1 万美元；出口韩国 268 吨，出口额 406.1 万美元。因河鲀毒素的存在，中国自 1990 年起禁止食用河鲀，直至 2016 年，经多方论证，农业部（现农业农村部）决定有条件地放开河鲀市场，首次批准 16 家企业在国内出售河鲀及其制品，河北唐山海都水产食品有限公司名列其中。自此，河北河鲀养殖业稳步发展，由 2016 年的年产 1 785 吨增长为 2021 年的 2 184 吨，增幅达 22.4%；2021 年出口河鲀 253.1 吨、占全国出口总量的 61.1%，出口额 335.9 万美元、占出口总额的 58.4%，特别是鲀鱼的鲜冷冻产品 100% 由河北出口。

◆ "曹妃甸河鲀"是一条特色鱼

坐落于河北唐山的渤海明珠——曹妃甸，海域滩涂广阔、饵料生物类型多样、地热资源丰富，以养殖"红鳍东方鲀"闻名。曹妃甸区自 2015 年起筹划建立国家级出口食品农产品质量安全示范区，规范出口水产品各个环节的监管，其以生态活饵和捕捞鱼虾为饲料，源头杜绝药物滥用，出口优势明显，广受国内外客户的好评，2021 年出口量达 200 多吨，占全省出口量的 80% 以上。"曹妃甸河鲀"先后荣获国家地理标志证明商标、最受消费者喜爱的中国农产品区域公用品牌，曹妃甸也因此被誉为"中国河鲀鱼（红鳍东方鲀）之乡"。当地还兴起河鲀小镇、河鲀美食节等文旅项目，带动乡村产业兴旺、推进乡村振兴。2020 年，河北省农业农村厅认定曹妃甸区和信农副产品加工厂等河鲀出口企业基地为国际标准农产品生产示范基地，为全省树立地方特色产业发展典范。

围绕小小河鲀，河北以建设农业国际贸易高质量发展基地为抓手，以供应绿色、优质、生态、安全的农产品为基本目标，推动了特色产业高质量发展，走出了一条区域农产品国际品牌培育打造和一二三产业融合发展之路。下一步，河北将按照畅通国内大循环和联通国内国际大循环工作思路，持续发力抓牢河鲀产品的差异化卖点，鼓励河鲀等农产品出口企业先行先试，研制更多的预制产品，树立独特、良好的品牌形象，充分发挥高附加值农产品出口创汇作用，打造全新农产品出口增长极，以此带动地区产业和经济发展。

图书在版编目（CIP）数据

农业贸易百问. 第二辑 / 农业农村部农业贸易促进
中心编著. —北京：中国农业出版社，2023.11
ISBN 978-7-109-31613-3

Ⅰ.①农… Ⅱ.①农… Ⅲ.①农产品贸易—国际贸易
—中国—问题解答 Ⅳ.①F752.652-44

中国国家版本馆 CIP 数据核字（2024）第 015193 号

中国农业出版社出版

地址：北京市朝阳区麦子店街 18 号楼
邮编：100125
责任编辑：贾 彬　文字编辑：张潇逸
版式设计：王 晨　责任校对：吴丽婷
印刷：北京中兴印刷有限公司
版次：2023 年 11 月第 1 版
印次：2023 年 11 月北京第 1 次印刷
发行：新华书店北京发行所
开本：700mm×1000mm　1/16
印张：16.5
字数：315 千字
定价：78.00 元